李文亮 / 主编
王志军 邓娜 / 副主编

走进大学

Entering University

图书在版编目(CIP)数据

走进大学 / 李文亮主编. —上海：立信会计出版社，2019.6
ISBN 978-7-5429-6113-6

Ⅰ. ①走… Ⅱ. ①李… Ⅲ. ①大学生—入学教育—教材 Ⅳ. ①G645.5

中国版本图书馆 CIP 数据核字(2019)第 123035 号

策划编辑　窦瀚修
责任编辑　陈　旻
封面设计　南房间

走进大学

出版发行	立信会计出版社			
地　　址	上海市中山西路 2230 号	邮政编码	200235	
电　　话	(021)64411389	传　真	(021)64411325	
网　　址	www.lixinaph.com	电子邮箱	lixinaph2019@126.com	
网上书店	http://lixin.jd.com		http://lxkjcbs.tmall.com	
经　　销	各地新华书店			
印　　刷	江苏凤凰数码印务有限公司			
开　　本	710 毫米×1000 毫米	1/16		
印　　张	16.25			
字　　数	265 千字			
版　　次	2019 年 6 月第 1 版			
印　　次	2019 年 8 月第 2 次			
书　　号	ISBN 978-7-5429-6113-6/G			
定　　价	38.00 元			

如有印订差错，请与本社联系调换

前　　言

　　历经12年的寒窗苦读,经历了恩师、同窗的教诲与帮助,经历了亲朋好友的祝福与期待……新生朋友们走过了冲刺的6月、等待的7月,迎来了收获的8月,即将拥抱根植于内心的梦想与希望。9月的灿烂阳光陪伴着你们走进大学校园,开启人生新的篇章。

　　踏入陌生又新奇的大学校园,如何尽快地熟悉校园环境,如何和宿舍同学友好相处,如何有效地利用学校的各种资源,如何对大学生活进行合理规划,如何对自己的未来进行科学定位,等等,一系列的问题需要新生们去思考、去面对。走进大学,意味着新生们从相对单纯、熟悉的环境进入更复杂、更多元的环境里,意味着新生们必须在各方面作相应的改变,去适应新的学习方法,调整新的人际关系,处理学习、恋爱、择业等更加综合和立体的问题。好的大学教育将赋予大学生人格的提高,灵魂的升华;将引导大学生去认真思考怎样的一生才是有意义的人生;将帮助大学生树立正确的世界观、人生观、价值观;将督促大学生系好人生的第一粒扣子。

　　上海立信会计金融学院学生工作者们坚持"立德树人"之根本,努力践行"以学生发展为中心"的工作理念,通过工作实践和理论研讨,反复思考、审视大学生从入学到毕业的教育、管理和培养的整个过程,在将实践经验与理论探索的阶段性成果与学生成长成才规律相结合的基础上,获得了一定的共识,即应当充分关注新生进入大学后的第一年,科学把握学生从中学到大学的"角色转变"特征,在新生身心适应的过程中有效融入"新生入学教育""新生适应性教育""新生专业学习教育"等,帮助他们尽快适应大学生活。

　　在此背景下,上海立信会计金融学院党委学工部,在校领导支持和鼓励下召集校内学生工作团队,经多次学术研讨、实践分享、走访交流,完成了本书提纲的起草、书稿的编写以及全书统稿工作。本书是集体智慧的结晶。

　　在本书的编纂过程中,主编李文亮,副主编王志军、邓娜负责全书的框架设计、章节逻辑论证、统稿、审稿和修改工作。本书第一章由王煜华撰写,第二章由邓娜撰写,第三章由张建利撰写,第四章由刘纯姣撰写,第五章由薛瑞峰撰写,第六章由王志军撰写,第七章由王亭撰写,第八章由李政撰写,第九章由褚红素撰写。

  本书结合上海立信会计金融学院学生实际情况,分校史、理想、学业、心理、生活、职业、实践、安全、创新等九个主题,对新生大学校园生活作了深入浅出的阐述,旨在帮助新生从走进大学、认识大学、转变角色开始,迈好大学生活第一步,做到政治坚定、学业进步、明礼修身、身心健康,长远规划。同时,本书也为从事大学新生教育管理的教师提供工作指导和借鉴,以此帮助新生做好人生规划,为梦想插上坚实的翅膀。

  本书在编写过程中,得到了校领导的关心和支持,得到了同事们的理解和帮助,在此表示衷心的感谢!同时,参考了中外学者的著作和相关文献,在此对有关文章的作者表示真诚的感谢!由于编者水平有限,书中难免有不足之处,恳请专家和读者批评指正!

编者

2019 年 3 月 11 日

目　　录

第一章　开启大学之门 …………………………………… 1
　第一节　大学与大学之道 ………………………………… 1
　第二节　上海立信会计金融学院的建设与发展 ………… 12
　第三节　上海立信会计金融学院学生指导与服务机构简介
　　　　　……………………………………………………… 25
　本章思考 …………………………………………………… 28

第二章　坚定理想信念 …………………………………… 29
　第一节　理想信念概述 …………………………………… 29
　第二节　树立科学的理想信念 …………………………… 35
　第三节　努力向党组织靠拢 ……………………………… 41
　本章思考 …………………………………………………… 52

第三章　学会自主学习 …………………………………… 53
　第一节　大学学习的重要性 ……………………………… 53
　第二节　大学学习的内容 ………………………………… 62
　第三节　大学学习的几种心理现象 ……………………… 68
　第四节　大学生的自主学习 ……………………………… 77
　本章思考 …………………………………………………… 86

第四章　塑造健康人格 …………………………………… 91
　第一节　大学生心理健康概述 …………………………… 91
　第二节　大学生心理危机 ………………………………… 100
　第三节　自助助人与生命教育 …………………………… 107
　本章思考 …………………………………………………… 115

第五章　适应独立生活 …………………………………… 116
　第一节　增强责任意识 …………………………………… 116
　第二节　树立正确的消费观 ……………………………… 121
　第三节　培养人际交往能力 ……………………………… 130
　第四节　增强时间管控能力 ……………………………… 138

本章思考 …… 148

第六章　规划职业生涯 …… 149
　　第一节　认识职业生涯规划 …… 149
　　第二节　掌握生涯规划技能 …… 161
　　第三节　开启生涯规划之旅 …… 170
　　本章思考 …… 176

第七章　投身社会实践 …… 179
　　第一节　社会实践概述 …… 179
　　第二节　校内社会实践 …… 184
　　第三节　校外社会实践 …… 200
　　本章思考 …… 207

第八章　强化安全意识 …… 208
　　第一节　培养大学生安全意识 …… 208
　　第二节　树立大学生法治观念 …… 214
　　第三节　大学生自我保护与维权意识的培养 …… 219
　　本章思考 …… 226

第九章　培养双创能力 …… 227
　　第一节　创新创业概述 …… 227
　　第二节　培养创新思维 …… 231
　　第三节　我校创新创业教育体系 …… 237
　　本章思考 …… 246

附录1　防诈骗告知书 …… 247

附录2　其他法律法规 …… 249

参考文献 …… 251

第一章
开启大学之门

> 大学之道,在明明德,在亲民,在止于至善。
> ——《礼记·大学》

第一节 大学与大学之道

步入大学,一切都是新奇的,新的环境、新的室友、新的生活……同学们对这一切往往既陌生又好奇,需要时间去适应,去体味,从而更好地读懂大学。那么,我们就从什么是大学,大学是怎么发展起来的开始吧,让我们一起来认识一下大学。

一、大学源起与发展

(一)大学溯源

大学是一个学者团体,是具有自己的章程和共同的印记的法人组织。大学源自欧洲中世纪,其诞生、发展与社会发展息息相关。

在西罗马帝国灭亡后,公元 5 世纪至公元 15 世纪,北方蛮族统治欧洲长达 1 000 多年,被称为"黑暗时代",在此期间,传统渠道的文化教育完全缺失。但此项空白由罗马基督教会补上了。虽然教会是以传播教义为目的,可同时也成了古代文化的传播者,并诞生了各种教会学校,如教区学校、僧院学校、修道院学校等。教会学校既培养神职人员,又向普通民众开放,主要教授逻辑学、语法学和修辞学,这些被称为"三艺",也教授几何、算术、天文学和音乐,这些被称为"四艺"。可以看出,教会学校在当时起到了知识教授、文化传承,甚至科学启蒙的作用,为大学的诞生提供了广泛的教育基础。

随着商业阶层的崛起,在公元十二三世纪,西欧城市的手工业和商业迅速发展,促进了地区往来沟通,对各类人才的需求也越发迫切,传统意义上的教会学校越来越无法满足社会发展的需求,这为大学的出现做好了铺垫。在这一时期,发生了影响世界的十字军东征的历史事件,时间跨度长达200年。战争为西欧与中亚地区的人民带来了深重的苦难,但也确实促进了文化交流。大量阿拉伯、拜占庭的文化成就传入欧洲,使得欧洲在原有的文艺学科外,又确立神学、法学和医学为高等学科,大学的学科基础由此奠定。还有一个重要条件,行业工会及其自治制度的发展也为大学的建立提供了现实基础,因为最早出现的大学机构就是学生行会和教师行会。

意大利的博洛尼亚大学始建于公元1088年,是欧洲最早创办的大学,被称为欧洲"大学之母"。建校之初,学校建立学生委员会,由学生主持校务,雇佣、管理教师队伍,成为中世纪时意大利、西班牙以及法国南部的大学建校蓝本,这种体制是中世纪欧洲两种典型大学模型之一,即学生行会。另一种典型模型是法国的巴黎大学,始建于公元1150—1160年,建校初即成立了教师行业工会,由教师主持校务,成为后续北欧大学的建校样板。

13世纪初,英国的牛津、剑桥两所大学相继诞生。至15世纪,欧洲总计已建立80多所大学,其中多数集中在意大利、法国和德国。在这些学校学习的学生,先学习人文学科,类似于现在的通识教育,而后可进入神学、法学、医学等专科学习,总体还是围绕传统的"三艺"同时结合"四艺"传授知识。

(二)大学发展的典型代表

在大学发展中,前期较有代表性的是英国和德国的大学建设,而后期则被美国大学赶上,成为全球大学建设理念与实绩的引领者。

英国的大学建设很有意思,在长达数百年间,整个英格兰只建两所大学,就是世界知名的牛津大学与剑桥大学,这在世界上也是绝无仅有的。而这两所历史悠久的大学却不是引领英国现代大学发展的先锋,而是于19世纪,在许多新兴大学的带动下,才最终迈向了世界一流。英国大学的发展很好地诠释了宗教改革与大学兴盛的密切联系。欧洲大学的诞生源自于教会学校。大学教育在很长时间内是以宗教知识的学习与推广为主要目的,宗教发展对大学建设影响巨大。16世纪,英格兰国王亨利八世为加强皇权,执棒宗教改革,托马斯·克伦威尔作为实际指挥者,于1535年宣布禁止学习教规法,这直接将当时大学里最大的具有研究生水平的学科置于死地,因为此学科的大部分高级学位获得者是牧师,这种对宗教的冲击直接影响到大学的发展,甚至有不少人还提出停办牛津、剑桥这种半寺院式学校,幸得亨利八世对大学教育的坚持,才得以保留。但是,当时的大学已经暴露出培养人才面窄、社会贡献度低等突出问题,若不解决,仍将死路一条。在宗教改革的推动下,大学步入世俗化,除了培养僧侣,也开始满足世俗统治阶级对教育的需要。大学招生一度从每年150名左右上升为每年400名左右。但可惜的是,世俗化的大学免不了与阶层固化相联系、与经济力量相挂钩,在其后的100多年中,大学学费被日益推高,穷人上不起大学,有钱有权有背景的学生上大学,不是去学习深造,而是把它作为攀比的平台,这导致后来有钱的富人把子女送至欧洲进行旅行教育,或请私人教师在家学习,真正上大学的仅剩经济条件中等的人们。在17世纪和18世纪,英国大学学生数不断减少,牛津大学差点因缺少学生而停办。这种死气沉沉的大学氛围,直到19世纪初才有所转变。这种转变的契机不是来源于牛津、剑桥大学本身,而是受到新兴大学和学院的影响,使得英国大学得以复兴。社会发展的需求在原有的机构得不到满足的情况下,就会有新的机构诞生。皇家技术学会、"月社"、地区文学哲学协会、鲁姆福德伯爵皇家研究所,以及众多非国教学校和工人讲习所,后来成为学院,最终都发展成大学机构,成为推动科学革命的据点。苏格兰在16世纪宗教改革时期,建了四所大学——圣安德鲁斯大学、格拉斯哥大学、阿伯丁大学和爱丁堡大学,后来与英格兰合并后,成了英国的大学,但这些大学比牛津、剑桥大学穷多了,经济状况迫使这些大学开拓创新,这些大学成了教学、研究型大学的积极实践者,并一反全科导师制,建立了少数教授负责单门学科的教授制。这些创新也促成了19世纪英国伦敦大学的成立,并对其后的美国新兴大学的建设产生深远影响。伦敦大学等新兴大学和学院的活跃发展,刺激了英国原有的高等教育体制向现代化转变,开始走上复兴之路。

德国大学历史没有英国悠久,但近代德国大学的建设在世界范围内却产生了重要影响,成为众多国家建设大学的学习模板。19世纪中叶,德国结束了德意志500多年封建割据的四分五裂局面,形成一个统一的德国,大大促进了资本主义发展。统一后的德国,积极推进大学建设,并利用大学为国家建设服务,威廉·冯·洪堡被授命主持高等教育建设工作。普鲁士国王腓特烈·威廉三世曾任命洪堡为普鲁士内务部长,改革普鲁士教育制度并创办柏林大学。洪堡对大学建设极为重视,他把大学看成社会的道德灵魂,是为了确保获得最纯粹和最高形式的知识,尤其是有关自然的科学。在洪堡的领导下,德国的大学发展得到了政府的资金支持,为国家承担着以工业化为目标的科学研究职责,在确立民族意识形态方面扮演着重要角色。德国大学在不断改革的进程中建立了研究生教育和博士学位制度,科学研究成为大学的有机组成部分,还重组了学术等级。当时,德国大学对知识的追求是如此纯粹,严格区分应用科学,乃至于竟然不允许医学教授去看病人。德国大学的发展体现出一种专业化的、以研究为方向的理想趋势,使得德国大学的模式成为比其他国家更先进的一种模式,也成为后来许多国家建设大学的效仿对象。

美国是一个大学的发展历史比这个国家的历史更长的国家。美国大学中历史最悠久的哈佛大学始建于1636年,比美国1776年宣告独立早了140年。虽然建国历史短,大学历史也远远短于许多欧洲大学,但美国大学却青出于蓝而胜于蓝,极尽后发优势。美国成了当今世界上一流大学最多,大学排名前十中占据一半地位的国家。美国大学最显著的特征是多样性,每一所大学都有自己的个性特色,具备不可替代性。美国既有小规模的学院,又有大规模的大学;既有专门为单一性别开办的学院,又有男女共同学习的学院;既有公立大学,又有私立大学;种类繁多,不胜枚举。而正是这种多样性,形成了大学之间的激烈竞争,为了确保自身的生存发展,美国大学不仅要全力发展自己的核心竞争力,还要抢夺人才市场、争取社会支持,在这过程中,美国大学的个性进一步凝练,与社会发展联系度也越发紧密。在诸多因素的共同作用下,美国能在短短两百多年中跃升为当今世界最强大的国家,其中数量众多的世界顶尖大学的智力支撑无疑是最为关键的。目前,美国大学建设经验已成为当今世界各国高等教育发展纷纷效仿和研究的对象。

(三) 中国大学发展之路

中国大学发展之路,是在不断地学习模仿中起步的。清末民初时我们学日本,"五四"运动后学美国,20世纪50年代起照搬苏联,至今,逐步探索符合自身的发展道路,努力向世界一流大学迈进。

中国第一所大学是1895年创建的北洋大学堂(现天津大学),而后于1896年创建了南洋大学(现交通大学),于1898年创建了京师大学堂(现北京大学)。"五四"运动后,蔡元培先生对北京大学进行了现代性改造,标志着我国大学发展有了实质性的突破。至1949年,我国有高等院校206所,其中国立、省立和市立院校124所,私立院校61所,教会院校21所,在校生约为11.6万人。20世纪50年代,我国开始全面学习苏联,高等教育也照搬照抄苏联模式,在此期间,政府接管了所有接受外国资助的高等学校,将私立院校改为公办院校。1952年,我国教育实行统一管理,教育建设与经济建设直接对应,拆分综合性大学,发展专门学校,实施"专才教育",对应产业、部门、行业及产品,设立专门的学院、系科和专业,改变既有的高等教育院校多集中在经济发达地区的现状,将高等院校在全国范围内重新布局。在院系调整中,出现了"重理轻文""专才"和知识面狭窄的问题,当时流行一句话"学好数理化,走遍天下都不怕",就是这一问题的反映。综合性大学由1949年的49所减少为1953年的14所,文科、商贸、政法等学科的学生占总数比例由1949年的33.1%下降为1953年的

14.9%,到1962年仅剩6.8%,专业发展严重失衡。

然而,在1966—1977年的"文化大革命"期间,中国的高等教育跌落低谷,连高考制度也被取消,直至"文化大革命"结束,才恢复并进入新的发展阶段。1978年,我国高等院校总数上升为598所,在校生86.7万人。1981年,《中华人民共和国学位条例》颁布,我国研究生教育获准发展。1995年研究生招生5.11万人,具备培养博士、硕士学位研究生资格的学校分别为219所和471所,学科点分别为2 000个和7 400个。1999年,全国共有博士学位授予点1 800余个,硕士学位授予点6 500余个,研究生在校总数达23.4万人,本、专科在校生总数为718.9万人。其后多年,我国以高等教育普及化、大众化为目标,在经历不断扩招之后,目前适龄青年入学率已突破50%。

自1978年以来,我国在不断扩大高等教育发展规模的基础上,积极深化高等教育体制改革,极大地丰富办学形式以满足社会需求,重新组建综合性院校,先将406所大学合并为171所,而后于1992年实行"211工程",于1998年启动"985工程",设立重点扶持高校,争创世界一流大学,服务国家战略。2017年,教育部、财政部、国家发展改革委印发《关于公布世界一流大学和一流学科建设高校及建设学科名单的通知》,公布42所世界一流大学和95所一流学科建设高校及建设学科名单,简称"双一流",旨在提升中国高等教育综合实力和国际竞争力,为实现"两个一百年"奋斗目标和中华民族伟大复兴的中国梦提供有力支撑。

当前,我国高等教育已经步入新时代。全面贯彻党的教育方针,落实立德树人根本任务,构建面向全社会开放的教育体系,促进教育资源的多元化,促进高等教育大众化,实现教育社会化,建立终身教育体制,培养德智体美劳全面发展的社会主义建设者和接班人,为实现中华民族伟大复兴提供智力支撑,这已经成为我国大学在21世纪的根本任务。

二、大学的含义

了解了大学的发展历程,对大学应该有了一定认识,那是否就可以给"大学"下个定义了呢?可能还没这么容易,让我们来一起探讨吧。

(一) 什么是大学

什么是大学?这个看似简单的问题,却没有人能给出一个公认的定义,很多学者对大学都有各自的理解。英国教育家约翰·亨利·纽曼提出:"大学是一个提供博雅教育并培养绅士的地方,大学的目的在于'传授学问',而不在于发展'知识'。"德国哲学家费希特认为:"大学的教学和科研以追求真理为主旨,以国家和民族的长远利益,以人类进步和人的完善发展,以自由探索真理为办学宗旨。"我国教育家蔡元培先生也曾解释过:"大学者,'囊括大典、网罗众家'之学府也。"在普通人看来,大学不就是一所传授知识的学校吗?但想要下个准确的定义,却真有些提笔难下。杨东平在《大学之道》一书中,从反面来讨论"大学不是什么",他认为这样回答起来更简明扼要:"大学不是行政机关,不是官场,不是企业,不是商场,不是简单的政治工具或经济工具。"这种解读,实际是针对近年来人们对大学的诸多质疑而提出的,更像是一种针砭,但可以予人一定的启示。

张晋衡在《大学论》中提出:"大学应该是神圣和崇高的学术殿堂,是产生新思想、新理论、新发明和新发现的创新组织,大学还应该是人类的精神家园。"他还把大学定义简化表为:"大学是传承和探究高深学问的学术机构。"

梳理一下各位学者的认识,大家讲大学是什么,似乎都离不开大学的职能——大学做什么,厘清大学最本质的职能,就应该离我们给出的定义不远了。我们认为,首先,大学是学校,是教与学的地方,教学是大学最基本的职能;其次,大学里教的知识并不普通,应该是比中小学知识更高深、更前沿的,想要保持这种前沿性和高深度,研究是不可缺少的,所以研究也是大学必须具备的职能,而其他的创新、服务等职能都是在这两项职能基础上发展起来的。所以,从职能角度出发,我们给出的大学简明定义是:传承、发展高深知识技能的教学科研机构。

大学在我国还通常被称为高校,即高等教育学校,这是相对于中学、小学等基础教育学校而言的,以示大学高于中小学的学历层次和知识深度。但高等教育学校实际上并不等同于大学,还包括专门学院、高等职业技术学院、高等专科学校等,而我们所说的大学一般指承担本科和研究生教育的高等学校。

(二)把握大学生活中的几对关系

1. 大学的"大"与"小"

大学之所以称为"大",与其拥有的资源密不可分。大学应该拥有大师、大楼、大平台等。所谓大师,是指在专业领域颇有建树、极具影响力的人物,他们代表着知识的深度、广度和领先度。大师可以带领团队开展理论研究、实践探索,在这过程中,一批批专业人才被培育出来,续写、甚至超越大师的成绩,所以大师是大学的灵魂。所谓大楼,是指大学的硬件资源,包括校园面积、办公及教学场所、图书馆藏、体育场馆,等等,这些是保障大学探索新知、服务社会的基础。校园够大、场馆够用、图书够丰富,才能保证师生在大学里安心教书学习,心无旁骛。实验室够先进,才能吸引顶尖人才汇聚大学开展科研探索。硬件设施不得不说是大学能够迅速发展的必要内容。所谓大平台，是指大学能为老师、学生提供的更高、更好的发展机会，如高水平科研项目、高层次交流平台、高级别赛事参赛机会等。大学之"大"是指它是为师生提供更多更好的学习资源、发展的平台。千辛万苦进入大学学习的学生，应主动去发现、挖掘大学之"大"，充分运用这些资源，才能不虚度大学生涯。

但从另一个视角而言，大学又是"小"的，这个"小"主要体现在大学的规模和资源总是有限的。一所再强、再好的大学也不可能包罗万象，每所学校都会有自己的特色优势专业及其丰厚的资源，但在某些领域可能相对薄弱，满足不了一些学生的需求。所以，我们提倡大学生不仅应充分了解自己的学校，还可以积极关注周边的学校或周边的资源，在条件允许之下，可以尝试跨学校选修精品课程、修习辅修专业等，充分利用周边的公共资源，以开阔的视野来规划自己的学习生涯，追求最大的学习收益。

2. 大学的"静"与"动"

大学被称为"象牙塔"，预示大学是一片宁静的田园，适合做学问。许多大师、大家选择在大学里任教，就是为了享受这份宁静，拒绝浮躁、抵制诱惑、淡泊名利。大学的"静"使她成为喧闹中的港湾，让师生可以排除干扰、沉下心来，求知与探索。

然而，现在的大学校园里却无法避免"动"。一方面，网络发展把校园内外联成一体，大学无法不与社会互联互动；另一方面，正值青春年华的大学生们，本就是活跃的群体，他们希望在校园里参与各种社团、竞赛，开展各种文艺体育项目，每每都在校园里闹出不小的"动静"，打破校园的宁静。

似乎这种"静"与"动"相冲突，实则不然。学生们的"动"是青年的特性，他们参与的活动没有复杂的背景，没有为了追逐名利的钩心斗角，是青春的、单纯的、积极向上的，这与大学的"静"不冲突，因为大学的"静"更主要指的是心境，是与"名利"相对的。同时，与社会的互联互动，是大学发展的必要条件。大学不能纯粹地脱离社会而存在，大学的教学、科研始终是为社会发展所服务的，如果大学做不到这一点，那对于社会而言，大学就失去了存在的价值，将逐渐消亡。所以，大学想保持宁静的校园氛围，一是要做到对社会发展有益，二是要体现大学服务社会建设的突出价值，使得社会公众主动为大学开辟净土，为大学校园的相对独立创造条件。

3. 大学的"新"与"旧"

大学作为科学研究的主要前沿阵地之一，知识创新毋庸置疑是大学的常态。不同学科、不同专业的专家、教授时常能碰撞出思想的火花，创新就随之而来。但是,新生事物并不那么容易为世人所接受,正如哥白尼的日心说,与传统知识相违背,受到了极大的抵制。而抵制新事物的阻力来自传统知识的守旧者们,这些人往往也是大学里的一分子。

所以,有的时候,大学会成为战场,新知识冲击旧知识的战场。"新"与"旧"这对矛盾体在大学里是经常会发生碰撞的,这种碰撞引导得当,就会出现百家争鸣、百花齐放的局面,进一步推动创新发展,但如果排斥、抑制这种思想、技术、知识的碰撞,那就很可能使得学校成为一潭死水、固步自封。所以,大学需要包容性,在法律的规范下,允许创新、允许犯错,为知识风暴创造可能性,激发师生的思想活力和创造力。

"新"与"旧"也体现在大学的文化传承上。大学本身是先进文化传承、发展的重要场所,这是现代大学的重要职能之一。在校园里,我们能够看到传统文化精粹的传播,高雅艺术进校园带来古典音乐、京剧、越剧演绎等,书画比赛可以看到国画、书法的风采,师生们沐浴在这样的校园氛围中,传统文化会在潜移默化中影响师生的审美,乃至价值观。然而,校园毕竟是年轻人的天下,是相对自由的环境,许多新文化、新现象都会第一时间在大学里展现出来,如动漫、二次元、嘻哈、说唱、手游等。如果传统文化为"旧",那这些流行的、新生的文化现象就是"新",这种"新""旧"文化在大学校园内并存的情况应该是大学的常态。从历史视角来看,人类文化发展就是不断地新旧融合,去粗取精,在历史的车轮推动下不断走向文明与先进。所以,大学生可以在大学校园内充分接触各种各样的文化,不单一地排斥"新"或"旧",以辩证发展的思想去看待新旧文化的碰撞,融会贯通才是大学先进文化传承的意义所在。

三、大学使命与功能

2017年,中共中央国务院印发《关于加强和改进新形势下高校思想政治工作的意见》(以下简称《意见》)。《意见》中提出:"高校肩负着人才培养、科学研究、社会服务、文化传承创新、国际交流合作的重要使命。"这是我国对大学使命与功能的最新表述。

众所周知,大学主要有人才培养、科学研究、社会服务三大功能,2011年,时任中共中央总书记胡锦涛在清华大学建校100周年庆祝大会上发表重要讲话,将文化传承创新作为高等教育的一个新功能提出来,确认了学界一直在呼吁作为大学第四功能的文化传承创新。2017年《意见》的发布,以习近平同志为核心的党中央进一步把国际交流合作作为大学的第五项功能,这是大学建设理念的创新和发展,对于扎根中国办大学,对于加快建设世界一流大学和一流学科，提高我国高等教育发展水平，增强国家核心竞争力，都具有十分重要的指导意义。

现代大学的发展建设，人才培养是核心，科学研究是做好人才培养工作的前提条件，人才培养是服务社会、传承和创新文化的直接表现。人才培养是大学建设的原点、根本和核心，没有人才培养，不能称其为大学。科学研究首先源于教与学过程中的求知、探索、解惑、授业之需要，这是科学研究的原动力。科学研究的衍生产品是服务经济发展与社会建设，而社会发展也会反哺大学教育，使得学校能更好地培养人才、开展科学研究。在培育优秀人才的进程中，大学可以逐步实现先进文化的传承创新，推动先进文化进一步成为民族凝聚力和创造力的重要源泉，这是对我国大学四大功能的基本认识。

进入新时代，党中央将国际交流合作确定为大学第五项功能，这是对我国高等教育与教育对外开放发展规律性认识的重大理论创新，体现了党中央统揽全局、在国际化格局下推进高等教育改革的战略思维。国际交流合作不仅需要高校积极主动地与世界各地高校和其他机构组织进行教育、学术、文化交流与合作的活动，更需要高校自觉树立服务国家、贡献世界的使命，通过综合改革探索具有中国特色的发展道路和符合国际标准的大学制度。它要求大学为"培养大批具有国际视野、通晓国际规则、能够参与国际事务与国际竞争的国际化人才"服务，关键在于实现中国特色与世界一流的有机统一，这与原先的四大功能是一脉相承的，更体现了新时期中国走向世界的战略需求。

四、大学之道

了解了中外大学发展的基本脉络后，我们再来谈谈大学之道。

实际上，大学之道是个中国化的表述，源自《礼记·大学》，主要是讨论大学是什么、怎么做等理念性问题，其所谓的大学更符合高等教育的范畴，与现代大学不是一回事。在中国传统文化中，高等教育的普遍功能是"传道、授业、解惑"，要求"明明德""亲民""止于至善"，强调内圣外用、修己及人，实现全社会的平等与和谐，偏重于道德性，突出价值教育。

而西方对大学建设的探索，是随着实践而不断发展、深入的，形成了对大学形式、功能、精神等问题的认识，经历了从脱离社会发展到成为推动社会发展的重要因素的转变过程，以"人才培养""科学研究"和"社会服务"为主要功能，强调追求真知、探索科学，偏重于科学性，突出卓越教育。

中国大学的发展主要追随了西方的大学建设道路，但植根于中国传统文化土壤上的中国大学,不应完全照搬西方的大学发展之道,而应融合东西方文化,形成自身特色。无论是20世纪50年代的照搬苏联高等教育发展模式带来的专业建设不平衡等问题,还是改革开放后争赶国际一流而带来的急功近利等问题,都可以发现,中国的高等教育发展既脱离了中国的实际,又缺少文化的根基,我们的大学发展并不顺利,为了追求"卓越",却丧失了"灵魂",使得我国高等教育发展世俗化,我们急需价值教育的归位。

《意见》明确提出我国高等学校"要坚持以立德树人为根本,以理想信念教育为核心",也就是强调大学不仅是学习知识的地方,更是培育正确价值观、树立远大理想信念的地方,我们培养的人才不能成为危害社会发展的掘墓人,这与中国传统文化对于大学之道的认识是相一致的。

高速发展的信息化社会离不开科学技术的强力支撑,我国建设社会主义现代化强国的进程,必须依靠追求"卓越"的高等教育来保障,好比拥有锋利的剑。然而比剑更重要的是,可靠的持剑人,这就需要持剑人拥有良好的德行,符合社会主义核心价值观的要求,这就是"价值"教育所倡导的。德才兼备应成为中国大学人才培养的基本目标,即坚持以立德树人为根本的教育方针所要实现的。所以,中国大学的发展之道,就应该追求"卓越"教育与"价值"教育并重。

【扩展阅读1-1】

习近平《在北京大学师生座谈会上的讲话》节选[①]

同学们、老师们!

当代青年是同新时代共同前进的一代。我们面临的新时代,既是近代以来中华民族发展的最好时代,也是实现中华民族伟大复兴的最关键时代。广大青年既拥有广阔发展空间,也承载着伟大时代使命。青年是国家的希望、民族的未来。我衷心希望每一个青年都成为社会主义建设者和接班人,不辱时代使命,不负人民期望。对广大青年来说,这是最大的人生际遇,也是最大的人生考验。

2014年我来北大同师生代表座谈时对广大青年提出了具有执着的信念、优良的品德、丰富的知识、过硬的本领这4点要求。借此机会,我再给广大青年提几点希望。

---

① 习近平.在北京大学师生座谈会上的讲话[M].北京:人民出版社,2018.

一是要爱国,忠于祖国,忠于人民。爱国,是人世间最深层、最持久的情感,是一个人立德之源、立功之本。孙中山先生说,做人最大的事情,"就是要知道怎么样爱国"。我们常讲,做人要有气节、要有人格。气节也好,人格也好,爱国是第一位的。我们是中华儿女,要了解中华民族历史,秉承中华文化基因,有民族自豪感和文化自信心。要时时想到国家,处处想到人民,做到"利于国者爱之,害于国者恶之"。爱国,不能停留在口号上,而是要把自己的理想同祖国的前途、把自己的人生同民族的命运紧密联系在一起,扎根人民,奉献国家。

二是要励志,立鸿鹄志,做奋斗者。苏轼说:"古之立大事者,不惟有超世之才,亦必有坚忍不拔之志。"王守仁说:"志不立,天下无可成之事。"可见,立志对一个人的一生具有多么重要的意义。广大青年要培养奋斗精神,做到理想坚定,信念执着,不怕困难,勇于开拓,顽强拼搏,永不气馁。幸福都是奋斗出来的,奋斗本身就是一种幸福。1939年5月,毛泽东同志在延安庆贺模范青年大会上说:"中国的青年运动有很好的革命传统,这个传统就是'永久奋斗'。我们共产党是继承这个传统的,现在传下来了,以后更要继续传下去。"为实现中华民族伟大复兴的中国梦而奋斗,是我们人生难得的际遇。每个青年都应该珍惜这个伟大时代,做新时代的奋斗者。

三是要求真,求真学问,练真本领。"玉不琢,不成器;人不学,不知道。"知识是每个人成才的基石,在学习阶段一定要把基石打深、打牢。学习就必须求真学问,求真理、悟道理、明事理,不能满足于碎片化的信息、快餐化的知识。要通过学习知识,掌握事物发展规律,通晓天下道理,丰富学识,增长见识。人的潜力是无限的,只有在不断学习、不断实践中才能充分发掘出来。建设社会主义现代化强国,发展是第一要务,创新是第一动力,人才是第一资源。希望广大青年珍惜大好学习时光,求真学问,练真本领,更好为国争光、为民造福。

四是要力行,知行合一,做实干家。"纸上得来终觉浅,绝知此事要躬行。"学到的东西,不能停留在书本上,不能只装在脑袋里,而应该落实到行动上,做到知行合一、以知促行、以行求知,正所谓"知者行之始,行者知之成"。每一项事业,不论大小,都是靠脚踏实地、一点一滴干出来的。"道虽迩,不行不至;事虽小,不为不成。"这是永恒的道理。做人做事,最怕的就是只说不做,眼高手低。不论学习还是工作,都要面向实际、深入实践,实践出真知;都要严谨务实,一分耕耘一分收获,苦干实干。广大青年要努力成为有理想、有学问、有才干的实干家,在新时代干出一番事业。我在长期工作中最深切的体会就是:社会主义是干出来的。

第二节　上海立信会计金融学院的建设与发展

上海立信会计金融学院是一所会计、金融特色鲜明的公办全日制普通高等学校,由上海立信会计学院和上海金融学院于2016年合并组建而成。立信之名源起于《论语》中"民无信不立"之意,学校的起源可追溯到由著名教育家、会计学家、"中国现代会计之父"潘序伦先生于1928年创办的立信教育事业。2011年学校获得硕士专业学位研究生培养资格。在90年的办学历史中,学校被业界誉为中国现代会计教育的发祥地和未来金融家的摇篮。学校现有浦东、松江和徐汇三个校区,占地面积1 200多亩。截至2018年6月,学校有在校学生20 000余人,其中专业硕士研究生200余人,本科生18 700余人,专科生1 600余人。

追溯学校历史,我们发现并校前两校的历史可以很好地衔接起来,接下来我们以一根时间轴和两条主线来介绍学校的建设发展历史。

一、筚路蓝缕的建校之路

(一)上海立信会计学院早期办学历史

立信会计教育事业是由潘序伦先生一手创建与发展起来的。20世纪初,随着新兴民族工商业的迅速发展,中国的旧式会计已不能适应需求,落后于时代,为了改良旧式记账方法,培养具备西方复式簿记技能和知识的新式会计人才,1928年春,潘序伦与同事在立信会计师事务所簿记训练班的基础上,正式创办立信会计补习学校。

1928年春创办的是夜校,至1930年设函授学校,1934年增设晨校,1935年增设星期日校,1936年添设日校,1937年春,在重庆市区开办分校,学员从最初的仅22人到1937年春季的782人,10年间20届次学员人数累计达4 783人次。至此,学校办学规模逐步扩大,影响力与日俱增,初步奠定创办全日制专科学校的基础。

学校在办学中,十分注意充分利用各方资源,聘请了一批名师大家和有学术背景且有丰富实践经验的会计实务工作者来校任教。黄炎培、马寅初、黎照寰、章乃器等大师都在立信任教过。

在补习学校的建设历程中,学校一度打破旧社会重男轻女不收女学生的封建传统观念,广招女学生,为中国女会计师的培养作出了突出贡献。为便于师生及时交流探讨会计实务和教学中的成果,学校于 1931 年以顾准为主编,出版《会计季刊》,1933 年改由立信会计师事务所编辑出版《立信会计季刊》。

由于学校良好的声誉,在此期间,时任国民政府高官的陈其采(国民政府主计处主计长)、潘公展(国民政府上海特别市教育局局长兼社会局局长)、张人杰(国民政府全国建设委员会主席)都分别为学校作了评价,时任国民政府行政院院长、兼财政部部长的孔祥熙还为学校题词。

1931 年"9.18"事变后,反日浪潮震撼全国,在顾准推动下,立信同学会成立。1933 年 2 月,在立信同学会基础上,顾准与几位校友及同学发起组织一个马列主义学习小组——进社,1934 年,进社大部分成员转入中共组织"中华民族武装自卫委员会",立信同学会由此直接在中共影响下进行活动。在 1936 年抗日救国的激浪中,"立信歌咏队""立信剧社"成立,于茵、顾也鲁参加立信剧社;当时,还开办"立信音乐班",吕骥、冼星海、麦新等知名音乐家参加。

1937 年 8 月,鉴于立信会计补习学校学时短,学习课程较少且浅,难以培育高级会计人才,在潘序伦等人的努力下,经国民政府批准,由时任国民政府教育部长陈立夫签发批准令,私立立信会计专科学校正式宣告成立,并招收首届专科生 38 名。为保障学校的顺利建设,潘序伦全力延聘社会知名人士成立学校董事会,其中包含国民政府高官陈其采,现代出版家、商务印书馆总经理王云五,上海交通大学前校长黎照寰,著名会计教育家李鸿寿等,甚至当时上海地方势力主要人物杜月笙、黄金荣等也被邀请加入董事会,为学校办学提供支持,可见其办学灵活性。

由于淞沪会战后,日军占领上海,学校办学日益艰难,但立信人没有屈服于日寇的威压。1941 年,潘序伦约其胞兄潘佰彦作词,作曲家丁善德谱曲,完成校歌谱写,并沿用至今。校歌歌词将学校特色与时代特征紧密结合,充分体现爱国报国强国之志,催人奋进。同年 6 月,由于原先合作的商务印书馆受战争影响损失惨重,无法继续出书,为了解决学校教材及工商企业所需账簿表单的印刷问题,同时考虑到上海环境恶化,学校跟随国民政府转移重庆,在重庆林森路 16 号成立了立信会计图书用品社,也就是如今的立信会计出版社前身。

同期,学校在重庆市区添设专科班,同时也为解决事务所和会计图书用品社办公用房,于重庆小什字筷子街建了立信大楼。至 1942 年,由于学校坚决抵制日军的收编,为了延续立信事业,当年 8 月,学校正式迁入重庆北碚办学,直至抗战结束。

1945 年 9 月,学校得到国民政府教育部令,可返沪办学。1946 年 5 月,学校主体正式迁回上海,先借用他校场地办学。至 1947 年 2 月,徐虹路柿子湾校区正式建成启用,立信会计专科学校在上海浴火重生。新校区内,阅览室、运动场、教学楼、膳厅等一应俱全,校董荣鸿元为学校捐建礼堂,以其父亲的名字题名为宗敬堂,潘序伦校长主要出资又建造了"序伦体育馆"。

学校逐步步入正轨,并提出坚持办学三方针:"一曰管教务期严格,一曰学生学验并重,一曰出路必予保障。"按照潘老校长的要求,学校凡发现作弊者,一律开除,体现对诚信品格的重视。学校提出的"学验并重"也成为培养应用型人才的办学特色。

1949年5月,上海解放,在10月1日中华人民共和国宣告成立后,立信会计专科学校正式接受人民政府领导。至1952年,由于新中国全面学习苏联模式,按照当时苏联高等教育的建设思想,对我国高等教育机构进行了大调整,一大批综合性大学被拆分,私立、民办学校或停办或改公办。当年9月,立信会计专科学校与复旦大学商学院等其他高等学校的财经院系合并组成新的上海财经学院。10月6日,私立上海立信会计专科学校停办。

虽然学校发展在1952年画了一个逗号,但为满足各地对会计人才的需求,学校曾先后在桂林、柳州、衡阳、梧州、兰州等地办理分校,也曾在广州、南京、天津、北京、香港等地办学,有的分校和学校一样被调整,香港立信会计学校却得以继续办学,立信教育事业依然在以其他形式延续着生命。

1978年,中共十一届三中全会召开,明确把科教发展作为发展经济、建设现代化国家的先导。社会发展环境的变化,使得潘序伦老校长又萌生了复校的想法并付诸行动。随即,于1980年8月,潘序伦、马一行、顾树桢等11位社会经济界著名人士倡议复办立信。同年10月,经上海市政府批准,立信会计专科学校作为上海市属公办高校正式复办。10月25日,即举办复校后首届开学典礼。

复校之初,学校办学困难重重,一无师资,二无校舍,三无经费,是名副其实的"三无大学"。学校根据党中央对教育工作发出的"广开学路,采取多种形式办学"的指示精神,充分依靠社会各方力量,挖掘潜力,闯出一条办学新路子。复校招收的首届360名大学生,借各中学夜间空闲教室走读上课,从育才中学到大同中学、从陕西中学到东风中学,先后借用9所中学校舍。由于都是在夜晚上课,立信人自嘲是"夜茫茫"大学,这一状况持续了多年。

1983年,财政部与国家计划委员会、国家教育委员会、上海市人民政府反复协商,于当年9月30日由国家计划委员会、国家教育委员会,提出了"立信会计专科学校改由上海市人民政府和财政部双重领导、以上海市为主"的意见。

1985年,学校终于迎来重要发展契机,10月26日,学校举行中山西路新校舍奠基典礼,时任财政部副部长陈如龙亲临剪彩。两年后,即1987年9月1

日,学校迁入中山西路2230号新校舍,正式结束四处漂泊的日子。

1992年4月,学校校名调整为立信会计高等专科学校;同年5月,原国务委员、财政部部长王丙乾为学校题写了新校名;同年7月,立信会计高等专科学校正式挂牌。

1995年11月,学校由上海市财贸办公室划归上海市教委管辖。1999年,学校启动松江大学城新校区建设,校园面积有了飞跃式扩展,并于2001年9月在新校区迎来首届学生。

2003年9月,经上海市人民政府批准,立信会计高等专科学校升格为本科高校,正式更名为上海立信会计学院。

(二)上海金融学院的早期办学历史

也许是巧合,也许是命运在冥冥之中的安排,当上海立信会计学院于20世纪50年代根据国家政策停办,校史中断的时候,学校的另一个组成主体——上海金融学院,却正好于那个阶段初创,形成了校史的衔接。

上海金融学院起源于新中国创办的银行学校,与中国人民银行重建金融体系的进程密切关联。

1. 上海金融学院的前身——上海银行学校

1949年5月27日,上海解放。根据中国人民银行确定的"边接管,边建行"的方针,在接管官僚资本银行的同时,迅速按照行政区划建立各级人民银行的分支机构,形成了总行—区行—分行—支行四级制的组织架构,1949年5月30日,中国人民银行华东区行和中国人民银行上海分行同时在上海成立。随着中国人民银行系统各级分支机构的建立和新中国金融体系的形成,急需大量金融从业人员。1951年8月,中国人民银行指示各大区及省市人民银行成立正规的银行中专学校。

1952年8月,上海市银行学校(简称上银)在上海延安中路961号成立,校长由中国人民银行上海市分行行长杨世仪兼任。1952年8月,另一所银行学校也成立了:中国人民银行华东区行在苏州盛家带11号开办了中国人民银行华东区行银行学校(简称华银),校长由中国人民银行华东区行行长陈穆兼任。1953年1月,将原中国人民银行江苏省银行学校并入华银。1953年夏,浙江省银行学校并入华银。

1954年6月14日,中央人民政府决定撤销大区一级行政机构,中国人民银行华东区行随之撤销,有关上海市金融行政管理工作移交上海分行接办,华东区内各省市分行由总行直接领导管理。1955年1月21日,接中央高等教育部和中国人民银行总行指示,上银、华银合并,合并后更名为中国人民银行上海银行学校,隶属中国人民银行领导,校址为上海马玉山路(今双阳路)62号,将原华银改作中国人民银行上海银行学校初中部。

随着当时国家行政管理体制及银行机构的变化,中国人民银行对全国各地银行学校又进行了一次调整,经中央高等教育部函复同意,上海银行学校于1956年10月奉命迁回苏州,并更名为中国人民银行苏州银行学校。1958年8月,中国人民银行苏州银行学校奉命停办,学校移交给苏州地区并更名为苏州财经专科学校,脱离中国人民银行的领导。到1959年年初,学校原来留下的师生由苏州地委安排,校舍易主。1959年,经中共苏州地委决定,撤销苏州财经专科学校。自1952年至1958年历经6年半办学,上海金融学院的前身——初建时期的上海银行学校至此暂告中止,但不久之后,一个新的延续又诞生了。

2. 上海金融学院的创立简史

20世纪50年代末60年代初,中共中央在总结"大跃进"和农村人民公社化运动基础上,决定对国民经济进行全面调整。但现实的情况是,财政、银行干部队伍因支援社会主义三大改造,抽调至工业、商业、文教等部门工作而大量减员,财政、银行从业人员缺口严重。1959年,上海市财政局、中国人民银行上海市分行党组联合向上海市委财贸部请示,拟筹建一所财政银行专业学校。1959年12月23日,上海市委财贸部正式批复市财政局党委、中国人民银行上海市分行党委,同意建立上海市财政银行学校,学校建立后属上海市财政局、中国人民银行上海市分行领导,教学业务由高教局负责指导。

1960年3月正式筹备时,命名为上海财政金融学校。1960年9月11日,上海财政金融学校开学,办公地点在九江路40号。学校筹建初期,一无所有,没有师资、校舍、图书、教材,更没有办校经验,连招生生源也没有。当年招生时社会上几乎无人知晓上海财政金融学校,故学校第一届招生只能在其他学校招生完毕后,从第三、第四志愿者中录取应届初中毕业生197人;另根据上海市委财贸部《关于财贸部门各院、校1960年内部招生计划的通知》的指示精神,从上海市郊区各县财贸系统在职干部或其亲属中招考录取105人。因此,参加学校首届开学典礼的60级新生共302人。在上海市财政局、中国人民银行上海市分行的大力支持下,学校办学逐步步入正轨。

从1960年3月至1969年12月,上海财政金融学校的发展也经历了曲折过程,从创建到被迫取消,经历三次搬迁,四易校址。1961年8月,学校从九江路40号迁至浦东南路689号办学,校舍狭小,办学条件差。1962年,上海外贸学院停办,上海市高教局决定将上海外贸学院预科(高中性质)并入上海财政金融学校,学校接管原上海外贸学院校址,8月,学校迁至古北路620号办学。

1964年8月,由于上海外贸学院复校,上海财政金融学校再次迁至杨浦区五角场政旦东路20号,占地46亩。1966年起,由于"文化大革命"的发动,刚步入正轨不久的学校教学又开始受到打扰,学校办学动荡不安。直至1969年,原上海市革委会工高组擅自下令将学校校舍调拨给上海医用仪表厂使用,学校被迫撤销。

非常遗憾,由于上海财政金融学校于1969年停办,直至1978年复办,这当中有着长达9年的"空窗期",而上海立信会计学院在此期间也还未恢复办学,所以合校后的校史中,还是存在着一段较长时间的空白。

1977年中央召开银行工作会议,研究整顿金融问题,加强银行管理工作。于是,培养金融人才,充实银行骨干力量,成为一个核心问题,这为学校复办带来契机。1978年2月1日,经上海市财贸办公室同意,恢复上海市财政金融学校,并于同年9月复校招生,校址暂定昆山路146号,借用原上海财经学院夜校部教学楼办学,学校的办学受到客观条件的严重制约和影响。

1978年12月召开的中共十一届三中全会作出把全党工作重点转移到社会主义现代化建设上来的战略决策。这时,这一重大战略决策,推进金融体制改革,使金融事业进入一个发展的新阶段,也为学校发展创设了条件,意义重大。

1980年起,中国人民银行先后在许多省市接管或筹建了多所大、中专院校,上海财政金融学校也形成由市财政局和中国人民银行上海市分行两家合办、统一领导、轮流管理的模式。由于财政和金融在国家经济中所肩负的职责不同,因而形成具有各自比较鲜明的行业特色。

1980年年底,在中国人民银行的支持下,上海市计划委员会同意上海银行学校建设教学生活用房16 600平方米。同年年底,在杨浦区民星路465号开始筹备上海银行学校校舍的建设工作。

1981年3月20日,由于"两家合办,轮流管理"的体制,已无法适应金融体制改革对人才的迫切需要,上海市财政金融学校拆分为上海市财经学校和上海银行学校,并于1982年经上海市人民政府同意,两所学校正式分开,分校后两校仍在昆山路原址同舍办学。

分校后,上海银行学校与中国人民银行的关系进一步加强,学校建设发展得到了中国人民银行的大力支持,依靠银行办学的特色也日益鲜明。1984年8月1日,上海银行学校办公搬迁至民星路,8月底民星路校区建设全部竣工启用,昆山路的校舍则归还给上海财经学院。

1985年4月26日,中国人民银行总行批复,决定在上海银行学校的基础上成立上海金融专科学校。1987年12月1日,国家教委正式批准成立上海金融专科学校,并于1988年6月15日揭牌。与此同时,上海银行学校的建制依然存在,但中国人民银行总行及上海市分行都没有任命专职的上海银行学校工作人员,所以从领导班子到普通教职工,包括学校指定担任中专班班主任和在中专班任课的教师,都属于上海金融高等专科学校编制。

1992年4月1日,国家教委发文,学校更名为上海金融高等专科学校。设立金融、国际金融、保险、外汇管理等专业,学制3年,纳入国家计划。在开启高等专科教育之后,上海银行学校的中专教育逐步收缩规模,于1996年正式停止"全日制"招生。

2000年4月30日,上海市教委行文《关于上海水产大学等8所院校转由上海市教委管理的请示》,上海金融高等专科学校宣告结束隶属于中国人民银行长达40多年的历史,而划归上海市教委管理。

2000年9月,学校迁址浦东新区上川路新校区。2003年9月,经上海市人民政府批准,上海金融高等专科学校升格为本科高校,正式更名为上海金融学院。

二、勇攀高峰的发展之道

(一)升本后的发展

升本是上海立信会计学院和上海金融学院建校以来的突破性进展,标志着学校进入了新的发展阶段。两所学校于同一年升本成功,表面上看来是一种巧合,实际上体现了两所学校无论从办学规模、师资力量、社会影响,还是从科研水平、培养质量等,都比较接近,再加上学科专业的同质性等因素,也为后来的两校合并埋下了伏笔。

升本以后,两所学校都取得了一些新的成绩。

2007年6月,上海金融学院与上海市体育局正式签署协议,宣布上海市花剑队由学校承办,至此,上海金融学院成为中国首家承办省级一线运动队的高校。

2011年9月,上海立信会计学院获得审计硕士专业学位研究生培养资格,成为全国首批开展审计硕士专业学位研究生教育的高校。

2012年3月,上海金融学院与上海财经大学开始联合培养金融硕士专业学位研究生。5月11日,位于上海金融学院的当代钱币博物馆开馆,成为国内第一家向社会公众开放的当代钱币博物馆。

2013年11月28日,中国会计博物馆在上海立信会计学院建成并开放。这是我国第一家专业的会计文化博物馆。

2015年10月28日,上海金融学院海外第一家孔子课堂——丹麦国际商学院孔子课堂揭牌仪式在丹麦科灵市举行。

(二) 上海立信会计金融学院正式成立

2016年,为整合两校的优质资源,做大做强优势学科专业,加速学校发展步伐,根据上海高等教育综合改革和高等教育的布局结构调整,上海立信会计学院和上海金融学院合并事宜正式提上议事日程。

2016年3月,经上海市委、市政府批准,上海立信会计学院和上海金融学院合并组建上海立信会计金融学院。4月22日,教育部批复上海市教委,同意两校合并,对上海立信会计金融学院予以备案。

2016年6月,新组建的上海立信会计金融学院正式揭牌。揭牌后,合校进程深入推进,在校领导班子配齐后,学校中层干部也调整完毕,学校建设规划、文化融合等方面的工作也都陆续确定。新校确认将校史追溯至上海立信会计学院建校的1928年,将"立信"两字确立为校训。"立信"取自《论语》"民无信不立",潘序伦老校长要求立信人"诚实不欺、言行如一、有诺必践",以"立信"为校训,用以警示师生为人处世务求诚信,也体现了学校"诚信为本"的办学特色。学校将"立信"衍生出的"信以立志、信以守身、信以处事、信以待人、毋忘立信、当必有成"24字作为对校训的解读,将"立诚明德,经世致用"确立为学校的大学精神。"立诚"意指诚信为人;"明德"取自"大学之道,在明明德",强调对高尚品德的追求,是为学之根本;"经世"指的是"经国济世",强调要有远大理想抱负,志存高远,胸怀天下;"致用"指的是"学用结合",强调要理论联系实际,脚踏实地,注重实效。"立诚明德,经世致用"的大学精神正体现了学校办学治校、教书育人的精髓。

1. 机遇与挑战

合校为学校发展带来了多重利好:一是市委市府支持学校更名大学,学校必须对照相关指标要求,苦练内功,加快建设,争取"十三五"末达到更名大学的基本条件。二是上海市推进高校分类管理改革和支持学校建设特色鲜明的应用性高水平财经大学,学校应抓住上海市推进高校"二维分类"管理和评价体系,坚持高水平应用型目标定位,久久为功,办出特色和水平,赢得更多的支持。三是上海市推进市属高校应用型本科专业试点和建设,学校必须对标上海"五个中心""卓越的全球城市"、自由贸易港建设所形成的新产业、新业态和产业链、创新链,抢先试点应用型本科新专业,强化我校应用型本科人才培养的比较优势和竞争优势。

同时，新组建的学校也面临很多挑战。从国家层面看，国务院统筹推进"双一流"建设的号角已经吹响，高等教育综合改革全面深化，原来具有先发优势的高校或将获得更多支持；从全国情况看，人才配置市场化力度加大，人才竞争特别是非理性竞争日益加剧，师资队伍建设的难度增大、成本增加；从国内其他财经类高校发展态势看，随着改革开放的深入发展，许多财经类高校纷纷抢抓机遇、深化改革、强化特色、跨越发展，呈现出千帆竞发态势，学校发展的外部空间受到挤压，围绕办学水平和实力的竞争将更趋激烈。

作为全国教育综合改革试点城市，上海正加速推进高等教育改革和发展。如何适应上海市高等教育综合改革要求，如何对接上海高等教育规划和布局调整，如何立足"高水平、应用型、多科性"的办学定位办出特色和水平，为上海"五个中心""卓越的全球城市"、自由贸易港建设提供人才支撑和智力支持，迫切需要学校进一步优化学科专业布局，明晰发展路径，回应社会期待。

2. 发展思路

学校清醒地认识自身的条件与环境，也为自己的未来作了科学的规划。学校明确发展思路，即：坚持走内涵提升、特色发展之路，加快学校改革发展的顶层设计，以人才培养为根本，以改革创新为动力，以制度建设为保障，构建以学生发展为中心的应用型人才培养体系、以社会需求为导向的科研和社会服务体系、以教师发展为中心的师资队伍建设体系、以现代大学制度为基础的学校内部治理体系、以诚信为基石的文化传承创新体系、以服务为宗旨的综合后勤保障体系（简称"六大体系"），提升办学质量和层次，把学校建成特色鲜明的高水平应用型财经大学。

3. 办学定位

办学特色定位：诚信为本，学验并重。

办学类型定位：应用技术型财经高校。

学科发展定位：以经济学、管理学为主体，以应用经济学、工商管理、统计学为重点，以金融学、会计学为核心，推动学科交叉融合，形成经、管、理、法、文等多学科协调发展的学科格局。

办学层次定位：以本科教育为主体，积极发展研究生教育。

人才培养定位：培养具有诚信品质、实践能力、创新意识、国际视野的高素质应用型财经人才。

服务面向定位：立足上海，面向全国。

4. 总体目标

至2020年，学校更名为大学，完成"六大体系"建设任务，打造金融、会计两大教育品牌,实现应用经济学、工商管理、统计学三个一级学科学位点的突破,应用经济学、工商管理两个一级学科综合水平进入全国高校学科排名前20%(B+),统计学等优势学科专业综合水平进入全国高校学科排名前25%(B),力争新校区投入使用,初步建成特色鲜明的高水平应用型财经大学。学校还谋划了中远期发展愿景:到建校100年,建成国际知名、国内有重要影响、特色鲜明的高水平应用型财经大学。

在未来的发展中,学校将主动适应我国经济发展新常态,主动服务上海国际金融中心、科创中心和自贸区建设,立足上海,辐射长三角,面向国际,走内涵提升、特色发展之路,实施人才强校战略和开放办学战略,促进科教融合、产教融合,全面开展综合改革,加快提高学校服务国家和上海经济社会发展的能力,努力建成特色鲜明的高水平应用型财经大学。

三、始终如一的诚信之心

翻开学校历史,处处都能感受到精神的魅力、文化的光芒。这种魅力和光芒深深根植于"立信"校训。在90年的发展历程中,学校始终蕴含着恒久不变、一脉相承的价值取向——"诚信"。这种价值取向,集中体现了立信人对科学的态度,对社会的责任和对理想的追求,构成了立信人生生不息、代代相传的精神内涵和文化精髓。学校历史留给我们最为珍贵的财富就是它的"诚信"精神与文化。

1928年,被誉为"中国现代会计之父"的潘序伦先生怀着"实业救国""教育救国"的愿望,学成归国,他借用《论语》中"民无信不立"之意,创立了"立信"品牌,凝练了"立信"校训,要求立信人"诚实不欺、言行如一、有诺必践"。坚守"诚信为本"的理念,立信最终形成了会计师事务所、会计职业教育、会计图书出版"三位一体"的会计事业格局,成为培养中国会计师人才的摇篮。2016年,原上海立信会计学院和原上海金融学院合并,原上海金融学院强调以"诚信"和"责任"为主要内容的大学生职业素养的养成,着力培养学生诚实守信的品格和强烈的责任心。诚信成为两校文化融合的精神纽带,也是立信金融人共同的价值遵循,奠定了新校的文化基石,确立了以"立信"为内容的校训校徽校歌和"立诚明德,经世致用"的大学精神。

一直以来,学校围绕立德树人,坚持以信立身,不断凝练"诚信为本,学验并重"的办学特色,逐步形成"六环节、六目标"诚信教育体系,将社会主义核心价值观内化为大学生的精神追求、外化为大学生的实际行动。"六环节、六目标"诚信教育体系先后荣获教育部高校校园文化建设优秀成果奖、上海大学生思想政治教育工作创新成果奖。

一是抓入校教育，树立诚信理念。学校把诚信教育作为新生入校教育的第一课，通过校史校训的专题讲解，开展"大学第一课""新生研讨课"和"诚信主题班会""诚信经验分享会"，组织学生签署"大学生诚信承诺书"，进行"大学生诚信宣誓"等活动，使学生"知诚信""懂诚信""尊诚信"。

二是抓课堂教学，提高诚信素养。课程在哪里，诚信教育就在哪里。学校以课程思政改革为关键抓手，坚持"知识传授与价值引领相结合"，将诚信教育贯穿在各类课程建设中。学校出版了《大学生诚信教育概论》《大学生诚信教育经典案例》《中外诚信故事100篇》《诚信责任服务合作：大学生核心职业素养培养》等诚信教育教材系列。学校开设"大学生诚信教育"公共必修课，将诚信教育纳入课堂教学范畴。依托立信会计师事务所等校企战略联盟，建立诚信教育实践基地。

三是抓校园文化，营造诚信氛围。学校把诚信精神融入文化建设的每一环节。形成中国会计博物馆、潘序伦著作展示室和序伦大道、昭信堂等诚信教育环境要素，使诚信教育"看得见、摸得着"。学校打造大师剧《潘序伦》，开设立信讲坛、明德讲堂、人文讲坛，举办诚信辩论赛、诚信征文等活动，使诚信教育"演得出、讲得好"。学校抓住"网络诚信宣传日""信用记录关爱日"重要时间节点，开展特色鲜明的校内外诚信主题实践活动，使诚信教育"入人心、伴人行"。

四是抓日常教育，规范诚信行为。学校把学生诚信与制度建设相结合，形成诚信制度体系。例如，在学生党员发展过程中，将个人诚信表现作为"底线"衡量依据，塑造政治诚信；在引导学生遵守学业规定，抵制考试作弊、学术造假行为中，规范学生学习诚信；在对学生日常行为习惯养成教育中培养学生生活诚信；在"奖、贷、助、补、减"的资助体系中，提高学生经济诚信意识。把诚信行为与客观评价相结合，形成诚信档案评价系统。出台了《诚信分评定实施办法》，开发了大学生诚信分评定系统，试点为毕业生出具《大学生个人诚信报告》，形成了诚信激励与失信惩戒机制。把学生对诚信的知与行相结合，创设一批"使守信者受益、失信者受限"诚信体验项目。坚持开展诚信考试承诺活动，创设了学生发展银行等品牌项目，打造了诚信伞、诚信书籍漂流等诚信服务项目，培育了诚信超市、互助集市等诚信消费项目，使诚信教育更具参与性和亲和力。

五是抓网络教育，培养诚信品质。学校利用校园网、官方微博微信、小信鸽等"两微一端"平台开展诚信宣传，传播学校诚信品牌。学校在易班网上开设诚信教育专栏，针对有关诚信方面的规章制度、"诚信之星"等人物事迹、诚信教育案例大赛等主题活动开展宣传。学校通过线上主题班会签到、线上失物招领、线上评优评奖资格审核等形式，将诚信品质融入大学生网络生活。

六是抓毕业教育,输送诚信人才。学校将"职业发展与职业道德"纳入必修课程体系,对毕业学生开展诚信教育,夯实诚信就业基础。学校通过《诚信求职承诺书》《毕业生就业推荐记录表》《毕业生面试情况反馈表》、开展毕业生问卷调查等,培养学生诚信择业观。学校定期开展企业走访、校企交流研讨会等活动,定期发布学校《就业质量年度报告》,在学校与社会之间形成诚信教育合力。

为推动社会主义核心价值观协同创新,学校还在"六环节、六目标"教育体系的基础上,拓展与丰富诚信教育内涵与外延,通过推进"三个强化",不断深化诚信文化创新与教育探索。第一,强化诚信文化创新,为诚信教育提供强有力的支撑。依托信用管理专业,建设诚信文化研究中心,开展诚信文化理论研究,编写诚信文化、诚信教育系列教材,推动诚信教育大、中、小一体化建设。第二,强化诚信应用合作。在和银行系统征信平台、社会征信平台建立合作关系基础上,探索推动信息互联互通;加强与政府、行业机构合作,推进"信用指数"系列研究;与地方政府共建诚信教育实践基地,开拓诚信教育的有效平台。第三,强化全国高校诚信文化育人联盟建设。由我校担任育人联盟理事长单位的全国高校诚信文化育人联盟于2017年5月建成。通过推进高校间多样化、多层次的诚信文化研究与教育合作,打造诚信文化课程网络平台,推动"大学生诚信教育""信用中国"等诚信系列课程上线,努力成为高校诚信教育的"中央厨房",为全社会培养优质的诚信人才,形成良好的诚信文化氛围,共同引领社会诚信风尚,充分彰显高校立德树人的示范功效。对坚持与完善诚信教育、培养诚信人才的永恒追求,正是立信人始终如一的诚信之心。

四、学校创建人潘序伦生平

潘序伦,是创办学校的第一任校长,也是立信事业的奠基人,被誉为"中国现代会计之父",获评首批"上海社科大师"。其对学校的发展贡献甚大、影响甚巨。潘先生在会计学、审计学方面造诣很高,兼对财政学、金融学、税务学、经济学、教育学等各个领域也有很深研究。他学识渊博、著作等身、见解精辟,一生著作逾千万字、专著(含译作)30多部,学术论文百余篇,代表作有《公司理财》《高级商业簿记教科书》《会计学》等。

潘先生于1893年,出生在一个书香门第。其自幼聪颖好学,成绩名列前茅。其中学毕业后考入南京海军军官学校无线电收发班,结业后被派在海军舰艇上任准尉无线电收发报员,后退出军籍,先后做过造币厂翻译员、乡村小学教师、镇江中学教师,几经波折,浮浮沉沉没有定职。在身边友人们的影响下,1919年,潘先生一改过往的颓废状态,立志出国留学,以期学成报国。经上海浦东中学校长黄炎培先生推荐,潘先生进入上海圣约翰大学作为旁听生补习英文,并获文学士学位。

1921年夏,潘先生获得南洋兄弟烟草公司奖学金赴美留学。通过3年苦读,潘先生取得哈佛大学企业管理学硕士学位和哥伦比亚大学政治经济学博士学位。在哈佛读书期间,潘先生预见到中国对于现代会计人才的需要会逐年增加,于是尽量选学有关会计的学科,在学习会计学的征途上迈出第一步,奠定了坚实的会计学基础。

1924年,潘先生怀揣"教育救国"和"实业救国"的愿望学成归国,回到上海,先后在多所大学执教,引进并讲授西方新式会计。他是我国推广应用新式簿记、从事现代会计事业的创始人。

1927年1月,鉴于当时工商界通用的旧式簿记亟待改良,企业亟需会计人才,潘先生辞去各大学教职,自行设立潘序伦会计师事务所,后借《论语》"民无信不立"之意,改名为立信会计师事务所,从事会计师业务,并编译出版会计丛书和创办会计学校,逐步开创了事务所、学校、会计图书用品社"三位一体"的立信会计事业。

为了开辟业务来源和扩大立信事业的声望,潘先生积极参加各类社会活动,以便与中外工商界人士取得联系。他还曾历任南京国民政府主计处会计局副局长、经济部常务次长和"善后事业委员会"委员,但因不适应官场陋习,辞职返沪。

中华人民共和国成立后,潘先生毅然选择了留在上海继续他的立信会计事业。然而在20世纪50年代,他却受到了阶级斗争的冲击,遭遇挫折。为此,他蓄须明志,表达自己气节与追求。20世纪70年代末,潘先生的上海市政协委员身份得到恢复。改革开放后,潘先生继续活跃在会计学术舞台上。1979年,在潘先生的倡议下,上海市会计学会成立,这是全国第一个会计学会。

潘先生将毕生奉献给中国的会计事业和会计教育。他曾为资助过自己的南洋烟草公司设立"思源助学基金";1937年自捐6万元筹备立信会计专科学校;1980年为学校复办捐出一生积蓄,并设立潘序伦奖学金;他还将存书与出版税全部投入会计教育。然而其本人生活却十分朴素,散尽家财去支持教育事业,但却没有给家人留下什么财富。

1985年11月8日,潘先生因病逝世,享年92岁。作为中国学术界、会计界一代耆宿,潘先生的名字将与立信会计事业一起载入中国会计发展史册和现代教育史册!

第三节　上海立信会计金融学院学生指导与服务机构简介

上海立信会计金融学院成立以来,学校对校内机构、单位进行了重新规划与布局,现建有24个党政机构,26个教学科研单位,8个教学辅助单位和8个直属及其他单位。对于在校学生而言,面对众多机构,哪些是自己需要了解,在大学学习生活中接触较多的,实在难以分辨。为此将各类机构介绍如下。

一、教学指导与服务机构(教务处、实验教学中心、创新创业学院)

教务处(招生工作办公室)是学校教学管理的行政职能部门,同时也是学校本科教学工作委员会、语言文字工作委员会、教材委员会的日常工作机构。它主要负责组织人才培养方案制定、专业建设、课程建设、教学研究与教学改革、承担学校本科教学管理与运行、招生管理等工作。其主要职责包括负责本专科人才培养方案与教学计划的制定工作;负责专业、课程、教材的改革和建设工作;负责日常教学运行与考试考务工作;负责学生成绩与学籍管理工作;负责本专科学生毕业资格审核与学位评定工作;负责教师教学工作量考核与教学奖励工作;负责教风建设,会同学生处抓好学风建设;负责学校语言文字工作;负责制订招生计划与组织招生录取工作。

实验教学中心是学校的直属单位,主要承担实验室建设与管理、全校性跨专业实验教学工作。其主要工作职责包括:组织制定学校实验室建设规划,组织实施实验室建设与改造项目;负责实验室各类实验教学设施、设备的建设与管理,负责各类实验软件、数据库的建设与安装、维护、升级工作,做好实验教学活动的技术支持;负责实验室的日常运行管理,根据实验教学计划与教学需求合理安排实验课表,做好实验室安全管理、档案管理与日常运行情况统计;承担全校性跨专业实验课程的建设与教学任务,负责跨专业实验教学建设规划及平台建设;负责实验室开放管理,组织开展开放性实验教学活动;负责制定学校实验室建设与管理、跨专业实验教学管理的各项规章制度,并组织实施;积极开展实验教学技术、实验教学方法研究;加强对外合作,做好学校实验教学成果的应用推广;负责中心实验教学技术队伍与跨专业实验教学团队建设等工作。

创新创业学院是培养提升学生创新创业意识、能力、精神,开展相关培训、项目实施与孵化的直属单位。其主要工作职责包括负责组织实施创新创业指导工作规划,会同相关职能部门和二级学院实施大学生创新创业教育;负责为学生提供创新创业类的知识培训、创业政策咨询和指导；负责全校性的科技创新创业活动指导以及相关创新创业大赛的组织；负责举办国际国内大学生创新创业专题研讨和交流；负责国家级和市级大学生创新创业训练计划项目（示范校建设）的实施；负责学生创业项目孵化和创业园区的日常管理等工作；负责与社会各方面创业孵化资源对接，为大学生创业项目孵化提供平台等工作。

二、学生指导与服务机构（学生处、就业与创业工作处、校团委）

学生处（党委学生工作部、党委武装部）是负责全校学生教育管理工作、武装工作的单位。其主要职责包括负责全校学生的日常思想政治教育和辅导员队伍建设、学风建设、学生各类奖、助学金和国家助学贷款的评审和管理、学生日常管理、大学生心理健康教育咨询以及组织学生军训、军事理论教学和征兵等工作。其下设学生心理健康教育与咨询中心，负责提供心理咨询服务，开展心理健康教育宣传活动；设立学生事务中心，负责整合学校资源，努力为学生办理常用业务提供一站式服务。

就业与创业工作处是全校毕业生就业工作的指导单位。其主要负责指导开展全校毕业生就业工作；负责组织开展大学生职业生涯教育，联合开展大学生创新创业教育；负责调查与研究毕业生就业状况；负责联系招聘单位，组织开展毕业生就业推介与招聘工作。

校团委全称共青团上海立信会计金融学院委员会，是学校先进青年的群团组织。其全面负责全校团员青年的思想教育、组织建设、宣传工作与网络、社会实践与志愿者活动、课外学术科技活动、大学生创新创业活动、文化艺术活动等工作，并直接领导大学生艺术团、礼仪队等学生组织，指导校学生会、校社团联合会的日常工作。

三、国际交流指导与服务机构（国际交流处、国际交流学院）

国际交流处（港澳台事务办公室）作为校级国际合作交流的窗口部门，主要承担中外国际交流项目的开发和管理、外事接待、外事信息化管理、外籍专家的聘请和服务、学生出国项目申报和派遣、外事咨询等工作，是学生对外交流访学项目的主要指导部门。

国际交流学院也是学校对外交流合作的窗口单位。其主要负责学校留学生的教育教学管理；负责丹麦孔子学院的建设与管理；承担外国学生来华交流访学项目的联系与接待。

四、体育健康指导与服务机构(体育与健康学院)

体育与健康学院是隶属学校的教学科研单位,承担着全校学生的体育教学、体质测试、群众性体育竞赛活动(阳光体育大赛)的组织与指导、高水平运动队的训练及参赛等各方面工作,是学校体育特色项目(击剑、跆拳道)的主要建设单位。

五、后勤保障与安全指导与服务机构(保卫处、后勤管理处、后勤服务中心)

保卫处(党委保卫部、安全生产办公室)是维护学校政治稳定、治安安定的职能部门。其主要职责包括负责全校门岗管理和校园面上治安、交通巡逻,维护门岗秩序和校园治安交通秩序;负责全校的治安防范和反恐工作,建设和管理人防、物防体系,确保校园治安安定和反恐工作落实到位;完成全校技防设施的建设、管理、维护和值班监控任务;负责全校消防安全管理,落实消防法规,防止发生火灾,减少火灾危害;负责全校的治安综合治理工作;负责师生员工的户籍管理工作。保卫部门的工作是师生安全稳定的校园生活的坚实后盾,也是学生遇到突发事件或安全威胁时,寻求帮助的首选。

后勤管理处是代表学校行使对后勤的管理、规划、协调、服务、监督等职能的行政职能部门。其主要负责制订学校后勤发展规划,做好后勤保障与服务工作;监督检查、评估考核后勤集团及其他社会企业履行服务协议情况,对核拨服务经费实施有效监管;负责制订绿色校园规划,配合有关部门做好校园文化建设等相关工作;负责学校公用房、教师公寓等非经营性房产管理工作;负责学校水电气暖、维修、保洁、绿化等物业服务项目;负责学校医疗防疫等工作。其下设的医务室(校医院),是学生日常就诊最近、最便利的医疗机构。

后勤服务中心是应后勤社会化改革的要求而成立的,是学校的直属机构。其主要职能是为全校22 000余名师生提供公寓、饮食、车队等后勤保障服务工作,涵盖了餐饮、开水、洗浴、班车等服务项目。后勤服务中心的服务内容涉及学生日常生活的主要方面,包括吃、住、用等内容,是学生经常打交道的机构。后勤服务中心一直致力于畅通与学生沟通的渠道,努力提升服务能力与质量,确保学生的生活保障优质高效。

六、文化拓展与支持服务机构(图书馆、博物馆)

图书馆现有浦东校区图书馆、松江校区图书馆和徐汇校区分馆三个馆,不仅拥有百万册的纸质藏书,还订有网上电子图书数十万册,订有中外文期刊报纸数千份,网上期刊数万种。图书馆有中国期刊全文数据库、国研网、国泰安数据库、中国法律资源数据库、超星数字图书馆、万方数据资源系统、维普科技期刊数据库、中国优秀博、硕士论文库、学科导航管理系统、EBSCO、EMERALD与SPRINGER等中外文数据库十余种。图书馆主要收藏经济、管理、哲学、政治、法律、文学、语言文字、历史、教科文等社科类文献资源,其中以经济类图书为主。图书馆现已全面实现计算机集成系统管理,配有较完备的服务设施,可为读者提供外借、阅览、新书报道、资源推介、参考咨询、专题咨询、课题检索、读者教育、馆际互借、文献复制及文献传递等全方位的文献信息服务。

博物馆建有两个馆,一是位于松江校区的中国会计博物馆。这是一家会计专业博物馆,包括中国展厅、国际展厅、会计名人堂、临时展厅、视听室、展具储藏室、藏品库等展览和储藏场所。其旨在利用博物馆强大的文化传承和宣传教育功能,进行会计历史文化遗存的抢救性收藏和保护,弘扬会计历史文化,促进会计学术研究与交流。另一个是位于浦东校区的钱币馆。其主要由展示、视听、展品保管收藏3个区域组成。其馆藏藏品包括新中国贵金属纪念币、贵金属投资币、流通纪念币、纸币、各种纪念章牌、外国当代钱币和各种钱币设计图稿、设计油土和石膏模、钢模、各种珍贵装帧以及各种钱币的原始经销宣传图册、书籍、设计师签名的首日封,等等,馆藏藏品以新中国贵金属纪念币为主体。学校博物馆是传播校园文化的重要阵地,也是学生拓展专业知识的好去处。

本章思考

1. 根据本章内容,请谈谈你理想中的大学是什么样的。
2. 请谈谈你对上海立信会计金融学院的过去、现在、未来的认识。

第二章
坚定理想信念

> 理想是需要的,是我们前进的方向,现实有了理想的指导才有前途;反过来,也必须从现实的努力中才能实现理想。
>
> ——周恩来

第一节 理想信念概述

一、理想信念的含义与特征

(一)理想的含义与特征

1. 理想的含义

理想一词,最初来源于希腊语"ideal",指人生的奋斗目标。理想作为一种精神现象,是人类社会实践的产物。理想的含义是指人们在实践中形成的、有可能现实的、对未来社会和自身发展的向往与追求,是人们的世界观、人生观和价值观在奋斗目标上的集中体现。作为一种社会意识,理想是人们对客观现实发展趋势的超前反映,即人们在认识客观规律基础上给自己勾画的未来美好蓝图,是经过努力可以实现的符合科学的目标。

2. 理想的特征

(1)实践性。真正的理想不只是对未来目标的主观想象,要将理想变为现实需要人们在实践中付出自己的主观努力。理想一方面给人生的进取提供一个导向;另一方面也在实践过程中接受检验、修改和发展。理想的实现不能依靠单纯的思想力量来完成,而必须通过人们的实践活动才能实现。

(2) 现实可能性。真正的理想,需要具有实现即变成现实的可能性。理想是主观的精神现象,主体的需要、价值观、人生观等影响着人的理想的形成,但理想更是对客观现实的自觉反映,符合社会发展的客观规律,而不是空想和幻想。理想既不是脱离实际违背客观的空想,也不是没有足够条件和根据的幻想,而是立足于现实基础上,经过努力可能实现的志向和抱负。从这一意义上来说,理想必须是以现实为基础的。

(3) 超前性。理想源于现实、产生于实践,是人们在对现实的认识、概括和总结的基础上,以观念的形式形成的一种对未来的预想,是同奋斗目标相联系的有实现可能性的一种想象。这种想象是以对现实客观事物发展规律的分析研究为根据的,它高于现实而又超越现实,具有一定的超前性。马克思曾指出,蜘蛛织网与工人的纺织相似,而蜜蜂建造蜂房的本领甚至使建筑工程师感到惭愧;但最蹩脚的建筑师也比最灵巧的蜜蜂更高明,因为建筑师在动手建造一个建筑物之前,已经先在自己的头脑中把它建成了。与现实相比,理想往往是更为美好的,人们对理想的向往和追求,体现了人们对美好的向往和追求。因此,理想对人们具有巨大的感召力,它吸引着人们通过自己的奋斗,不断地改造现实,从而推动历史的进步。

(4) 时代性。理想的确立以一定社会历史条件为基础,同一个时代的社会发展水平密切相关。首先,在不同的社会生活中,在不同的历史阶段,人们会产生不同的理想。例如,在生产力发展水平极其低下的原始社会,人们只能把争取获得较多的劳动产品、克服生存困难作为自己的理想;而在文明相对发达的现代社会,越来越多的人则把追求自由全面的个性发展作为理想。其次,一个人在其人生的不同阶段,会产生不同的理想,或者对自己的理想进行各种调整。例如,一个人童年时期的个人理想也许是做一个歌唱家,到了青年时期其理想则可能变成了做一个文学家,成年以后,其理想又可能会变成要做一个成功的商人。不同的人会有不同的理想,同一个人在不同阶段也会有不同的理想,这些都是正常的。

3. 理想的类型

由于人的本质的社会性、人类社会生活的多样性以及人们对现实的认知和对未来想象的多层次性,人们对理想的追求表现在社会生活的各个领域和人类活动的各个方面。因此,从不同角度划分,理想具有如下不同的分类:

(1) 从理想的性质和实现的难易程度划分为:科学理想和非科学理想,崇高理想和一般理想。科学理想是人的主观能动性与社会发展客观规律一致性的反映,是人们在社会实践的基础上,对社会历史发展规律的正确把握的一种理想。不符合以上定义的即为非科学理想。按理想实现的难易程度划分,我们可将其分为崇高理想和一般理想。崇高理想一般不涉及自身的直接利益,如使社会变得更加公平、自由是很多法官、政府官员、警察所追求的崇高理想。一般理想与生活联系更为紧密,如个人希望买车、买房。但这些区分并不矛盾,也就是说崇高理想与一般理想是可以共存的。

(2)从理想的时序上划分为:长远理想和近期理想。前者实现的时间跨度较大;后者相对而言时间跨度较小。长远理想包括人们常说的光宗耀祖、儿孙满堂或者是成为某个行业的佼佼者,这需要付出艰辛的努力和较长的时间。而近期理想包括学好专业、顺利毕业、找好的工作等。

(3)从理想的对象上划分为:社会理想和个人理想。社会理想是人们对未来社会制度和社会状况的向往追求。社会理想是全社会成员的共同理想,它反映着社会发展的特性及其变化趋势。个人理想是指处在一定历史条件和社会关系中的个体对于自己的未来物质生活、精神生活所产生的种种向往和设想。其包括个人具体的职业理想、生活理想和道德理想。

(4)从理想的内容上划分为:政治理想、生活理想、职业理想与道德理想。政治理想是对未来社会制度和政治结构的设想、追求和向往。生活理想是一个人按照自己对生活意义的理解以及自己的生活情趣,对未来生活方式、生活结构、生活目标的追求和向往。生活理想并不只是对生活条件的期盼,更重要的是人们期望具有怎样的生活方式、怎样生活得更有意义、更充实。生活理想很重要,它会直接影响着人的成长和事业的成败。现实生活中不少人正是由于从生活上被腐败思想打开了缺口,从而堕落的。职业理想是指人们对未来职业的选择和对事业要达到何种成就的向往和追求。职业对个人的生存和发展具有重大意义。第一,职业是人的谋生手段;第二,职业是实现人生价值的重要手段。对大学生而言,较早地确立自己的职业理想有助于自己充实地度过大学四年。而道德理想是指人们所向往的理想人格和做人的标准,也就是要使自己成为什么样的人,具有怎样的道德品质。

(二) 信念的含义与特征

1. 信念的含义

信念是人们对某种思想、主义、价值观及理想的坚信和认同,并产生良好、持久、稳定的观念,是人的意识活动的一部分。信念包括认识、情感、意志三大因素,这三者之间相互关联统一,缺一不可。

信念是怎样产生的呢?英国著名哲学家、诺贝尔奖获得者罗素认为:信念是由一个观念或意象加上一种感到对的情感所构成的。在信念中,观念或意象与情感之间的关系不是并列的。"感到对的情感"即主体对某一对象的相信,是信念的核心和形成的关键。即使是由对于外界的歪曲反映得来的观念或意象,只要主体相信,就有信念确立;反之,即使是面对科学的理论或思想,如果主体犹豫怀疑,也就谈不上产生什么信念。那些为主体所知而不为其所信的观念或意象,只能算是主体的认识,而不是信念。所以,"信"是信念突出的本质特征。信念的强度,取决于主体的信任程度。意志则是一种坚持不懈努力的心理状态。这种努力长期不断地坚持下去,就在人的内心产生一种坚定不移的信念,即非这样做不可的内在要求。

2. 信念的主要特征

(1) 稳定性。人的信念一旦形成,就会具有相当的稳定性,而不会轻易改变。因为,人的信念的形成本身,就不是一件轻易的事情,而是在人的长期生活实践过程中逐步形成的,其中积淀了一个人多年的人生经验,包含了社会环境对他的长期影响。而且,如前所述,一个人的信念不仅基于他长期的认识和经验因素,而且受制于其稳定的情感认同,并与他的生命意志和人格特点有着密切的关系;所以,一个人的信念形成以后,不会因为某个个别事件就发生改变。斯大林曾说过,"手帕都不是轻易更换的,更何况人的信念呢!"当然,信念的稳定性只是相对的,而不是绝对的。一般来说,经过时间和现实变迁的考验,一个人的信念会变得更为合理和坚定。

(2) 执着性。信念的稳定往往带来情感上的执着。人们的认识既可能是正确的,也可能是错误的,但从个人来说,谁都认为自己的信念是正确的,都持坚决相信的态度,这使信念带有极大的执着性。

【案例 2-1】

发明的故事[①]

现代大发明家爱迪生是一个有着坚定信念的人,在他发明电灯的过程中试验了 9 000 种物质尚没成功的时候,有人断定他不会成功,他却笑着说:"我只是发现了 9 000 种物质不能做灯丝。"接着继续实验,终于在实验了 1 万余次之后获得了成功。支持他能够如此顽强的实验下去的力量是什么?就是他认为自己必能找到一种物质可做灯丝的坚定信念;如果他也像其他人一样怀疑这种物质根本就不可能存在的话,那么他还会继续实验下去吗?恐怕早就放弃了。

---

① 亨德里克·威廉·房龙. 发明的故事[M]. 北京:清华大学出版社,2010.

(3) 多样性。不同的社会环境、思想观念、利益需求都会形成不同的信念,乃至截然相反的信念,不同的人由于众多的原因,会形成各不相同的信念,这是客观存在的。一个班的同学,信念也并不完全相同。

(4) 亲合性。亲合性是信念在感情上的表现。一个人对和自己信念相近或相同的人会产生极大的兴趣和热情,志同道合就是信念亲和性的表现,相互之间有共同语言,感情上比较接近。人的理想与信念需要互相支持,有美好崇高的理想追求的信念才是有价值的信念,而有坚定信念支撑的理想才能产生巨大的能量。

(5) 层次性。信念最集中、最高的表现形式是信仰。美国诗人惠特曼说:"没有信仰,就没有名副其实的品行和生命;没有信仰,就没有名副其实的国土。"随着社会的发展和全球化进程的不断加深,信仰问题越来越为人们所关注。在许多欧美人那里,信仰与宗教密不可分,特别是与他们自己的基督教连在一起。我国学者将信仰定义为"对某种宗教或主义极度信服或尊重,并以为行动的准则"。

信仰是信念的一种特殊的、强化的、高级的形式。只有关于极高或最高价值的信念才能够成为信仰,这种信念构成信仰的内容,使人的整个精神活动以它为核心,为它服务,围绕它形成一个完整的系统。作为信念的一种特殊形式,真正的信仰是与崇高和神圣连在一起的,是对于崇高和神圣价值的信念。作为新时代的大学生,承担着全面建成小康社会,实现社会主义现代化强国,振兴中华的重任,要实现这一目标,没有崇高及坚定的信仰是不可能的。

理想和信念总是如影随形,相互依存。理想是信念的前提和基础,信念则是理想实现的重要保障。在很多情况下,理想亦是信念,信念亦是理想。当理想作为信念时,它是指人们确信的一种观点和主张;当信念作为理想时,它是与奋斗目标相联系的一种向往和追求。

二、理想信念的重要意义

(一) 理想信念指引奋斗目标

理想是罗盘,理想是灯塔。理想信念是引航的灯塔和推进的风帆。没有科学理想信念的人生,就像失去了方向和动力的小船,会在生活的波浪中随处漂泊,甚至会沉没于急流之中。人的生命是有限的,要使有限的人生过得有意义,就必须具有明确的人生奋斗目标,并且在这一目标的指引下沿着正确的道路前进。所以,人生的目标问题解决得如何,对人的一生具有决定性意义。古往今来,凡是有作为的人无不注重人生理想即人生目标和志向的确立。理想一经确立,就可以使人方向明确,少走弯路,不致盲目、迷惘和空虚。如果缺乏崇高理想或者没有理想,就会像失去航标的无舵小船,在生活的海洋里随波逐流,不是被大浪撞毁在礁石,便是被潮水搁浅在沙滩。

【案例 2-2】

周总理的理想[①]

1917 年 9 月周恩来东渡日本,开始留学日本的生活。出发时,他写下了"大江歌罢掉头东,邃密群科济世穷。面壁十年图破壁,难酬蹈海亦英雄"的诗句,表现了青年时代的周恩来要为拯救中华而愿献出一切的豪迈气概。理想是一个人的灵魂,是人生大厦的支柱。科学崇高的理想,在大学生成长成才过程中起着重要作用。

(二)理想信念提供前进动力

伟大的人生源于伟大的目标,伟大的目标产生伟大的动力。有位心理学家曾提出过一个著名的公式,即动力=目标价值×期望概率,形象地揭示了个人拼搏的动力与理想之间的正比例关系。当一个人为了具有巨大目标价值的理想而奋斗时,就会产生强大的内在动力;反之,如果目标价值不大或期望概率较低,就会因丧失信心而缺乏动力。

历史上,凡是为人类进步事业作出贡献的人,无一不是胸中燃烧着崇高的理想,受崇高理想所鼓舞、激励并且在崇高理想的激励下克服各种困难取得成功。李时珍踏遍青山,尝遍百草,写成《本草纲目》;马克思呕心沥血 40 年,阅读 1 500 种书籍,写出《资本论》。高尔基说过,一个人追求的目标越高,他的才力就发展得越快,对社会就越有益。

(三)理想信念提高精神境界

人不仅有自然属性,还有精神属性和社会属性,因此,人不仅需要物质享受,还要有充实的精神生活。如果没有充实的精神生活,纵然有丰裕的物质生活,也不会感受到人生的真正意义。而精神生活的充实,很重要就是表现在有理想。理想是人生的精神支柱,是人区别于动物的重要标志。如果一个人仅从自然的生理需要出发,沉湎于物质享受,饱食终日,无所用心,那就把人降低到

---

① 李恩和. 揭秘:周恩来青年时期在日本留学都学了啥? [N]. 中国共产党新闻网,2011-10-28.

了一般动物的水平。可见,人是要有点精神的,有没有精神,有没有理想,人的思想境界、精神面貌、情操志趣、生活态度和生活质量就会大不相同。人如果有崇高的理想作为自己的精神支柱,就不会被生活中的一些消极现象所迷惑,就不会被前进中的一些暂时的困难、挫折所压倒;就能始终以坚定的信念、高昂的热情和旺盛的斗志奋勇向前;就能在道德发展的阶梯上不断攀登,成为一个道德高尚、人格完美的人。莎士比亚说:"一个人在他的生命盛年,只知道吃吃睡睡,他还算什么东西,简直不过是一头牲畜。"拿破仑·希尔也说过一段很耐人寻味的话:"种下一种思想,收获一种行为;种下一种行为,收获一种习惯;种下一种习惯,收获一种个性;种下一种个性,收获一种命运!"革命战争年代,革命先烈在生死考验面前所以能够赴汤蹈火、视死如归,就是因为他们对崇高的理想信念坚贞不渝、矢志不移。毛主席一家为革命牺牲6位亲人,徐海东大将家族牺牲70多人,贺龙元帅的贺氏宗亲中有名有姓的烈士就有2 050人。革命前辈们为什么能够无私无畏地英勇献身? 就是为了实现崇高的革命理想,为了坚守崇高的政治信仰,为了在中国彻底推翻黑暗的旧制度,为了实现民族独立和人民解放。①

第二节 树立科学的理想信念

理想信念是人们心灵世界的深层核心。有无理想信念,就像一道分水岭,既把人与动物区别开来,又把高尚充实的人生与庸俗空虚的人生区别开来。有志之人立长志,无志之人常立志,人生需要树立科学的理想信念。树立科学的理想信念,先要明确当代大学生的历史使命,要确立马克思主义的科学信仰,还要树立中国特色社会主义的共同理想。

一、明确当代大学生的历史使命

所谓使命,古指使者奉命出行,后引申为肩负重大的任务和责任。人们在社会中生活,不仅要走完自己的人生历程,还要完成各种各样的人生任务。其中,人们担负的重大的历史任务和重大的历史责任就是人的历史使命。历史使命不能超越具体的社会历史条件,是在一定社会历史条件下产生,又随着社会历史条件的变化而变化。马克思曾说过,作为确定的人,现实的人,你就有规定,就有使命,就有任务,至于你是否意识到这一点,那都是无所谓的。这个任

---

① 习近平:领导干部要树立正确的世界观权力观事业观[N]. 中国共产党新闻网,2010-09-06.

务是由于你的需要及其与现存世界的联系而产生的。不同时代的青年面对不同的历史课题,承担着不同的历史使命。当代大学生承担的是建设中国特色社会主义、实现中华民族伟大复兴的历史使命。

当代大学生要在新的起点上继往开来。邓小平曾再三强调"只有社会主义才能救中国,只有社会主义才能发展中国"。中国特色社会主义道路,是中国共产党带领全国各族人民在长期实践中经过艰辛探索开辟的,是实现国家繁荣富强和人民幸福安康的成功之路。只有坚持走中国特色社会主义道路,才能实现中华民族的伟大复兴。中国特色社会主义事业是亿万人民的共同事业,需要一代又一代中华儿女不懈奋斗。当代大学生,是我国社会主义事业的建设者和接班人,要继承前辈开创的伟大事业,推进中国特色社会主义的航船继续破浪前进。

当代大学生成长成才和创业的时期,正是国家发展的重要战略机遇期,时代为同学们提供施展才华的大好机遇和广阔空间。同学们应当珍惜历史机遇,自觉把人生追求同国家和民族的前途命运联系起来,在为国家发展和民族振兴的不懈奋斗中,创造无愧于人生的业绩。

有机遇就会有挑战,同学们在把握历史机遇的同时,也应具备迎接挑战的勇气。当前,我国社会主义现代化建设取得了举世瞩目的巨大成就,社会主义在中国显示出蓬勃生机和活力。但也必须正视我国在发展过程中面临的一系列挑战。这些挑战,既是对中国特色社会主义事业的挑战,也是对当代大学生的挑战。

一是世界科技、文化发展的挑战。当今时代,科学技术发展突飞猛进,给社会生产力和人类经济社会的发展带来了极大地推动。未来的科学技术还将产生新的重大飞跃。各种文化在世界范围内相互激荡,有吸纳有排斥,有融合有斗争,有渗透有抵御,对各国的经济、政治和社会发展的作用越来越突出。科技、文化竞争成为综合国力竞争的焦点。谁在知识和科技创新方面占据优势,谁就能够掌握发展的主动权。世界各国尤其是发达国家纷纷把推动科技进步和创新作为国家战略,把发展本国文化作为重要任务,努力增强科技、文化竞争力和综合国力。面对日益激烈的国际斗争,我们尚需努力奋进才能把握先机,赢得发展的主动权。当代大学生是国家未来科学技术发展和文化建设的中坚力量,理应发奋学习、刻苦钻研、努力成才,义不容辞地肩负起发展我国科技、文化的历史重任。

二是复杂多变的国际环境的挑战。当今世界,和平、发展、合作是时代的潮流。国际局势正发生新的深刻变化,世界多极化和经济全球化的趋势继续在曲折中发展,影响和平与发展的不稳定因素增多,发达国家在经济和科技上占优势的压力继续存在,世界经济发展不平衡的状态加剧,围绕资源、市场、技术、人才的竞争更加激烈,贸易保护主义有新的表现,敌对势力对我国实施西化、分化的战略图谋没有改变,我国经济社会发展和安全面临着新的挑战。当代大学生应当具备高度的历史责任感、强烈的忧患意识和宽广的世界眼光,保持清醒的头脑,培养大无畏的胆略和气概,坚定中国特色社会主义的信念,做一个有理想、有远见的人,为振兴中华贡献力量。

三是新时代、新阶段我国发展任务的挑战。实现中华民族伟大复兴是中共十九大确定的新时代宏伟目标。实现这一宏伟目标是当代大学生肩负的特殊使命和责任。习近平总书记在中共十九大报告中指出:"青年兴则国家兴,青年强则国家强。青年一代有理想、有本领、有担当,国家就有前途,民族就有希望。中国梦是历史的、现实的,也是未来的;是我们这一代的,更是青年一代的。中华民族伟大复兴的中国梦终将在一代代青年的接力奋斗中变为现实。"大学生应当积极响应习近平总书记的伟大号召,更加主动地投身实现民族复兴的伟业,以昂扬向上的精神风貌、攻坚克难的实际行动,在夺取新时代中国特色社会主义伟大胜利的进程中放飞青春梦想、书写人生华章。

一个人、一个民族、一个国家,任何时候都面临着挑战,挑战与机遇相伴而生。只有敢于迎接挑战、战胜挑战,才能把握和创造机遇,才能把握和创造未来。同学们应该自觉把自己的人生追求同祖国的前途命运紧密联系起来,树立为祖国繁荣富强贡献青春力量的远大志向,珍惜年华、刻苦学习,磨练意志、砥砺品格,为祖国的繁荣富强贡献力量。

二、确立马克思主义的科学信仰

马克思主义指导思想是社会主义核心价值体系的灵魂。建设社会主义核心价值体系,最根本的是坚持马克思主义的指导地位。马克思主义作为我们党和国家的根本指导思想,是由马克思主义严密的科学体系、鲜明的阶级立场和巨大的实践指导作用决定的,是近代以来中国历史发展的必然结果,是中国人民长期探索的历史选择。马克思主义是科学理想信念的理论基础,是牢固树立中国特色社会主义共同理想、坚定共产主义远大理想的理论前提。"我们要坚持用马克思主义观察时代、解读时代、引领时代,用鲜活丰富的当代中国实践来推动马克思主义发展""不断开辟当代中国马克思主义、21世纪马克思主义新境界",在纪念马克思200周年诞辰大会上,习近平总书记从科学的理论、人民的理论、实践的理论、开放的理论的角度对马克思主义的理论品格作了新的揭示,为我们正确理解与把握马克思主义理论及其本质特征指明了方向。

当代大学生只有确立马克思主义的科学信仰,才能深刻认识人类社会的发展规律,深刻认识中国走社会主义道路的历史必然性,把个人理想与社会理想统一起来,为国家和社会的发展做出更大的贡献。确立马克思主义科学信仰,必须清晰地认识到:

(1) 马克思主义是科学的又是崇高的。马克思主义是指导工人阶级和广大劳动人民实现自身解放的强大思想武器。历史上,从来没有一种理论像马克思主义那样,与工人阶级和劳动人民的命运如此紧密地联系在一起。马克思主义是科学性、革命性和崇高性相统一的思想体系,是工人阶级和劳动人民争取自身解放的理论指南。

(2) 马克思主义始终是我们党和国家的指导思想。中国共产党之所以能够历经艰难困苦而不断发展壮大,很重要的一个原因就是我们党始终重视思想建党、理论强党。中国这个古老的东方大国之所以能创造出人类历史上前所未有的发展奇迹,正是由于马克思主义为中国革命、建设、改革提供了强大思想武器。当前,改革发展稳定任务之重、矛盾风险挑战之多、治国理政考验之大前所未有。要赢得优势、赢得主动、赢得未来,必须不断提高运用马克思主义分析和解决实际问题的能力,不断提高运用科学理论指导我们应对重大挑战、抵御重大风险、克服重大阻力、化解重大矛盾、解决重大问题的能力,以更宽广的视野、更长远的眼光来思考把握未来发展面临的一系列重大问题,不断坚定马克思主义信仰和共产主义理想。

(3) 马克思主义具有持久的生命力。马克思主义具有与时俱进的理论品格和持久的生命力。一部马克思主义发展史就是马克思、恩格斯以及他们的后继者们不断根据时代、实践、认识发展而发展的历史,是不断吸收人类历史上一切优秀思想文化成果丰富自己的历史。只要我们坚持用宽广视野吸收人类创造的一切优秀文明成果,坚持在改革中守正出新、不断超越自己,在开放中博采众长、不断完善自己,不断深化对共产党执政规律、社会主义建设规律、人类社会发展规律的认识,就一定能不断开辟当代中国马克思主义新境界,续写马克思主义中国化新篇章。

三、树立共产主义远大理想和中国特色社会主义的共同理想

(一) 树立远大理想,做坚定的共产主义信仰者

共产主义理想是建立在科学基础上的社会理想,是人类历史上最崇高的社会理想。实现共产主义理想是共产党的远大理想和最高纲领。建设中国特色

社会主义是全体中国人民现阶段的共同理想。实现共产主义的远大理想与建设中国特色社会主义的共同理想是统一的。当代大学生是民族的希望、祖国的未来,是实现中华民族伟大复兴的中坚力量。因此,当代大学生要树立远大理想,做坚定的共产主义信仰者。

1. 要认真学习,从思想上坚定理想信念

马克思主义不会自发地在大学生群体中产生,因此理论学习非常重要。要做到在政治上成熟、对理想信念坚定,就必须认真学习,因为只有从理论上弄清为什么,思想上的问题才能从根本上得到解决。大学期间要学习的内容很多,排在首位的就是学习我们党的指导思想马克思主义,在不断的学习中自觉树立共产主义的远大理想和坚定信念。

2. 要积极实践,从行动上体现理想信念

从世界观、人生观的形成过程看,主观世界的改造,必须在改造客观世界的过程中进行。理想信念的实现,不能只是装在头脑里、挂在口头上,而必须落实在行动上。首先,要正确理解和准确执行党的各项政策。中共十九大制定的各项政策和措施,反映了建设和改革的规律,是实现中华民族伟大复兴的重要保证,作为大学生要深刻理解它。其次,要发扬艰苦奋斗的优良传统。理想信念的实现要靠艰苦奋斗,这是我党的优良传统。在社会不断发展、条件得到改善的今天,艰苦奋斗的精神没有也永远没有过时,而是随着不断变化的现实赋予了其新的时代内容。最后,要积极推进团结和稳定。团结历来同党的命运、国家的命运、民族的命运紧密地联系在一起,我们要自觉维护团结稳定、坚持改革发展稳定的统一。

3. 要经常反思,从修养上保证理想信念

毛泽东同志提出:"有无认真的自我批评,也是我们和其他政党互相区别的显著的标志之一。""错误和挫折教训了我们,使我们比较地聪明起来了,我们的事情就办得好一些。任何政党,任何个人,错误总是难免的,我们要求犯的少一点,犯了错误则要求改正,改正得越迅速、越彻底,越好。"这一论述强调了通过总结经验提高自身,特别是从错误和挫折中学习改进。具体而言,应当总结经验以发扬成绩,检验不足以明确方向,从而明辨是非,在思想上克服或防止影响理想信念的诸多问题,自觉地坚定理想信念。有了自觉"反思"的态度,学习才有针对性、征求意见才能听得进、整改才能自觉和主动。所以,经常性地进行"反思"有利于解决理想信念问题,或者说它是坚定理想信念的思想保证,抓好这一点是非常重要的。

（二）树立中国特色社会主义共同理想，做中国特色社会主义的建设者和接班人

大学生是民族的希望、祖国的未来，要将大学生培养成中国特色社会主义事业的合格建设者和可靠接班人，尤其需要引导他们确立在中国共产党领导下走中国特色社会主义道路、实现中华民族伟大复兴的共同理想和坚定信念，这对于加快推进社会主义现代化，确保中国特色社会主义事业兴旺发达、后继有人，具有重大而深远的战略意义。

1. 引导大学生树立中国特色社会主义共同理想的重要性和紧迫性

当代大学生是在改革开放给中国带来巨大变化下成长起来的一代，他们中的绝大多数人对于坚持走中国特色社会主义道路、实现中华民族伟大复兴充满信心、寄予厚望。但是，国际国内形势变化纷繁复杂，各种社会思潮互相激荡，一些大学生不同程度地存在政治信仰迷茫、理想信念模糊、价值取向扭曲等问题。在此形势下，引导他们树立中国特色社会主义共同理想，就成了加强和改进大学生思想政治教育的一项重要而紧迫的现实任务。

2. 引导大学生树立中国特色社会主义共同理想，是大学生成长成才的需要

人是社会的人，人的生存和发展一刻也离不开社会。个人成长的条件、发展的机会、肩负的责任都是同社会的发展紧密联系在一起的。任何人实现自己的抱负和追求，都不是纯粹的个人行为，而是要以社会为载体。因此，个人理想只有同全体社会成员的共同理想相一致，才有可能变为现实。如果仅仅从个人出发去设计和追求理想，这种理想必定是苍白的、渺小的，其实现过程也往往会受制于社会大环境，很难真正地变为现实。当下，建设和发展中国特色社会主义充分反映了最广大人民的共同愿望、利益和要求，是各族人民不懈追求的共同理想。大学生只有把个人发展与这一共同理想有机结合起来，才能找准自己的人生定位，从我做起，从现在做起，勤于读书，勇于实践，不断提高科学文化素质和思想政治素质，最终成为中国特色社会主义事业的合格建设者和可靠接班人。

3. 引导大学生树立中国特色社会主义共同理想，是建设富强民主文明和谐美丽的社会主义现代化强国的需要

大学生是宝贵的人力资源。正值我国社会主义建设进入新时代，中华民族伟大复兴的历史使命能否最后实现，主要取决于他们的思想政治素质能否引领他们将自己的聪明才智贡献于中国特色社会主义事业。而在人的思想政治素

质中,起着灵魂作用,指引着人生前进方向和道路的正是科学、崇高的理想。青年时期是人生中最有热情追求理想的时期,大学生在这一阶段接受了中国特色社会主义共同理想,一般都可信守终生。由青年到壮年,由现代化建设的后备军到生力军,在人生的每一阶段都为这样的理想所激励,在工作的每一岗位都为这样的理想而奋斗,个人理想实现的过程也就是国家富强、民主、文明、和谐、美丽程度提升的过程。相反,在这一阶段没有接受中国特色社会主义共同理想,将来固然也可以成"才",但成"才"的方向就可能发生偏离,偏离之后就无所谓中国特色社会主义了,更谈不上中华民族伟大复兴了。

【案例 2-3】

马克思的伟大理想①

马克思的一生,是胸怀崇高理想、为人类解放不懈奋斗的一生。1835 年,17 岁的马克思在他的高中毕业作文《青年在选择职业时的考虑》中这样写道:"如果我们选择了最能为人类而工作的职业,那么,重担就不能把我们压倒,因为这是为大家做出的牺牲;那时我们所享受的就不是可怜的、有限的、自私的乐趣,我们的幸福将属于千百万人,我们的事业将悄然无声地存在下去,但是它会永远发挥作用,而面对我们的骨灰,高尚的人们将洒下热泪。"马克思一生饱尝颠沛流离的艰辛、贫病交加的煎熬,但他初心不改、矢志不渝,为人类解放的崇高理想而不懈奋斗,成就了伟大人生。

第三节 努力向党组织靠拢

一、树立正确的入党动机

(一)什么是入党动机

入党动机就是一个人要求入党的内在原因和真实目的。树立正确的入党动机是每一个要求入党的人必须解决的首要问题。入党动机正确与否,不仅关系到要求入党的人能否为创造入党条件产生正确的导向和内在动力,而且关系到要求入党的人能否在入党以后,始终不渝地坚持共产党人的世界观、人生观和价值观,永葆共产党员的政治本色。

---

① 习近平. 在纪念马克思诞辰 200 周年大会上的讲话[N]. 人民日报海外版,2018-05-05.

正确的入党动机,是争取入党的内在原因;是忠诚地信仰共产主义,把实现共产主义作为自己的坚定理想,决心为共产主义事业奋斗终生;是全心全意为人民服务,并随时准备为党和人民的利益牺牲一切。

在现实生活中,要求入党的同志的入党动机往往是不相同的。例如:有些同志是为了实现共产主义、全心全意为人民服务而要求入党的;有的认为当党员光荣,入了党个人和家庭都光彩,在亲戚朋友面前也好看;有的是看到周围一些同志都提出了申请,随大流而要求入党;有的认为现在政策好,自己富起来了,为报答党的恩情要求入党;也有的认为入了党,容易受重用,提拔快,或者大学毕业后可以找个好工作等。

作为一名积极要求入党的大学生,应当认真剖析自己的思想,深入思考自己究竟是抱着什么样的动机申请入党。在上述种种入党动机中,只有献身共产主义事业,更好地为人民服务而要求入党,才是唯一正确的入党动机。这种入党动机之所以是唯一正确的,因为它与党的性质、宗旨、奋斗目标是一致的。其他的入党动机则是与此相违背,是不正确甚至是极端错误的。只有端正了入党动机,才符合申请入党的最基本要求,入党以后,才能发挥一个共产党员应有的作用,从而保证党的先进性和纯洁性,增强党的战斗力;反之,如果让那些动机不纯的人特别是企图利用党员称号来捞取好处的人进入党内,就难以保证党的先进性和纯洁性,甚至给党带来严重的损失。因此,党组织把端正入党动机作为对申请入党的大学生的最基本的要求,把考察要求入党的大学生的入党动机和帮助他们端正入党动机,作为保证新党员质量的一个重要环节和措施。发展新党员,只能把那些入党动机端正,在改革开放和现代化建设中表现出色,确实具备党员条件的人吸收进来,那些动机不纯的人,绝不能吸收入党。

(二)端正入党动机

端正入党动机就是要使自己的入党目的与党的要求一致起来,自觉克服不正确的入党动机,最终树立起全心全意为人民服务、为共产主义奋斗终生的入党动机。

要从源头端正处在学习阶段的大学生的入党动机,可以从加强政治理论学习入手。首先,必须认真学习中国特色社会主义理论体系,深入学习习近平新时代中国特色社会主义思想。其次,必须了解党的历史知识。我们党成立以来由小到大、由弱到强的光辉历程,是对入党大学生进行党性教育的最好教材。再次,必须认真学习先进典型事例。通过典型引导使政治理论学习真正收到实效。端正大学生的入党动机,应当鼓励大学生自觉接受社会实践的锻炼。端正入党动机单靠学习、集中培训是不够的,还必须见诸行动,在实践中不断用切身体验来深化对党的认识,从而进一步端正自己的入党动机。例如,通过大学生假期社会实践活动,来体会全心全意为人民服务的宗旨;以吃苦在前、享受在后的实践,来体会为共产主义不惜牺牲一切的高尚精神;通过学习优秀党员的模范事迹,来增强自己对党的感情,激励自己的行动等。总的来说,就是要通过发生在身边活生生的、实实在在的、投身于建设新时代中国特色社会主义伟大事业的实践活动来教育和感染大学生,加深对党和共产主义事业的认识,强化正确的入党动机。端正大学生的入党动机,还应当经常性地开展"批评和自我批评",用正确的入党动机克服不正确的入党动机。在争取入党的过程中,一个人的入党动机往往既有正确的成分,也会掺杂一些不正确的东西。申请入党的大学生要在学习和锻炼中增加正确的成分,逐渐克服不正确的成分。

端正入党动机,其实是一辈子的事情。有些人虽然组织上入了党,但端正入党动机的问题并没有完全解决;有的人入党时动机是端正的,但后来放松了政治学习和思想改造,意志开始变得不坚定,甚至发生了蜕化变质。每个要求入党的大学生都应该首先在思想上入党,而且要长期地检查自己的入党动机,树立"组织上入党一时一事,思想上入党一生一世"的观念。

【案例2-4】

牛犇入党的故事[①]

83岁高龄的电影表演艺术家牛犇入党一事受到媒体和社会广泛关注。牛犇是上海电影制片厂演员,11岁起从事表演工作,参演过《龙须沟》《红色娘子军》《天云山传奇》《牧马人》等一批脍炙人口的影片。因其对中国电影的贡献,2017年获得金鸡奖终身成就奖。牛犇经历过旧社会的苦难,受老一辈电影人的影响,青年时期就立志加入中国共产党,几十年从未放弃追求进步。近年来,他又多次向组织表达入党意愿。2018年5月31日,中共上海电影(集团)有限公司演员剧团支部委员会同意吸收牛犇为中共预备党员。

中共中央总书记、国家主席、中央军委主席习近平于2018年6月25日给新近入党的电影表演艺术家牛犇写信,勉励他发挥好党员先锋模范作用,继续在从艺做人上为广大文艺工作者作表率。

---

① 习近平.勉励新近入党的电影表演艺术家牛犇[N].新华社,2018-06-26.

习近平在信中说,得知你在耄耋之年加入了中国共产党,实现了自己的夙愿,我为此感到高兴。

习近平指出,你把党当作母亲,把入党当成神圣的事情,60多年矢志不渝追求进步,决心一辈子跟党走,这份执着的坚守令人感动。

习近平表示,几十年来,你以党员标准要求自己,把为人民创作作为人生追求,坚持社会效益至上,塑造了许多富有生命力、感染力的艺术形象,受到人民群众高度评价和充分肯定。希望你发挥好党员先锋模范作用,继续在从艺做人上作表率,带动更多文艺工作者做有信仰、有情怀、有担当的人,为繁荣发展社会主义文艺贡献力量。总书记的关怀和温暖让老电影艺术家百感交集、久久难以平静,更加坚定了一辈子跟党走的决心,同时也在广大干部群众中产生了热烈反响,引发了人们对"为什么入党"的思考。

二、自觉接受党组织培养、教育和考察

对于一个刚刚提出入党申请的大学生而言,尽管有要求进步的愿望,但对党的性质、纲领、任务和宗旨的认识都不够深刻,往往与共产党员的标准还有一定的距离。要缩短这个距离,既需要个人的主观努力,又需要党组织的培养教育和帮助。所以,申请入党的大学生应该自觉地接受党组织的培养、教育和考察。

(一)主动向党组织汇报自己的思想、学习、工作和有关情况

申请入党的大学生向党组织汇报自己的情况,有利于党组织对他加深了解和有针对性地进行教育帮助,使他更快地进步,同时,这也是培养严格的组织观念和对党忠诚老实的重要途径。申请入党的大学生应当主动向党组织汇报自己的思想、学习和工作,汇报对党的路线、方针、政策的认识,等等。向党组织汇报,必须忠诚老实,有什么就说什么,要敢于谈出自己的缺点,不必担心把真实思想亮出来会影响党组织对自己的看法,一个同志敢于亮出自己的缺点、毛病,这正说明他胸怀坦白,追求真理,是有觉悟的表现。

(二)积极参加党的活动

申请入党的大学生要参加党的哪些活动,要由党组织决定。一般而言,可以参加学习党章、听党课、某些党日活动、讨论积极分子入党的党员大会、预备党员入党宣誓大会、先进党支部或优秀党员表彰大会等。积极分子参加党的活动,是实际体验党内生活,接受党内生活锻炼,学习党的基本知识和党员优秀品质的极好机会。每个要求入党的大学生都应按照党组织的安排,积极参加这些活动,并从中接受教育,同时,要努力完成党组织交给的工作任务。一般来说,

党组织为了培养锻炼申请入党的大学生,都要分配给他一定的社会工作,这对他既是一种实际锻炼,也可以通过他在工作中的表现来考察他的觉悟程度。申请入党的大学生要认真负责地做好这些工作。

（三）认真接受党组织的培训

申请入党的大学生要认真接受党组织的培训,对于坚持用马克思列宁主义、毛泽东思想、邓小平理论、"三个代表"重要思想、科学发展观、习近平新时代中国特色社会主义思想及党的基本路线、方针政策指导自己的思想和行动,提高自己的政治素质、业务素质和学习能力,有着重要作用。在新的历史时期,为了切实保证发展党员的质量,对入党积极分子一般要进行1年以上的培养和比较系统的教育,这是根据多年来发展党员工作的经验和入党积极分子成熟的一般规律提出的,是保证新党员质量的一项重要措施。每个申请入党的大学生,都要严肃对待这种学习,认真学好规定的学习材料,注意联系实际,学好马克思列宁主义、毛泽东思想、邓小平理论、"三个代表"重要思想、科学发展观、习近平新时代中国特色社会主义思想和党章,弄懂党的性质、纲领、任务、宗旨、纪律、党员的义务和权利,解决自己思想上存在的有关问题,努力做到首先在思想上入党。

（四）正确对待党组织的考察

考察,是为了保持我们党的先进性和纯洁性,切实保证新党员的质量,避免不符合党员标准的人被吸收入党,防止坏人和各种投机分子钻入党的队伍。党组织对发展对象的思想觉悟、政治品质和学习工作表现,要进行全面的考察。党组织主要考察他们是否能够认真贯彻执行党的基本路线和各项方针、政策,带头参加改革开放和社会主义现代化建设,带动群众为经济发展和社会进步艰苦奋斗,在生产、工作、学习和社会生活中起先锋模范作用。同时,党组织还要考察他们在重大政治事件中的政治态度和表现；考察本人历史、家庭主要成员和联系密切的主要社会关系。要求入党的大学生应当自觉地接受并配合党组织完成考察工作。党组织对于发展对象本人的历史、直系亲属和主要社会关系进行政治审查时,需要听取本人的申述,要求入党的同志应忠诚如实地把有关情况向党组织讲清楚,并提供可以为自己证明的有关线索,积极主动地协助党组织搞清问题,决不应对党组织的审查有不满或对立情绪。此外,申请入党的同志要能够经受住党组织一定时间的考验。对于申请入党的大学生而言,从递交入党申请书的那天起就渴望早日实现自己的入党愿望,这种心情是可以理解的。但是,由于各人的情况不同,接受考验的时间有的可能长一些,有的可能短一些。考验时间的长短以是否具备了入党条件为准。因此,每个申请入党的大学生都应当愉快地接受党组织的这种考验。有些申请入党多年的同志没有被批准入党,多数原因是他们在某些主要方面还不符合党员标准。这些同志应该多从主观上寻找原因,正视自己的缺点和不足,并以实际行动努力克服。

三、加强自我培养,以实际行动争取早日入党

申请入党的大学生掌握了党的各方面知识,确立了正确的入党动机,就要把入党动机体现到自己的实际行动中,自觉用党员标准严格要求自己,加强党性锻炼,不断提高自己,努力创造入党条件,通过行动来表明自己的愿望,接受党组织的考验,使自己早日达到党员标准,光荣地跨入党组织的大门。

(一)必须努力提高政治素养

要求入党必须具有一定的政治思想觉悟。许多申请入党的大学生从提出入党申请的那一天起,就矢志不渝、孜孜不倦地勤奋学习,努力工作,以实际行动表明自己的入党申请是真诚的,对党的事业是忠诚的。但也有少数人,心血来潮就积极努力,时间不久就松懈下来。这种忽冷忽热的表现,说明他们的思想觉悟还不够高,共产主义信念还不牢固。以实际行动争取入党,就必须克服这种"冷热病"。申请入党的大学生要通过进一步学习马克思列宁主义、毛泽东思想、邓小平理论、"三个代表"重要思想、科学发展观和习近平新时代中国特色社会主义思想,学习党的基本知识,提高自己的共产主义觉悟,始终以饱满的政治热情,为实现最高理想和党在现阶段的奋斗目标而坚持不懈地努力。还有的同学错误地认为,"好好干"是做给党员和党组织负责人看的,他们在场就拼命干,不在场就是另一个样。这种看法和态度是错误的,是入党动机不纯的表现。申请入党的大学生以实际行动争取入党,它的意义在于为党的事业做出实际贡献,并在做出贡献的过程中提高思想觉悟,进而达到共产党员的要求。用党员标准要求自己,做到有人在场和没人在场都一样努力工作,既从一点一滴的小事做起,又能经受住各种风浪的考验,逐步锻炼成为合格的共产党员。

(二)必须努力发挥先锋模范作用

21世纪是实现中华民族伟大复兴历史使命的时代。当代大学生应该充分认识全面建成小康社会、实现中国梦对知识和人才的渴求,不辜负党和人民的厚望和重托,在中华民族的伟大复兴中承担更重要的责任,付出更艰辛的劳动,从而做出突出贡献。中共十九大提出了到21世纪中叶把我国建成富强民主文明和谐美丽的社会主义现代化强国的新目标。新的形势和任务赋予当代大学生全面振兴中华民族的历史责任。中华民族的伟大复兴将是一个全国人民在中国共产党的领导下,同心协力共同奋进的进程。在这个进程中,当代大学生是面向未来,在新技术革命的时代条件下奋斗的有志青年;唯有以马克思列宁

主义、毛泽东思想、邓小平理论、"三个代表"重要思想、科学发展观和习近平新时代中国特色社会主义思想为指引,刻苦学习,勤奋钻研,自觉地把祖国的强盛与个人的成才统一起来,才能真正为中华民族的伟大复兴贡献出自己的聪明才智。

大学生要做先进生产力的开拓者和先进文化的弘扬者、创造者。第一,要培养强烈的学习责任感。世界新技术革命的到来,对我国来说既是一次机遇,又是一次挑战。大学生必须从国家兴衰、民族安危的高度来深刻认识自己对祖国、对人民、对社会肩负的崇高责任,把个人的一切与新时代中国特色社会主义伟大事业紧密联系在一起。实现中华民族的伟大复兴需要几代人坚持不懈的努力奋斗,大学生将成为我国现代化建设的骨干力量,要在前人已经取得成绩的基础上,勇敢地肩负起历史赋予的重任,把我国社会主义现代化建设事业不断推向前进。第二,要更加注重培养锐意进取精神和开拓创新意识。新技术革命要求大学的学习是一个开拓创新的过程,要求高校培养创新型人才。这种创新型人才的培养一方面需要教育工作者具有开拓意识和创新精神;另一方面,需要受教育者在高度学习自觉的基础上培养一种开拓创新意识。第三,要更加注重培养在实践中运用知识的能力。科学知识不断增长、不断更新,已越来越呈加速趋势并向实际生产部门转化,从科学理论的发明到首次投入应用的周期在急剧地缩短。当代大学生固然要努力学习知识,但更重要的是要学会运用知识的技能,在实践中运用知识,促进科学技术尽快转化为现实生产力。

(三) 必须坚决维护人民利益

全面建成小康社会、实现中华民族伟大复兴的中国梦为大学生的成长提供了广阔的舞台。人民群众奋斗的实践和时代进步的潮流为大学生的成长提供了丰厚的土壤。朝着"四讲四有"合格党员的方向不懈努力,大学生就一定能成长为新时代中国特色社会主义伟大事业的合格建设者和接班人,在改革开放和现代化建设的新阶段做出新的贡献。大学生要把服务祖国、服务人民作为自我成才的基本价值原则予以恪守。我们关注祖国的前途和命运,将个人的命运与祖国的命运联系起来,对祖国无比忠诚和在有必要时甘愿为祖国的富强而牺牲个人利益。当代大学生必须有全心全意为人民服务的觉悟,把为人民服务看作最大的幸福和最大的荣誉,做一个有益于人民的人。

总之,申请入党的大学生必须先认清当代大学生肩负的历史使命,并把入党的动机同这种历史使命有机地结合起来,指导自己的言行。神圣的历史使命引发当代大学生入党的愿望和要求,只有早日加入中国共产党,才能更好地肩负起时代赋予的光荣使命。

四、上海立信会计金融学院大学生入党流程

（一）个人申请

新党章规定："年满十八周岁的中国工人、农民、知识分子和其他革命分子，承认党的纲领和章程，愿意参加党的一个组织并在其中积极工作、执行党的决议和按期缴纳党费的，可以申请加入中国共产党。"按照这个规定，申请入党要坚持自愿的原则，必须由本人向所在单位党组织提出书面申请。

申请书的主要内容包括：对党的认识，包括对党的性质、宗旨、指导思想、奋斗目标，党的路线、方针、政策及党的纪律等方面的认识；入党动机和对待入党的态度；本人主要表现及存在的主要优缺点的认识和分析；个人履历；家庭主要成员和社会关系的职业及政治历史情况；本人的政治历史情况；受过的奖励及处分情况。

（二）确定积极分子

1. 同入党申请人谈话

党支部接到《入党申请书》后，应当在1个月内派人与申请人谈话，及时了解申请人的入党动机、个人经历和家庭情况，帮助其提高思想觉悟，鼓励他们在政治上进步。

2. 确定入党积极分子

申请人参加党章小组学习，经常向党组织汇报思想。递交申请书6个月以上，经团组织民主评议，在递交《入党申请书》的人选中推荐优秀共青团员或者经党员推荐人选作为入党积极分子人选。经党支部充分讨论，研究确定入党积极分子人选。

3. 入党积极分子备案

党支部将确定入党积极分子的意见及入党积极分子的本人基本情况报送学院党委（党总支）审议，列为入党积极分子，并报校党委组织部备案，领取《入党积极分子考察表》。

4. 党支部派人同入党积极分子谈话

党支部应及时派人同已备案的入党积极分子谈话，通知他们正式进入考察期，要求他们正确对待党组织的考察，至少每6个月主动向党支部进行一次书面汇报（一般为每季度一次）。党支部对已确定的入党积极分子，要及时组织填写《入党积极分子考察表》。

（三）入党积极分子的培养教育

1. 指定培养联系人

党支部及时指定一至两名正式党员做培养联系人。培养联系人由党支部组织委员提出人选，党支部大会研究同意后，通知联系人和入党积极分子。

培养联系人的主要任务是：经常了解入党积极分子的思想、学习、工作和生活情况，鼓励并帮助他们积极上进，不断端正入党动机；定期向党小组、党支部汇报入党积极分子的情况，提出培养的意见和建议，负责每季度填写一次《入党积极分子考察表》，在入党积极分子基本符合条件时及时建议党小组将其列为发展对象。

2. 加强对入党积极分子培养教育

党支部要结合党的中心任务，针对入党积极分子的思想和工作实际对他们进行马克思列宁主义、毛泽东思想、邓小平理论、"三个代表"重要思想、科学发展观、习近平新时代中国特色社会主义思想的教育，进行党的基本路线、基本纲领、基本知识以及党的优良传统和作风教育，使他们懂得党的性质、纲领、指导思想、宗旨、任务、组织原则和纪律，懂得党员的权利和义务，帮助他们端正入党动机，确立为共产主义奋斗终生的理想信念。

3. 参加党校入党积极分子培训班学习，取得结业证书

入党积极分子要认真地接受党组织的培养教育，定期进行口头、书面思想汇报，积极参加入党积极分子培训班学习，并取得结业证书，扎实地完成党组织分配的工作，主动地向党组织进行思想汇报，要有书面汇报，每季度不少于一次。

4. 定期考察

党支部每季度对入党积极分子表现情况进行一次考察，并将考察结果填入《入党积极分子考察表》。考察的主要内容是：入党积极分子的政治觉悟、思想品德、入党动机、学习工作等情况。党支部特别注意动态地考察入党积极分子的思想、学习工作的变化情况。

入党积极分子毕业离校时，原单位党支部应将他们的《入党申请书》、培养教育情况和组织意见等有关材料转入新的学习或工作单位。入党积极分子到新的学习或工作单位报到后，应及时将本人有关情况报告给原单位党支部。

（四）确定发展对象

入党积极分子必须经过1年以上的培养教育方可确定为党员发展对象。确定党员发展对象应按照下列程序进行。

1. 党小组建议

入党积极分子所在的党小组召开会议,听取培养联系人汇报培养教育情况,进行评议,形成一致同意后,向党支部提出列为发展对象的建议。

2. 征求群众意见

党支部可采取个别谈话、召开座谈会、民意调查等方式,听取党内外有关群众意见。得到绝大多数党员、群众认可的入党积极分子可确定为党员发展对象。对在校大学生,征求辅导员、所在班级任课教师和所在班级全体学生意见,是征求群众意见的必要途径。党支部对群众反映的问题要认真进行调查核实,并将有关情况向群众和本人反馈。本人对群众反映的意见要有正确的认识。

3. 填写发展对象登记表

党员发展对象必须是列入党员发展计划的、要求入党迫切的、表现好的、培养教育期满的入党积极分子。外单位转入的入党积极分子,已经过1年以上的培养教育,接收单位的党支部经过全面考察,确认其已具备党员条件的,按程序可列为党员发展对象。

4. 党支部讨论确定

党支部在听取培养联系人、党小组汇报和广泛征求党内外意见的基础上,经支部大会讨论同意,形成入党积极分子列为发展对象的决议,报学院党委(党总支)审议,并报备校党委组织部。

(五) 预备党员的接收

1. 政治审查

确定党员发展对象前,党组织必须进行政治审查。政治审查的主要内容是:对党的路线、方针、政策的态度;本人的政治历史情况和在重大政治斗争中的表现,家庭成员及主要社会关系的情况以及其他政治方面的问题。政治审查的基本方法是:同本人谈话、查阅有关档案材料、找有关单位和有关人员了解以及必要的函调或外调。审查中要注意政治立场和政治倾向,不仅要审阅入党积极分子的档案,还要索取必要的证明材料。凡没有经过政治审查的,不能发展入党。

2. 参加党校发展对象培训班学习,并取得结业证书

列入党员发展对象的人员,入党前要参加党校发展对象培训班学习,并取得结业证书。培训内容是党的基本知识和基本路线的教育以及党的优良传统教育等。培训结束时进行综合考试,受训人员要做好个人总结。没有经过培训的,一般不能发展入党。

3. 发展前公示

对于研究确定的党员发展对象,以书面形式向党员群众公示,接受社会监督。公示的主要内容包括发展对象的基本情况、党员群众推荐情况和培养考察情况以及其他需公示的情况,时间一般为7天。群众对发展对象如有异议或意见,可向党支部或上级党组织反映。上级党组织和党支部对群众反映的问题,认真调查、核实、处理,并将处理结果及时向群众反映。

4. 学院党委(党总支)预审

发展预审,发展对象需要填写《入党预审表》。确定预备党员人选,需要将党员发展对象的《入党申请书》《入党积极分子考察表》、"推优"材料、培训考试、政审材料、公示情况等有关材料报学院党委(党总支)预审,并报学校党委组织部审议,审查合格的方可由党支部大会开会讨论。

5. 确定入党介绍人

按照党章规定,发展党员必须有两名正式党员作为入党介绍人。入党介绍人一般由培养联系人担任或由党组织指定。入党介绍人的主要任务是:①向被介绍人讲解党的纲领、章程,阐明党员的条件、义务和权利,认真了解被介绍人的入党动机、政治觉悟、思想品质、学习工作表现、经历等情况,如实向党组织汇报;②指导被介绍人填写《入党志愿书》,并认真填写自己的意见,向支部大会负责地介绍被介绍人情况;③被介绍人批准为预备党员以后,应继续对他教育帮助,并定期向党组织进行汇报。

6. 填写入党志愿书

经学校党委组织部审查同意的,学校党委组织部发给发展对象《入党志愿书》。组织委员和入党介绍人向发展对象详细说明填写《入党志愿书》的内容和要求。发展对象填写时要忠诚老实、实事求是,不得有任何隐瞒和伪造;要用钢笔或水笔填写,字迹清楚,不得涂改。

7. 学院党委(党总支)派人同发展对象谈话

入党前,学院党委(党总支)应及时派人同发展对象谈话,主要是了解其对党的认识、入党动机、思想觉悟、对党的基本知识的掌握情况以及对待入党的态度及决心,并有针对性地对其进行入党前教育。

8. 党支部表决,经学院党委(党总支)审议,并报学校党委组织部审议

召开党支部会议,严格审查发展对象填写的《入党志愿书》和有关材料,经党支部集体讨论认为发展对象合格且手续完备后,提交支部大会,并以无记名投票方式进行表决。赞成人数超过应到会有表决权的正式党员的半数,才能通

过接收预备党员的决议,经学院党委(党总支)审议,并报学校党委批准。

(六)预备期的培养考察

预备期为1年,从党支部大会通过预备党员之日算起。对预备党员的教育和考察,党组织要通过听取本人汇报、个别谈心、党校集中培训、实践锻炼等方式,每季度要讨论一次,发现问题及时同本人谈话。预备党员要自觉地接受党组织的教育和考察,经常向党组织汇报思想和工作情况,每季度要向党支部书面汇报思想和学习工作情况一次。预备期满后,党支部要进行全面考察,并写出书面报告。党支部的预备党员转正材料(转正申请、个人思想工作汇报、党小组意见、党内外群众意见、党支部考察报告及发展材料)必须报学院党委(党总支)审查同意后,方可讨论审批。

【案例2-5】

青年时期的习近平[①]

1969年1月,年仅15岁的习近平来到陕西省延川县梁家河大队插队落户,与当地百姓"一块吃、一块住、一块干、一块苦"。从北京同乘一列火车去插队的知青,大多数人在插队一到两年内都陆陆续续离开了,而习近平在陕北一待就是7年。习近平接受艰巨挑战,一步一步迈过了跳蚤关、饮食关、劳动关、思想关这"四关"。在梁家河的几年里,他一直苦干实干,当上村支书后,他大刀阔斧地抓生产,组织农民打坝打井,改革创新生产组织方式,设立铁业社、缝纫社、代销点、磨坊,在全省率先引进沼气新技术,实干苦干创新干,让全村较短时间内就焕发勃勃生机,也让自己的青春在梁家河格外熠熠发光。习近平从15岁刚到黄土高原时迷惘、彷徨,到22岁离开时,已经有了坚定的理想信念,将青春燃烧在了革命圣地广袤的黄土地上。

本章思考

1. 什么样的理想信念才能成为持久的人生动力?

2. 作为大学生的我们应当如何在了解自身优势和劣势的基础上承担起历史赋予的重任?

3. 请结合实际谈谈,作为大学生在学习和生活中,如何以实际行动争取早日入党?

---

① 中央党校采访实录编辑室.习近平的七年知青岁月[M].北京:中共中央党校出版社,2017.

第三章
学会自主学习

博学之，审问之，慎思之，明辨之，笃行之。

——《礼记》

第一节 大学学习的重要性

在高中学习时，你也许听身边的师友说过"考上大学就解放了"，你也许听在上大学的学长学姐说"大学的学习，60分万岁，多一分浪费"……大学学习真的是这样的吗？是解放，还是需要更强的自律能力去自主探索知识？大学的学习到底重不重要？

一、学习的概念与相关理论

（一）学习的概念

我们每天都在接触关于学习的词汇，如"学习弹琴""好好学习，天天向上"。近两年，我们更是听到身边的很多学生都会说"我爱学习，学习使我快乐"，这一句话也迅速成为网红语言。

古今中外，学习一向是大众视野内比较高频的词汇，不同的人对学习有着不同的见解。在中国，古代著名的思想家、教育家孔子说，学而不思则罔，思而不学则殆。在国外，伟大的物理学家爱因斯坦说，学习知识要善于思考，思考，再思考。无产阶级革命家、思想家列宁说，我们一定要给自己提出这样的任务：第一，学习，第二是学习，第三还是学习。那么，如何定义学习呢？

通常来说，学习是指通过听、说、读、写以及思考、研究等多种途径获得知识或技能的过程。我们可以从狭义与广义两个层面来理解学习。狭义层面的学习是指通过听、说、读、写以及思考、研究、实验等手段获得知识或技能的过程，是一个知识、情感等变化的过程。

例如,学生通过学校教育获得知识,这就是狭义的学习过程。广义层面的学习不仅仅是学校教育的学习,而是指人的一生中,通过获得经验而改变行为并能够使这种行为相对保持的过程。

从心理学的角度上讲,目前广为接受的学习的定义是:学习是个体在特定情境下由于练习或反复经验而产生的行为或行为潜能的比较持久的变化。

（二）学习的相关理论

说到学习的相关理论,我们会想到诺贝尔奖获得者,俄国生理学家伊凡·巴甫洛夫提出的经典性条件反射,也可能会联想到斯金纳的实验——斯金纳箱（操作性条件反射）或者班杜拉的社会学习理论等。在诸多的学习相关理论中,罗伯特·米尔斯·加涅的信息加工学习理论能够让同学们较为直观地了解学习过程。

1. 加涅的学习模式

早在1974年,加涅就根据现代信息加工理论提出了学习过程的基本模式（见图3-1）①。

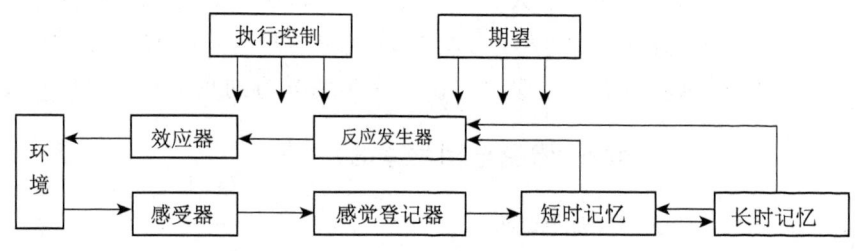

图3-1 加涅的学习模式

从图3-1中我们能够较为清楚地看到学习是这样一个过程:外界环境刺激直接作用于感受器,通过感觉登记器,信息进入短时记忆,再次编码,在这里信息就以语义的形式储存下来了。短时记忆一般保持2.5~20秒,如果通过复述等方式,信息在短时记忆里就可以保持时间长一些,但也不超过1分钟。通过复述、精细加工和组织编码等,信息可以被转移到长时记忆中存储。那么,怎么判断你学到了没有?从短时记忆或长时记忆中检索出来的信息通过反应发生器进行信息转换或者产生动作,神经传导信息使效应器（肌肉）活动起来,就产生了影响学习者环境的操作行为。这种操作使得外部观察者了解原来的刺激发生了作用,这就是说明学习者确实学到了点什么。

---

① 陈晶,黄艳苹.大学生学习管理与辅导[M].北京:北京师范大学出版社,2010.

在信息加工的过程中,还有两个重要的部分,分别是:执行控制和期望。执行控制是指已有的经验对现在的学习过程的影响;期望是指动机系统对学习过程的影响。

2. 学习行为的阶段

我们通常认为,学习是学习者从不知道到知道的过程。但加涅在这个过程的基础上,把学习分为八个阶段(见图 3-2)①。

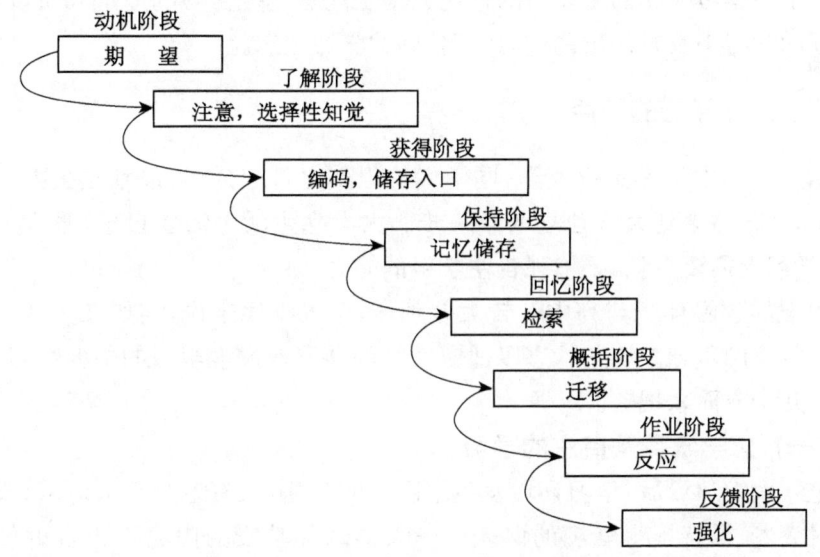

图 3-2 学习行为的各个阶段以及它们相联系的过程

(1) 动机阶段:学习者想要达到的目标,使得学习者头脑中的期望与学生的学习行为联系起来。

(2) 了解阶段:在这一阶段,学习者的心理活动主要是注意、选择性的知觉,并依据动机将注意指向与自己的学习活动有关的各种刺激。

(3) 获得阶段:学习者对外部的信息开始注意和知觉后,学习活动就进入获得阶段,也就是说所学的东西进入了短时记忆,对信息进行编码和储存的阶段。

(4) 保持阶段:经过获得阶段,已编码的信息将进入长时记忆的记忆储存器。

(5) 回忆阶段:这一阶段是信息的检索阶段。在这一阶段中线索是很重要的,提供了线索可以引起恢复,因此学生要学会检索的方法和策略。

(6) 概括阶段:概括阶段是要实现学习的概括化的问题或者学习的迁移问

---

① 陈晶,黄艳苹.大学生学习管理与辅导[M].北京:北京师范大学出版社,2010.

题,是指在变化的情境或者现实生活中利用所学的东西。

(7) 作业阶段(操作阶段):这一阶段是反应发生器把学习者的反应组织起来,从而使得他们在作业中表现出他们所学到的东西。

(8) 反馈阶段:反馈是指学习者认识到自己已经通过学习达到了预定目标,这种信息的反馈是强化过程的重要因素。

以上是加涅的学习模式理论,涉及学习的理论还有很多,我们就不一一介绍了。了解学习模式的主要目的是让大学生能够把握学习的原理和阶段,从而在实际的学习中及时作出调整,达到较好的学习状态。

二、大学学习的特点

结束了高中学习走进大学,同学们从报到之日起,就可以独立去办理入学流程了,即将体会到大学独立的第一步。大学生生活上需要自理,管理上需要自律,学习上需要自觉,要增强自主学习的能力。

大学的学习环境与高中有较大差别,对于大学生来说,需要在大致了解大学学习特点的基础上调整状态以适应大学的学习。大学学习的主要特点,我们从以下几个方面来把握。

(一) 大学学习是自主的学习

进入大学学习后,学习环境发生了巨大的变化,没有老师天天盯着,没有父母时时管着,没有排得满满的课表……大学老师教授的内容不再告诉你"1+1=2",而是可能问你"为什么1+1=2"或者让你自己去分析、推演这个过程。在这个过程中,同学们会发现课堂教学是提纲挈领的,老师在课堂上讲的是重点、难点或者其中某一部分。更多的知识获取,可以课后寻求老师指导,然后自己去查阅资料、归纳信息。大学的知识除了培养计划的安排,学多学少,证书考哪些,都需要自主安排,需要自觉学习。

自主性是贯穿大学学习的重要特点,包括自主的安排学习时间、自主的选择学习内容、自主的发展一套适合自己的学习方法。大学里,同学们会有比较多的时间自主安排学习。不能自主学习的学生,有些会沉迷于网络游戏、网络电视剧,还有一些学生在外盲目打工耽误学习。对于短暂而美好的大学四年,上述行为无疑虚度了光阴。

有些大学生毕业后会说,到工作岗位上会发现大学里学的知识很多派不上用场。这样的说法不完全正确。一方面,大学学习的知识并不都与未来的工作紧密相关,很多知识将内化于心,外化于行,转化为习惯和素养;另一方面,大学的学习不仅是知识的学习,更重要的是培养自主学习的能力。这种自主学习的能力会影响到人的一生。正如世界著名科学家、教育家、杰出的社会活动家钱伟长所说,一个人在大学四年里,能不能养成自学的习惯,学会自学的习惯,不但在很大程度上决定了他能否学好大学的课程,把知识真正学通、学活,而且影响到大学毕业以后,能否不断地吸收新的知识,进行创造性的工作,为国家做出更大的贡献。关于自主学习,本章第四节还会着重介绍。

【案例3-1】

自主学习,让优秀成为一种习惯

"老师,祝您教师节快乐,身体健康,家庭幸福,真的抱歉这么晚打扰老师。此前考研已被中国人民大学录取,当时想做两手准备,同时也申请了香港大学的研究生,现在香港大学也已录取我。我比较了一下,香港大学是一年半的学习时间,相对比较短,另外我也想尝试一下不同的教育,所以决定先去香港大学读研。之后计划通过学校联合培养项目再回北京读博,我一定会继续加油,不辜负老师对我的培育。"这是2017年教师节,庄同学给老师发的信息。

庄同学是2017届劳动与社会保障1班的学生,在大学四年一直保持优异的成绩,同时也担任学生干部。他合理地安排自己的学习和学生工作,在课余,自己制订学习计划,朝着目标不断努力。他在课堂上一直自觉地坐在前排,认真听老师讲的每一堂课,课后自己拓展学习。他参加上海市"沪港交流"选拔,并在暑期赴香港学习。他在学业中自主安排,自主探索,终于被香港大学录取,也考上中国人民大学的研究生。

(二)大学学习是创新的学习

大学的学习,另一个重要的热门词汇是创新。大学学习不应该墨守成规或者死记硬背,而是创新的学习。大学生在学习过程中应该逐步培养问题意识和批判思维,对于知识,可以问"为什么",对于现状可以去发现问题,通过批判来寻求解决的方式和更好的形式。德国思想家、哲学家、教育家弗里德里希·恩格斯说过,人类思维是"地球上最美丽的花朵",而创新思维是其中最璀璨的一枝。综观世界发展的历史,人类一切文明成果,都是创新思维的胜利果实,都是创新智慧的结晶。创新对于每一个国家和民族都是至关重要的,尤其是在当今世界信息和技术都飞速发展的时代背景下,创新是民族进步和国家发展的不竭动力。因此,在大学中发展自己的创新能力是非常重要的。

所谓创新学习,是将学习的过程看作探索活动,在继承前人知识的基础之上,以发展和批判的眼光对待知识,对知识进行创新、拓展,这是一种创造性的劳动过程。创新学习需要有扎实的知识基础，还需要有超越、开创的勇气，不盲目相信结论，不盲目崇拜前人，敢于挑战"权威"。培养创新学习能力需要有辩证逻辑思维、发散思维，更需要创新思维。

关于创新和创新思维的重要论述成为习近平新时代中国特色社会主义思想的重要组成部分。习近平十分重视创新和创新思维，提出"惟创新者进，惟创新者强，惟创新者胜"的重要论述①。如何创新学习？问题是创新学习的起点，也是创新学习的动力源。有了问题之后，还需要做到保持锐意创新的勇气、敢为人先的锐气、蓬勃向上的朝气去解决问题。

（三）大学学习是经世致用与知行合一的学习

大学的学习，不是"闭门造车"，而是运用知识和创造知识。经过大学的学习，一个合格的大学生应该努力做到两件事：学会做人和学会做事。

经世致用这个词出自儒家的"经世致用"之学，指学问必须有益于国事。提出者的主要观点为，学习要关注社会现实，面对社会矛盾，并用所学解决社会问题，以求达到国治民安的实效，反对当时的伪理学家不切实际的空虚之学。

知行是中国传统哲学的重要范畴，其始于《尚书》与《左传》。知行合一，由明朝思想家王守仁提出，是指认识事物的道理与在现实中运用此道理。知行合一是中国古代哲学中认识论和实践论的命题，是要在实践中运用我们所学的知识或认知，用实践来检验所学知识，把认识和实践统一起来。在我校这所定位于培养应用型本科人才的高校，尤其强调学习要知行合一。

大学的学习是经世致用与知行合一的结合。我校课程设置中除了理论课程外，还有专业实践课程，在第二课堂中也有很多理论与实践相结合的项目可供大学生选择，如"知行杯"、"挑战杯"、暑期社会实践等。大学的学习不应该脱离社会、脱离实践，而应该结合社会发展，让自己更好地发挥个人价值和社会价值。

【拓展阅读3-1】

知行合一成就新时代的奋进之路（节选）②

亲爱的同学们：

大家下午好！今天，是你们人生奋进之路的重要节点。你们圆满完成了本科阶段的学业，即将开始广阔天地的驰骋。在此，我要祝贺大家、祝福大家！同时也向帮助大家成长的所有师长和亲朋、好友表示诚挚的感谢！

---

① 中共中央文献研究室.习近平关于科技创新论述摘编[M].北京：中共文献出版社出版，2018.
② 吴朝晖.知行合一成就新时代的奋进之路[N].浙江大学新闻网，2018-07-01.

……

同学们,你们生逢盛世,与伟大时代同向同行,实是人生之幸事。站在国家改革开放40周年、浙江大学合并发展20周年的交汇点,展望未来40年和20年,国家、学校将在你们这代人的努力下,分别建成科教强国、迈入世界一流大学前列。同学们要接好历史的接力棒,发扬前辈师长改革的意识、创新的思维和开放的精神,用知行合一成就新时代的奋进之路。为此,我就新时代知行合一话题,与同学们分享几点感悟和期待:

第一,坚守知行合一需要有改革意识,希望同学们勇做人生境界的开创者。大家在未来推进事业、精进学业之时,切不可做仓促冲动的选择,也不可做盲目草率的行动,而是要充分运用"通""专""跨"的通识教育所培育的开阔见识、深刻体会和丰富经验,通晓变革智慧,深思变化方向,改造未知世界,用改革意识持续开创发展的新境界。

第二,坚守知行合一需要有创新思维,希望同学们勇做发展潜能的开发者。大家在未来开展学习、从事研究、服务社会之时,切不可停留于浅显的层面,也不可止步于短期的尝试,而是要充分依靠四课堂实质性融合所形成的洞察力、创造力和领导力,突出新知识的精研,来强化新方法的建构,来注重新能力的塑造,用创新思维持续开发发展的新潜能。

第三,坚守知行合一需要有开放精神,希望同学们勇做未知领域的开拓者。大家在未来自我的激励、朋辈的互学之时,切不可限制合作发展的空间,也不可拒绝榜样示范的可能,而是要充分挥洒在开放教育体系所涵养的沉稳气质、包容胸怀和坚毅品行,开展跨专业的合作,倡导跨兴趣的协同,促进跨时空的交流,用开放的精神来持续开拓发展的新领域。

同学们,你们承载着国家未来改革开放的希望,也寄托着学校未来创新发展的期待。决胜未来,知行合一为大家指明了奋进的方向、路径和战略。希望同学们以知促行、以行促知,在知行合一中开创人生境界、开发发展的潜能、开拓未知的领域,以无愧于母校培养的作为,走在新时代奋进之路的前列。

最后,祝大家都能够拥有最美好的未来、成就最优秀的自我!欢迎大家常回母校看看!

谢谢!

(四)大学学习的考核方式是多元化的

在进入大学之前,同学们经历过无数个考试。进入大学之后有考试吗?回答是肯定的。考试是检验知识学习效果、创新能力的一个重要环节,也是让大学生了解学习现状并明确提升方向和目标的重要手段。大学的考试与高中有什么不同呢?

考试是大学学习的考核方式之一,除此之外还有考查。考试以闭卷考试为主,也有部分考试是开卷考试;考查的形式比较多样,有课程论文、作品设计、口试等。闭卷考试和开卷考试是比较传统的考试形式,这里给同学们简单介绍几种考查方式。

1. 课程论文

一般来说,形势与政策课、部分选修课会用课程论文的考核方式。在学期结束前,任课老师会布置论文的题目,分为命题论文和自主拟定论文题目两种。通常任课老师会给定范围,让学生自主选择一个视角,在一段时间内让学生搜集资料、进行调研等方式获取信息,撰写论文、提交论文。

课程论文的考核方式较为灵活,能通过论文考查学生对待该项考核的认真程度、钻研程度,能够在一定程度上展现学生的研究能力。但是随着网络资讯的不断发达,论文写作的诚信问题也日益凸显。有些学生直接大篇幅抄袭他人论文或者复制粘贴网络文章,这是对自己不负责任,也涉及学术道德问题,因此,大学生应注重培养探究能力,杜绝抄袭,做到诚信应试。

2. 作品制作

在部分操作性、实践性比较强的课程中,考核的方式会采用作品制作,如计算机相关的课程。这类考核通常是学生在任课老师指导下或小组讨论的基础上,制定作品设计方案和设计步骤,通过学生独立思考或者团队合作去查阅信息、完成制作。

这一考核形式比较能够展现大学生的研究能力、创新能力。如果是个人作品,对学生个人研究、创新能力要求较高;团队项目则考验团队的沟通和协调能力。

3. 口试

口试是通过任课老师面对面交流进行考核的一种考试方式。这种形式主要存在于外语教学中,也在一些综合性专业课程中采用。

口试对于学生的课程知识接受程度、系统复习和总结等方面要求较高,也有助于老师较为全面地把握学生的知识掌握情况。口试的过程也能够反映大学生的心理素质、语言表达和逻辑思维等能力。

三、大学学习的重要性

我们经常会用"匆匆那年"来形容青春的短暂。青春是美好的,正如中央电视台《朗读者》节目主持人董卿所说"青春是用来奋斗的,而不是用来挥霍的"。大学更是青春中精彩而绚丽的一段,把握住这一美好的时段去努力开展大学学习是非常重要的。

【案例3-2】

大学的意义在于学习与成长[1]

大学虽然只有短暂的4年,却是人生当中最璀璨、最为关键的黄金时期。在这美好而闪亮的岁月里,最有意义的收获不是毕业后的一纸文凭,而是学习与成长。只有当我们满满收获这些成长,在踏入社会的第一步时,我们才能够自信地微笑着对自己说,我能行!愿大学生们都能以无比的热忱、朴实刚毅的精神和脚踏实地的努力,为充满挑战的人生,做最完美的准备,让美好的大学时光,成为自己一生最值得骄傲的收获和最美好无尽的回忆。

这是青岛大学2012级陈同学的体会:从进入大学开始,我就不止一次的思考过大学存在的意义究竟是什么,我们学生凭什么让父母拿出那么多钱为我们支付学费,又凭什么让政府在教育问题上有如此多的投入。通过一年的大学生活,无论是生活方面还是学习方面我都学到了很多,成长了很多,足以让我在未来的生活中迎风前进。正如悉尼大学校长Michael Spence说过的,"大学必须成为这样的一个圣地,不仅在这里可以获得信息,同时你也可以在这里学到最为核心的思考技能"。虽然这一年里很多人跟我说,作为青岛大学的学生你怎么和清华大学的学生拼?但是我深信在学历上,这是我无法跨越的鸿沟,但是我很明确大学绝对不是终点,而是新的起点,大学只是我们谋求幸福生活及成功人生的各种途径之一。社会中的很多精英分子和成功人士,他们的成功并非得益于学历上的优势,而是在人生各个阶段中不断锻炼与成长。

(一) 大学学习在一定程度上反映个人学习态度和学习能力

我们通常说,成绩不代表一切,那么大学学习重要么?回答当然是肯定的。大学的学习不仅仅指成绩,但成绩在一定程度上反映了个人的学习态度和学习能力。大学的课程学习与高中不同,不是"死记硬背",需要理解掌握。大学的课程类别多元,考核形式多元。有些课程,需要认真记好课堂笔记,跟随任课老师的指引,做好预习和复习;有些课程需要在任课老师指导下,做好自主延伸学

---

[1] 轶名.大学的意义在于学习与成长[N].人民网,2014-11-21.

习或者理解知识原理。无论是哪种类型的课程，学习成绩能够在一定程度上反映个人的学习态度。学习态度端正，对课程考核重视的学生，就能够取得相对好的成绩，因为大学学习成绩通常由平时成绩和期末成绩两部分组成，平时成绩能够大致反映个人在课堂上的主动性和其他表现。对于需要自主探索学习的课程来说，课程考核成绩在很大程度上能够反映出学生的学习能力、资料分析能力和思维能力。

（二）大学学习在一定程度上会影响到毕业的选择

大学学习在一定程度上会影响到毕业选择，学习成绩可能会影响到报考境内研究生和申请境外研究生。有些同学也许会说，是不是大学学习成绩不好就一定考不上研究生？那倒未必，但是根据近年境内外研究生录取情况来看，学习成绩优秀的学生境内研究生录取概率比较大，申请境外研究生也更具有优势。在申请境外研究生时，学习成绩绩点（GPA）是重要考量因素，当然，还有外语成绩，如托福、雅思等。

（三）大学学习在一定程度上能够影响个人综合测评

大学学习对个人综合测评的影响也较为明显。在诸多大学的综合测评中，智育成绩的比重往往占绝对优势。如：

综合测评成绩＝智育成绩（70%）＋德育成绩（20%）＋体育成绩（10%）

当然德育和体育同等重要，大学生还要提升德育修养，加强体育锻炼。

第二节 大学学习的内容

大学是每个人成长极其重要的阶段。那么在大学学习什么，才能让同学们在毕业的时候成为一个更加优秀的、能够展翅翱翔的自己？

一、大学学习的内容

每年各大高校开学典礼上，校长们的讲话总会引起大学生和社会的关注。我们先来看看在各大高校开学典礼上校长们都讲了什么？有人对2016年近30所国内顶尖大学校长的讲话稿进行词频统计，总结出频繁出现的前20个词语，发现学习、创新和培养出现次数最多，分别达到269次、169次和132次，由此可见大学校长们最关心的问题。

学习，是大学生在校期间的基本任务。浙江大学校长吴朝晖在讲话中51次提及学习，厦门大学校长朱崇实43次提及学习。至于创新，浙江大学校长吴朝晖提及了14次,中国科学技术大学、同济大学、华中科技大学校长各提及了13次。同济大学校长裴钢说:"高校是科技创新的策源地,研究型大学就是要站在世界科技发展前沿,营造创新氛围,培育创新人才。"从学校角度解析大学基本职能,那就是培养。浙江大学校长吴朝晖提及了11次,同济大学校长裴钢提及了6次。电子科技大学校长李言荣说:"好大学的本科生培养都是强化通识教育,工科学校更是强调文理结合和理工渗透,而研究生则重在专业教育、是奔着成为专家而去的,好大学的本科生教育更强调塑造兴趣丰富、人格完整、科学思辨的通识人才,而不是把本科生直接培养成专家。"①

大学学些什么?我们也可以换个命题:大学该怎么读书?中央民族大学校长黄泰岩认为,读书,不仅要读教科书,更要读课外书;不仅要读专业的书,更要博览群书;不仅要读碎片化的书,更要读系统化的书。大学除了读书外,还需要学习如何做事,如何做人,如何独立思考,如何学会学习,如何树立学习目标。

具体而言,大学的学习内容,既有专业课程学习,还有课外知识学习;既通过线下课堂,也通过网络课堂;学习渠道既在校内,也在校外。关于学科专业、网络课堂、自主学习将在本章做介绍,本书第七章和第九章也涉及不同形式的学习内容,请一并参考。

二、大学的专业分类

(一) 学科门类

学科门类是指对具有一定关联学科的归类,是授予学位的学科类别。学科门类是由国务院学位委员会和教育部共同制定,是国家进行学位授权审核与学科管理,学科授予单位开展学位授予与人才培养工作的基本依据。我国高等学校本科教育专业设置按"学科门类""学科大类(一级学科)""专业"(二级学科)三个层次来设置。为了适应时代发展,教育部在2018年4月更新了学科门类。《学位授予和人才培养学科目录(2018年)》将我国学科门类依然分为13个,分别为哲学、经济学、法学、教育学、文学、历史学、理学、工学、农学、医学、军事学、管理学和艺术学。

(二) 学位和学位服

每到毕业季,我们都会看到各种媒体上穿着学位服的毕业生。那么,学位服有什么讲究吗?为什么垂布有不同的颜色,代表着什么?学位帽的流苏应该

---

① 百家号. 大学开学第一课,来听听各大高校校长讲了啥?[N]. 人民网,2017-09-06.

放在左边还是右边?

　　学位服起源于13世纪初。我国实行的学位服,是根据国务院学位委员会的决定统一制作的,它既有中国特色,又符合世界惯例。参照国际标准,我国学位服也是由学位帽、流苏、学位袍和垂布四个部分组成,颜色、款式与世界惯例基本相同,区别在于学位袍在袖口处绣有我国特色的长城图案,学位袍的前襟纽扣采用中国传统的布制黑色"如意"扣,套头三角兜形垂布则采用织有中国民族特色花纹的织锦缎制作,带有不同于其他国家的民族特色。

　　学位服分为校长(导师)服、博士服、硕士服、学士服四种类型,每套学位服均由学位帽、流苏、学位袍、垂布等四个部分组成。①学位帽。学位帽为方形,颜色是黑色。②流苏。校长(导师)帽流苏是黄色的;博士学位帽流苏是红色的;硕士学位帽流苏是深蓝色的;学士学位帽流苏是黑色的。流苏需挂在帽顶的帽结上,沿帽檐自然下垂。③学位袍。不同的学位服,有着不同的颜色。校长(导师)袍为红、黑两色;博士学位袍为黑、红两色;硕士学位袍为蓝、深蓝两色;学士学位袍为黑色。④垂布。垂布为套头三角兜型,饰边处按文、理、工、农、医、军事六大类分别标为粉、灰、黄、绿、白、红颜色(见图3-3)。

　　在大学毕业典礼时,会进行学位授予仪式,主要的一个环节是"拨穗"仪式。未授予学位时,流苏垂在学位帽右前侧中部;授予学位后,由学位评定委员会主

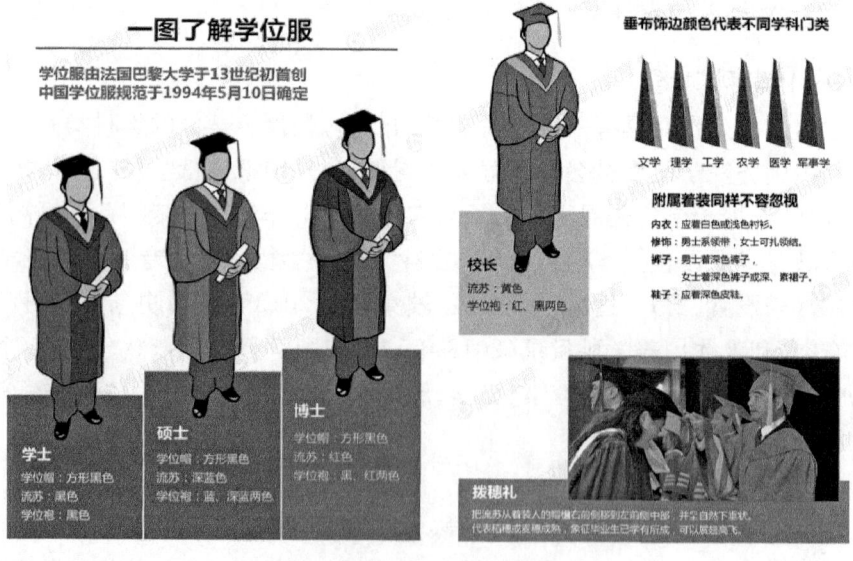

图3-3　一图了解学位服①

---

①　华民.一图了解学位服[N].腾讯教育,2014-07-09.

席(校、院、所长)把大学生的流苏从帽檐的右前侧移到左前侧中部。

(三) 我校本科专业设置及相关情况

1. 我校专业设置

我校设有经济学类、管理学类、文学类、法学类和理学类五大门类,35 个本科专业(见表 3-1)。我校以应用经济学、工商管理学、统计学为主干学科,初步形成了交叉支撑、协调发展的多学科专业格局。35 个本科专业中,经济学类 15 个,占比 43%;管理学类 11 个,占比 31%;文学类 4 个,占比 11%;法学类 2 个,占比 6%;理学类 3 个,占比 9%;形成了经、管、文、法、理相互支撑的专业布局①。

表 3-1 我校专业设置基本情况

学科分类	涵盖专业	专业数量	比例
经济学	金融学;信用管理;金融工程;金融科技;国际经济与贸易;国际商务;经济学;税收学;财政学;行政管理;劳动与社会保障;经济统计学;金融数学;保险学;精算学	15	43%
管理学	会计学;财务管理;审计学;资产评估;工商管理;市场营销;房地产开发与管理;人力资源管理;物流管理;信息管理与信息系统;电子商务	11	31%
文学	商务英语;英语;日语;汉语言文学	4	11%
法学	法学;社会工作	2	6%
理学	应用统计学;数学与应用数学;计算机科学与技术	3	9%
合 计		35	100%

2. 关于我校专业学习的常见问题及解答

进入大学专业学习,大一通常是学习基础课程,大一下学期或者大二开始接触专业课程。对于专业学习,同学们可能会存在一些疑惑,以下问答也许能够帮助同学们解疑。

1) 大学的专业可以调整吗?

专业有调整的可能,时间是在大学一年级下学期,学校会公布各学院学生转专业方案暨学生转专业报名的通知,申请转专业的学生报名时需要注意如下事项(具体方案每年会略有调整,以当年的通知为准):

(1) 报名转专业的学生须在规定时间内在教务系统中进行报名,未在教务系统中进行报名的同学不能获得转专业资格。

---

① 部分数据来自上海立信会计金融学院本科评估相关宣传资料。

（2）报名时间结束后，各学院按照学院转专业方案对报名学生进行资格核实。学生须符合学校及接收学院规定的转入条件方可申请，不符合该学院转专业要求的同学即使报名成功，也不能进入转专业考核环节。若对各学院接收转专业条件等有疑问，可向该学院咨询。

（3）拟转入学院对申请转入学生的考核时间、地点由该学院另行通知，请报名的同学密切关注该学院网站。

（4）每位学生限报一个专业，定向招生等同学不得参加转专业申请。

2）大学的专业就是未来的工作吗？

专业学习可以为未来的职业打下知识基础，毕业时的求职选择，同学们可以选择本专业相关领域就业，也可以根据个人能力及特长选择其他就业领域，具体根据求职面试情形而定。

3）除了本专业的课程，还可以再学习其他专业吗？

在学有余力的情况下，同学们可以选择辅修专业或者校际选修课程。本科生辅修专业学士学位教育报名条件一般为（具体方案每年会略有调整，以当年的通知为准）：

（1）全日制在校本科生（专升本学生除外）。

（2）学有余力，综合素质好，有较强的自学能力。

（3）主修专业的已修课程的平均成绩在2.0（含）以上且无不及格成绩。

（4）若辅修专业与主修专业的学位类别属于同一个学科门类，将无法授予辅修专业学士学位，仅发放辅修证明。

（5）符合报名条件的学生，在校期间只能修读一个辅修专业学士学位。

本科生辅修专业学士学位教育招生专业与招生计划以当年的学校官网通知为准。

三、"考证"——为未来就业加点砝码

"考证"即通过参加某种考试获取某类资格证书，"考证"是自主学习的形式之一。随着就业形势日趋严峻，"考证"成为大学生中流行的高频词汇，"考证热"也在大学校园中持续升温。很多大一新生会问，我需要"考证"吗？哪些证书是必要的？考哪些证书含金量比较高？从不完全统计可以看出，大学生所考的证书五花八门，英语证书、计算机证书、第二外语证书、财务类证书以及其他专业资格证书。"考证"的目的大多为了增加就业的砝码，但"考证"是否多多益善？这倒未必。"考证"需要投入较多的时间，也并非所有的证书对就业都有帮助，因此，建议大学生理性对待"考证"。证书固然重要，但能力才是大学生在就

业竞争中脱颖而出的关键。

证书在于精而不在于多,同学们应该根据自身的情况,结合自己的职业规划,认真思考"考证"问题。在这里,我们介绍一些证书,可供同学们参考。

1. 英语证书

(1) 大学英语四级(CET-4)、六级(CET-6)(必要等级:★★★★):这是比较重要的证书,大学生毕业基本要求通过大学英语四级,也有不少学生能够通过大学英语六级。在求职时,许多单位会比较看重。

(2) 大学英语四级(CET-4)、六级(CET-6)口语证书:证书本身并非必要,面试时口语表达更受企业重视。

(3) 英语专业八级:这是英语专业才有资格考的证书,外企会比较看重,其他多数企业不作要求。

(4) 英语中高级口译(必要等级:★★★):这是含金量很高的证书。

(5) 托福(TOFEL)、雅思(IELTS):与国外留学相关,对于求职来说非必要,多数企业不关注。

(6) 托业(TOEIC)考试:多数企业不关注。

2. 计算机证书

(1) 对于企业来说,Office 操作是默认基本技能,有相关证书能增加就业砝码。

(2) 全国计算机二级证书(必要等级:★★★★):在上海等城市申请户口时会用到,而且是必要条件。

(3) 其他计算机相关证书,如软件工程师(ACCP)、网络工程师(CCNA)、微软认证系统管理员(MCSA)等。若是本专业相关工作需求、岗位要求的则会有较大优势,但不是每个企业都看重。

3. 第二外语证书

掌握一门第二外语,会增加进入相关企业的机会。日语、法语、德语、韩语等在相关的世界 500 强企业中会比较受欢迎。

4. 财务类证书

(1) 注册会计师(CPA):是指通过注册会计师执业资格考试并取得注册会计师证书在会计师事务所执业的人员,英文全称 Certified Public Accountant,简称 CPA。CPA 考试设"会计""审计""财务成本管理""公司战略与风险管理""经济法""税法"6科。

(2) 特许金融分析师(CFA):英文全称 Chartered Financial Analyst,又译

为注册金融分析师,简称 CFA。CFA 是证券投资与管理界最具权威的一种职业资格。在校大学生,最早可在毕业前 18 个月内注册报名考试。"考证"难度高,费用较高。

(3)特许公认会计师(ACCA):英文全称 Chartered Certified Accountants,简称 ACCA,是得到皇家特许(Royal Charter)头衔的英国四大拥有法定权力会计师资格之一,被称为"会计师界的金饭碗"。

以上证书的必要性取决于未来所要从事行业和相关工作,一般来说,意向从事财务工作的,财务知识是必不可少的。以上这些含金量高的考试,在大学期间能通过 1 门或者几门,就能够在一定程度上证明自己的相关知识水平。

5. 其他专业资格证书

根据未来所从事的行业,还有一些相关证书,如教师资格证书、导游资格证书、报关员证书、人力资源从业资格证书、精算师考试合格证书、国家司法考试证书等,可以向导师、辅导员或者学长学姐咨询,不再做一一介绍。

第三节　大学学习的几种心理现象

冰心先生在诗集《繁星·春水》中有一篇诗歌叫做《成功的花》,用来表达奋斗的艰辛——"成功的花,人们只惊羡它现时的明艳!然而当初它的芽儿,浸透了奋斗的泪泉,洒遍了牺牲的血雨。"迈入大学之后,大学新生可以放下高考的心理压力,带着新的希望和新的目标开始大学学习。大学学习是一个人成长为社会有用之才的必需条件,有一定的规律,但也会遇到一些问题。

一、大学学习状况诊断

某高校针对大学新生的"大学生人格问卷 UPI(University Personality Inventory)"的调查结果显示,大学新生在学业心理方面会出现专业定向不适合的失意感、学习目标缺乏的空虚感、学习过程不适应的紧张感等问题[①]。

(一)学习评价的作用

从心理学的角度来看,对大学生进行学习评价,是为了让教师和学生对大学生的学习能力进行分析,更好地了解大学生的兴趣、才能、学习程度等,这对大学生成长具有重要意义。对大学生的学习活动进行评价,参照《学校心理学——教育与辅导的心理》的理论知识,可以分为诊断性评价和形成性评价。

---

① 敬枫蓉.规划引领人生——走进大学[M].2 版.北京:科学出版社,2017.

学科教育中学习评价的体系构成(见图 3-4)。

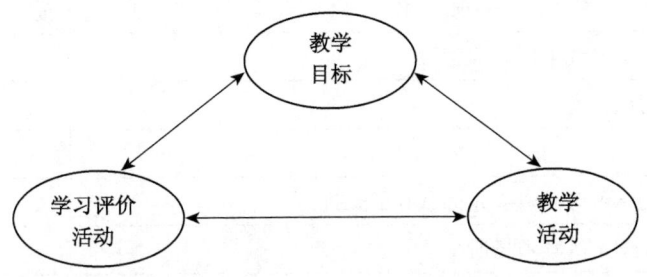

图 3-4　学科教育中学习评价的体系构成①

(二) 诊断性评价与形成性评价的主要内容

诊断性评价是在教学活动开始前,对学生已具备的必要的学习能力、兴趣、态度,包括已具有的基础知识、技能等各种教学信息进行搜集,使教学目标和教学方法建立在学生的适应性和能力的基础上,从而提高教学效率的教育手段。形成性评价是在一定的教学、学习活动过程中展开,对教学过程中所期待达到的教育目标进行信息收集,并反馈给教师和学生,以期达到最佳的教学效果,是教育活动的自行调整与修正②,同时也可以达到对课程构成和教材教法内容改善的促进作用。

无论是诊断性评价还是形成性评价,评价的实施者都是教务部门或教师,对象主要是学生,因此,大学生对于自身学习情况的诊断,可以通过多与教师沟通来了解。我们常说,当局者迷,旁观者清。多与教师沟通,了解教师对自己学习的评价,对于把握学习现状和促进学业成长具有重要的作用。

(三) 学习习惯、卫生状况诊断

1974 年,美国的比贝德在学习习惯和卫生状况诊断方面进行了研究,制定了比贝德问卷(见表 3-2)。

表 3-2　比贝德问卷

项　目	很少	有时	通常
(1) 影响学习的卫生习惯			
① 每晚至少有 8 小时睡眠			
② 有正规的体育锻炼计划			
③ 三餐饮食均衡			

---

① 徐光兴. 学校心理学——教育与辅导的心理[M]. 2 版. 上海:华东师范大学出版社,2011.
② 同上。

(续表)

项　目	很少	有时	通常
④ 在合适的光线下阅读和学习			
⑤ 休息时间很有规律			
(2) 时间安排			
① 每天的学习时间表事先都做好了安排			
② 有一个固定的学习场所			
③ 安排好一段段的学习时间,使它们紧靠在所学科目之前或之后			
④ 在白天的空余时间内抓紧学习,避免把所有的学习任务都留到晚上			
⑤ 在每天、每周和整个学期的时间安排中,留有充分的余地,以写作学期报告和完成特别的任务			
⑥ 每天、每周都有固定的复习时间			
⑦ 每天留出一段不长的时间参加文娱活动			
⑧ 安排好社交生活,使其不至于严重影响学习			
(3) 笔记本			
① 有一本厚厚的大笔记簿			
② 听课时要注意教师关于哪些内容重要的暗示			
③ 不要试图把教师讲的话一字不漏地记下来			
④ 只把每堂课的要点和关键事实记下来			
⑤ 在整个讲课或课堂讨论的过程中,全神贯注地进行批判性的思考			
⑥ 把公式、方程式和图表快速而精确地写下来			
⑦ 记笔记时,留有一定的间隔,不要太挤			
⑧ 课后尽快把每种笔记复习一遍			
⑨ 把笔记重新加以组织,使重要标题从次要标题中凸显出来			
⑩ 按课程把笔记分成若干部分			
(4) 做作业			
① 明确作业的目的和性质			
② 开始工作,毫不拖延			
③ 仔细阅读之前,先把课本各章略读一遍,得出一个大致印象			

(续表)

项　目	很少	有时	通常
④ 阅读过程中,每隔一定时间就自己背诵一下			
⑤ 在做阅读作业时,要记下主要思想和关键事实			
⑥ 重新核对书面问题,确保其正确无误			
⑦ 把不熟悉的术语列出来			
⑧ 即使某一作业很难,也要坚持到做完为止			
⑨ 避开干扰、喧闹,不做无益的交谈			
⑩ 每工作1小时,停下来稍事休息			
⑪ 偶尔与教师讨论讨论			

二、学习障碍及应对

学习障碍的相关研究一直受到教育界、心理界和医学界的普遍关注,也是大学生在读期间可能会遇到的问题。近年来,有学习障碍甚至无法完成学业的大学生屡见不鲜。通过概念和案例的学习,大学生可以了解什么是学习障碍,从而进行自助或者在心理咨询师指导下进行学习障碍的诊断与矫正。

(一) 学习障碍的概念

1. 学习障碍的定义

学习障碍,也称"学习失能"(learning Disabilities)或学习不良,这一概念是由美国学者柯克在 20 世纪 60 年代首先提出[①]。学习障碍不同于智力落后。1988 年美国学习障碍联邦委员会对于学习障碍的定义被人们普遍接受,即"学习障碍是多种异源性失调,表现为听、说、读、写、推理和数学能力的获得和使用方面的明显障碍"[②]。而国内对于这一课题较为普遍的看法是,学习障碍一般指那些智力正常,没有感官障碍,但在知识、能力、品格、方法、体质等要素的融合方面存在着偏离常规的结构性缺陷,智力得不到正常开发,不能达到教学大纲规定的基本要求,需要通过有针对性的教育措施或医疗措施给予补救或矫治的情况。

2. 大学生学习障碍的定义

大学生学习障碍是指由于焦虑等心理因素影响大学生学习潜力的发挥,造

---

① 陈晶,黄艳苹. 大学生学习管理与辅导[M]. 北京:北京师范大学出版社,2010.
② 同上。

成学习效果不理想的情况①。具体的表现可分为,在知识上困惑、思维滞塞;在情绪上的急躁、烦恼、紧张、焦虑、抑郁等体验,难以控制。

一般认为大学生的学习障碍与学习成绩有密切关系,但并不意味着学习成绩越差,学习障碍越大。在实际情况中,有些学生成绩很好,名列前茅,对自我期望高,一旦考试名次稍低便焦虑不安、非常郁闷,就产生了学习障碍,进而影响学习潜能的发挥。因此,大学生学习障碍与学习成绩并不是完全对应的关系,主要取决于主观上对于自身学习效果的认知和评价。

(二) 学习障碍的表现

大学生的学习障碍主要表现在认知、注意、情绪情感和意志这四个方面,往往会带来一些难以想象的危害。

1. 认知障碍

大学生学习的认知障碍主要表现为感知觉迟钝,如音乐学习过程中对声音的感知能力下降,美术学习过程中对色彩和线条的感知能力较差等;记忆障碍,如非外语专业的大学生对于外语学习感到非常困难;思维障碍,主要指思维固执,不善于独立思考,自学能力不强,听课抓不住重点,不能举一反三或者语言表达能力较差。

2. 注意障碍

大学生学习的注意障碍主要表现为注意减弱,如在没有外界干扰下仍然无法集中注意学习,经常走神;注意转移困难,如经常钻牛角尖等;注意范围狭窄,当注意集中于某一事物时,不能再注意与之相关的其他事物;注意涣散,如注意保持时间较短,外界稍有刺激就"分心"等。

3. 情绪情感障碍

大学生学习的情绪情感障碍主要表现为学习效果(特别是学习成绩)影响情绪状态,学习顺境时洋洋得意,学习困境时自暴自弃,难以控制情绪。另外,还有关于考试应激现象,如考前过度焦虑等情况。

4. 意志障碍

大学生学习的意志障碍主要表现为学习惰性强、坚韧不足,缺乏恒心和毅力,没有学习目标或者学习目标不明确,学习动力不足。在实际的大学学习中,我们看到身边有小部分学生没有学习动力,没有学习目标,迷惘度日。也有小部分学生制定了学习目标,但没有毅力去实现,处于"常立志"状态。

---

① 陈晶,黄艳苹.大学生学习管理与辅导[M].北京:北京师范大学出版社,2010.

（三）学习障碍诊断及矫正案例

1. "分心"行为矫正案例

【案例3-3】

叶某上课自动"分心"及其临床训练矫正①

1. 基本情况

叶某，女，音乐专业课成绩优秀，文化课成绩在班内排中等，听课无理解上的障碍，即能听懂教师讲解内容。每次听课或作业练习等都不能坚持连续学习半小时以上，即使在考试答卷期间，只要一到0.5小时左右大脑也会自动地停下来，想或做点别的事，摆弄一会儿文具等。据其母亲反映：该生从3岁时起，学习注意力便没有超过0.5小时的时候。该生本人也认为自己大脑特殊，不能长时间坚持思考或学习。

2. 解决办法

(1) 在证明其大脑注意功能正常以后，要设法使本人对此深信不疑。

(2) 设计一个抗拒思维停顿的程序性知识。

(3) 通过5分钟左右的坐在椅子上的简易放松练习，然后想象以往学习过程中思维停顿发生时的情景，再将抗拒"分心"现象的程序性知识放在该情景中反复练习3次。

3. 效果

2018年4月6日晚课前进行首次练习。次日中午，被试本人前来兴奋地报告说："晚课期间参加数学单元考试时没有出现'分心'现象（实际上是刚一出现就被另一个自动运行的程序性知识替代了，正在忙于考试答题过程中的被试学生未注意这件事的出现，因而未能将其记住）；两节晚自习和第二天一上午的4节课都没有出现'分心'现象。"此后，被试学生每天利用课前或自习前自己坚持做心理练习4~6次，持续坚持1周。直至2.5个月以后随访，被试学生说，她早就不需要练习了，完全好了，而且是状态一直良好。

4. 训练程序

先放松达到一定深度。然后，想象上课或自习学习的情景。想象"分心"即开始或已经开始的感受（或情景），这时大脑中的C-A产生式系统②便被问题情境触发，立刻自动地执行认知策略程序：对自己说：它（指"走神"现象）来了。走

---

① 陈晶，黄艳苹. 大学生学习管理与辅导[M]. 北京：北京师范大学出版社，2010.
② A指程序性的知识，C指学习或思维过程情境，也可以指课堂情境。

开!（于是，做深呼吸动作，让大脑完全停下来），心中默数"一、二、三……继续学习！"其中的"走开"（也有时用"赶走它"和"继续学习"）指令也可用深吸气和深呼气来代表。接着想象又继续学习的情景并体会成功的愉悦心情。

【案例 3-4】

自习启动困难学生行为矫正[①]

1. 基本情况

2000 年年底，两名女大学生来访，要求解决的问题就是上晚自习启动困难，每天一到晚自习时，大约有 1 小时无法集中精力安心学习，一直到 1 个多小时以后，才渐渐进入学习状态，可是刚学习不久，晚自习就结束了。如此低效率的学习状态进行下去，学期期末考试及格都有困难了。

2. 原因分析

通常来说，真正的自习期间启动学习感到困难的学生，往往具有一定的厌学倾向，或者对某一学科心理疲劳，面对特别喜欢的学科一般不存在启动困难问题。比较典型的是一部分大学生入学后，缺乏高中时代的学习激情，环境又相对宽松，因此学习积极性逐渐下降，进入一种向低目标、低学习积极性、低成绩方向循环发展的状态。这些学习积极性下降的情况通常是从上晚自习启动困难开始的。

3. 矫正方法

为了改变上述来访的两位女大学生自习启动困难问题，可从下面几个步骤入手：

（1）先站在那里，准备好上自习的资料、文具等，一旦坐下来，便立刻进入学习状态。坐下来便是开始学习的刺激指令(S)。

（2）在上自习前，或在往自习室去的走路途中，把晚自习要做什么，边走路边计划好，到了教室便立刻去实施当晚计划。总之，有计划，有主意，容易快速进入学习状态。

（3）或者在做好上晚自习的准备工作之后，在座位上做小的放松练习，时间可以从 3~5 分钟，到 7~8 分钟不等，把身体的几大块肌肉绷紧——放松，做深呼吸，待大脑完全静下来时，默念："一、二、三！"便立刻醒来进行学习。这里的"一、二、三！"是学习开始的准备状态，"三"是开始学习的刺激指令(S)。数到"三"便立刻开始学习。

[①] 陈晶，黄艳苹. 大学生学习管理与辅导[M]. 北京：北京师范大学出版社，2010.

4. 效果

后来,这两名大学生说:她们用上述的第二、第三两个程序中的哪一个程序都有效。最后一种最好,特别适合于在学习中间休息结束时使用,有利于解除疲劳和启动学习活动。这一程序运行的关键原则是要有一定的兴奋度,能够自动运行,以产生抑制原来的消极程序性知识的作用。

2. 考试焦虑诊断与矫正案例

考试焦虑是一种负性情绪,会影响某些大学生考试水平的发挥。考试焦虑的类型有:轻度焦虑、中度焦虑和过度焦虑。考试焦虑未必都会带来不好的后果。研究表明,轻度焦虑的人考试成绩通常较好,但成绩不一定能够达到理想状态。但是过度焦虑的学生成绩比轻度焦虑的差,中度焦虑的学生在知觉测验中的成绩最佳。

(1) 预防考前失眠。

主要办法有:①不怕失眠。不要有失眠会影响考试的负面心理暗示,告诉自己失眠并不可怕,努力克制因为失眠带来的焦虑。当偶尔出现一两次失眠情况时不要紧张,接受这一事实,告诉自己顺其自然,不要强迫自己入睡。②养成有规律的睡眠习惯。保持规律睡眠,建立自己的生物钟。若有事晚睡,建议早晨仍然按时起床,周末避免睡懒觉,保证睡眠正常时间即可,睡眠并不是越多越好。③紧张复习期间也要做到劳逸结合。在紧张复习的状态下,也需要规划好活动或者运动的时间,安排半小时至1小时的体育运动可以缓解紧张情绪,也有助于入睡,但要注意防止运动过度。④睡觉前放松心情。睡前半小时内可以听听音乐,放松心情,避免过分劳心或劳力。⑤睡床单纯化。尽量不要在床上架小书桌、看书、打电话,睡床只供睡眠。⑥睡前饮食适度。睡前如果感到饥饿可以适度进食牛奶、面包之类的食物,有助于睡眠,但不要饮食过饱。⑦睡觉中途不起床看书。若发现无法入眠,辗转反侧,不要起床看书,静心躺着处于睡眠姿势,也能起到休息作用。

(2) 克服考场焦虑。

【案例3-5】

考场焦虑的系统脱敏治疗[①]

1. 基本情况

李某,女,某校大一学生,今年18周岁,身体健康,来自农村,性格较内向,

---

① 陈晶,黄艳苹. 大学生学习管理与辅导[M]. 北京:北京师范大学出版社,2010.

不好交友,也没有特别要好的朋友,学习成绩刻苦,成绩优良,其他科目成绩都很好,唯有英语较弱,但却在父母的坚持下,报考了英语专业,并就读半年。由于英语本就不是自己的强项,所以第一学期期末考试英语没有及格。第一次这么差的成绩给她带来了沉重的心理负担。后来经过努力,成绩虽有所上升,但每到英语考试临近期间就紧张焦虑,还表现为出冷汗、上厕所,有时还有睡眠障碍。现在每逢英语考试就精神紧张,心跳加速,双手颤抖,脑袋里不是乱糟糟一团,就是空荡荡的一片,平时记忆很牢固的、熟悉的东西怎么也想不起来,而且需要频繁上厕所,几乎没有办法完成考试。面对繁重的学业压力,她的精神高度紧张,强迫症状也愈加明显,从而陷入一个痛苦的恶性循环中,造成其他各方面也受影响,无奈之下前来求助。

2. 治疗方法

第一步:学习有效的放松方法。

肌肉松弛法:找一个安静的地方坐下来,闭上眼睛,全身放松,集中注意力放在自己的身体上,由手部开始放松。右拳紧握3秒,放松10秒,感觉右拳和右臂肌肉同样拉紧。在肌肉拉紧放松的同时,心里默数"一、二、三"来帮助自己放松。重复两三次后,会感到右手松弛,然后以同样的方法放松左手。然后身体其他部位比如肩膀(肌肉往耳朵贴紧)、面部(眯起眼睑肌肉)、背部(挺直背肌)、脚部(屈膝平放)等。反复练习以上步骤一直到全身放松为止,时间可以自己把握。

呼吸松弛法:闭合双眼,集中注意力放在呼吸上。心里默数"一、二、三,停、呼气",呼吸的节奏也配合默数的拍子,做"吸气,一、二、三,停,呼气"。

第二步:列出刺激情境。

在心理咨询师协助下,发现并记录引起交流和恐怖的情境,并确定引起焦虑的事件等级。引起焦虑事件的等级由小到大的顺序排列(见表3-3)。

表3-3 考试焦虑的等级层次

序列	事件	程度
1	考前1周想到考试时	20
2	考前3天想到考试时	30
3	考前一个晚上想到考试时	40
4	考试当天早上	50
5	走在去考场的路上时	60
6	在考场外等候时	70
7	进入考场时	80
8	第一遍看考试卷子时	90
9	和其他人一起坐在考场中想着不能不进行考试时	100

然后进行分级脱敏训练,也就是帮助求助者循序渐进练习各个情境进行系统脱敏。

第三步:想象脱敏训练。

先用所学的放松方法开始放松,然后开始想象脱敏训练。由咨询师做口头描述,先想象"考前一周想到考试时",并要求对方在能清楚地想象此事时,便伸出一个手指头来表示。然后,让求助者保持这一想象中的场景30秒左右。一次想象训练不超过4个等级,如果在某一级训练中仍出现较强的情绪反应,则应降级重新训练,直至完全适度。经过5次的系统脱敏,李某基本已不再害怕英语考试了。虽然有时在考试前焦虑程度达到20个单位,但考试时能自觉平静舒坦,一个学期后随访证实已无考试前的焦虑反应。

第四节 大学生的自主学习

子曰:"学而不思则罔,思而不学则殆。"大学学习过程中,不进行自主探索,不进行思考,为读书而读书,就不能深刻理解书本的意义,更不能合理有效利用书本的知识,甚至会陷入迷茫;只是苦思冥想而不读书钻研,就会越想越糊涂,一无所得。

习近平总书记非常关注青年的成长和学习,2014年5月4日他到北京大学与青年大学生座谈时,引用诸葛亮《诫子书》中的"非学无以广才,非志无以成学"来鼓励青年大学生勤学。只有勤学,下得苦功夫,才能求得真学问。知识是树立核心价值观的重要基础。做学问贵在勤奋、贵在钻研、贵在有恒。大学的学习,并不仅限于知识,更在于习得学习方法,学会学习。

一、学会学习

进入大学,可以说是一个新的起点,我们常用"大家都在一个起跑线上"来描述。一般而言,大学学制是四年制,大学生学习的时间基本一样。但4年学习之后,我们却发现每位大学生踏上社会时所学到的知识和展现的能力是不一样的。有些学生毕业时仅完成了4年的基础课程,有些学生毕业时不仅完成了基础课程,还考取了相关证书或者辅修了第二学位,有些学生毕业时已从课外获得了丰富的知识和经验……为什么会有这么大的差异?因为每位大学生的学习目标和方法不一样,在学习上所花的时间和精力不一样。

【案例 3-6】

飞镖实验①

几年前,纽约一所女子学校曾经进行过一个实验。参加实验的是一群高一和高二的女生,年龄大概十几岁,穿着 polo 衫、格子裙。如果她们参加实验,实验结束后会收到一份小礼物。其中一项实验的内容是,她们第一次学习如何扔飞镖。

组织实验的心理学研究人员把她们分为几组。第一组叫做绩效表现组,研究人员告诉她们,只要朝着靶心扔飞镖就行,得分最高的组赢得比赛。第二组叫做学习方法组,这一组学习扔飞镖的方式与第一组完全不同,研究人员让该组学生把注意力集中在掌握扔飞镖的过程上。这一组学生首先学习如何投掷,掌握几个基本步骤,如先让手臂尽量贴近身体,然后学习如何瞄准靶心。换句话说,这组学生从以过程为目标逐渐过渡到以结果为目标。第三组是控制组,我们把这组叫做传统智慧组。研究人员给她们的指导就是尽量做到最好,也就是说,这一组学生可以采用她们喜欢的任何方式学习投掷飞镖。

实验结果如何?学习方法组的成绩远高于另外两组,得分是传统智慧组的 2 倍,并且学习方法组的成员展现出来的是更加享受实验过程。飞镖实验告诉我们,学习活动需要集中注意力,需要规划,需要反思。懂得如何去学习的学生,会更加高效、更加深入地掌握所学技能,也可以更加愉快地经历学习过程。

那么,在大学学习过程中,如何学会学习呢?请把以下问题逐个自问,并在一张白纸上写下自己的答案。

(一) 为什么要学习——明确学习目标

记得看过这样一个故事:一个学者到西部某村去搞调查,看到山坡上一个放羊的男孩子,就问那男孩:"为什么不上学?"男孩说:"要放羊!""放羊做什么呢?""卖钱!""卖钱干什么呢?""娶媳妇!""娶媳妇干什么呢?""生孩子!""生孩子干什么呢?""放羊……"

多数人对于这个故事的评价是,男孩子的目光被限定在放羊上,不学习知识,陷入了贫困的循环。那你呢?你是否想过为什么要上大学?为什么要学习?为了增长知识?为了找一份好工作?为了考取研究生?为了出国深造?为了实现个人价值?为了实现个人的社会价值?

---

① 乌尔里希·柏泽尔著.有效学习[M].北京:张海龙,译.郭霞,校译.中信出版集团,2018.

在开始大学学习之前,请先明确一下你的学习目标。

1. 请为你的学业做一个顶层设计

在开始大学学习之前,做个学业的顶层设计是十分重要的。你的学习目标是什么?学业在你的大学生涯中将占据怎样的地位,你打算投入的时间和精力是多少……这些因素会直接影响到你的学习动机和动力。

心理学家肯·巴伦提出了一个关于动力的公式:

$$动力 = 一系列的付出 \begin{pmatrix} 即完成某一任务 \\ 所需要的努力 \end{pmatrix} + 对目标的期待(即对自我效能的理解) + 价值感(即事物的意义)$$

学习目标的制定,对于学业的顶层设计、学习动力和学习动机有着重要意义。

2. 不管你的目标是什么,请让它明确一点

有研究表明,目标越具体,实现的可能性越高。同理,在学习方面,明确而具体的学习目标实现的可能性更高。除了确定大学生涯学习的总目标外,在大学的每个学习阶段,一般以学年为单位,也需要明确学年学习目标。在具体执行过程中,还可以细化到学期目标和每个月、每个星期的学习目标。

(二) 想学什么——确定学习内容

明确大学学习目标后,需要确定实现学习目标需要学习的具体内容。大学可以学习的内容十分广泛,在浩瀚的知识海洋里,我们需要回答:我想学什么。不同专业的大学生都有自己需要完成的必修课和选修课。除了第一课堂的学习外,我们还需要明确在第一课堂之外应该拓展什么样的知识和能力。

无论你选择辅修其他专业,还是考取相关职业资格证书,切记"东一榔头西一棒槌"。在大学学习知识,像是吃自助餐,我们既要吃饱,也要吃好,必然需要对食物进行选择。要围绕你的学业目标确定学习内容。大学学习时间虽然有4年,但是除第一、第二课堂学习外,自主学习的时间较多,怎样有效利用时间学习知识呢?除了学习方法外,还需要对内容进行选择,合理规划学习。

(三) 准备怎样学——探索学习方法

事半功倍是我们比较熟悉的一个成语,学习过程也是如此,掌握了科学的学习方法,遵循学习规律,才能达到事半功倍的效果。正如生物学家、科学哲学家贝尔纳所说:"良好的方法能使我们更好地发挥天赋的才能,而拙劣的方法则可能阻碍才能的发挥。"那么,如何培养有效的学习方法、提升自主学习能力呢?

1. 树立正确的学习态度

态度是指"影响个体对一类人、客体或事件的行为选择的一种习得的内部

状态"①。知识技能是涉及"能不能"的问题,态度则是涉及"愿不愿"的问题。大学生的学习态度,具体来说,包括对待课程学习的态度、对待学习材料的态度以及对待教师、学校的态度等。树立正确的学习态度,以积极的心态面对学习,对于学习效果能够起到正面的影响;反之,学习态度消极,课前不进行预习,课堂不能认真学习,课后不能做到及时复习,则学习效果差。

2. 把握学习过程和学习原则

古人云:学习有法,而无定法,贵在得法。因此学习的方法是很重要的。大学第一课堂的学习一般包括预习、听课、复习、考核等环节,考核主要包括平时成绩和期末成绩两个部分。把握学习过程,大学生需要注重认真对待课程的预习,这是对知识的初步把握,发现问题,便于请老师答疑解惑;课堂听课需要保持积极的上课状态,跟随老师的思路进行课堂学习;课后认真复习,完成习题;考试前全面复习、寻求答疑和期末考试都需要认真对待。对于学习过程,大学生要进行自我监控,不断修正学习计划,调整学习策略和方法,以找到适合自己的学习方式。除了第一课堂外,大学生还需要积极自学,进行知识拓展。

3. 要有问题意识,善于思考

大学的学习并不仅仅是掌握书本上的知识,学习不等于读书,对于知识需要有自己的思考,需要关心现实,需要培养问题意识。大学生要以问题为导向进行思考和钻研。大学生可以积极关注一些创新类的比赛,运用所学知识,结合社会实际,进行深入思考,寻求解决社会问题的新方法。

鲁迅先生曾说过,他把别人喝咖啡的工夫都用在工作上。大学学习阶段,大学生们可谓"恰同学少年,风华正茂",怀揣着梦想,有浩瀚的书籍引路,有老师答疑解惑,有同学可以碰撞思维火花,可以心无旁骛求知问学。此时不努力,更待何时?大学生应以积极的学习态度,勤于学习、善于思考,注重把所学知识内化于心,敢于发表自己的见解。除了学习外,大学生还需要关心国家、关心人民、关心世界,学会担当社会责任,将所学用于社会实践中。

【案例3-7】

自主学习,让他成为出类拔萃的高才生

我国著名数学家张广厚(1937年1月22日—1987年1月26日,河北唐山人),出生在林西一个普通农民的家里,7岁随父兄到矿上当童工,饱受艰辛,从

---

① 加涅.学习的条件和教学论[M].皮连生,等,译.上海:华东师范大学出版社,1999.

小立下壮志:一定要做个有文化的中国人。他以优异成绩考入北京大学数学系,刚入学时第一次数学分析测验仅得了"两分",但他毫不气馁,下决心要改变学习上的被动局面。他每天坚持学习和演算12个小时,有时一道难题要憋一两个星期才能做出来。在1年里,仅数学分析题就做了3 000多道。经过刻苦努力,坚持自主学习,在校期间他终于成为一名出类拔萃的高才生。①

二、制定学业规划

学业规划是指大学生对与自己职业目标相关的学业进行规定和计划。大一新生入学之后应进行学业规划,在分析个人性格特点、兴趣爱好、专业发展方向、以往学习习惯、外界环境的基础上,确定自己的学业目标,并做好安排和筹划。

(一)制定学业规划的依据

学业规划并不是凭空想象而制定的,需要有现实的依据。大学生制定学业规划,需要依据自我评价、专业认识和社会需要三个方面的因素。

1. 自我评价

马克思主义哲学原理告诉我们,事物的变化发展是内因和外因共同起作用的结果。内因是事物变化发展的根据,外因是事物变化发展的条件,外因通过内因起作用。因此,在学业规划过程中,个人的条件是需要考虑的重要因素。大学生应该对自我进行客观的评价,充分认识到自己的优势和不足,在此基础上扬长避短,确定出既能通过个人努力去完成,也可以提升自我的目标。在进行自我评价的过程中,可以通过360度评估即通过自我评价、家人评价、老师评价、同学和朋友的评价等多维角度进行较为全面的自我认知,也可以采用橱窗分析法进行深入的自我剖析。

2. 专业认识

大学生进行学业规划时不仅应该考虑到自身的状况,也需要考虑到所学专业的特点和未来发展方向。深入了解自己学习的专业,包括基础课程、选修课程以及专业所涉及的就业领域等。在此基础上,了解未来所从事的职业大致有哪些,并针对职业的需求,进一步确定需要拓展的专业知识。

3. 社会需要

大学生进行学习和未来的发展规划不仅仅建立在个人的兴趣爱好之上,还受到社会经济发展、时代需要等多方面因素的影响。不仅要考虑个人价值的实

---

① 敬枫蓉.规划引领人生——走进大学[M].2版.北京:科学出版社,2017.

现,还需要考虑社会需要。

2013年5月4日,习近平总书记在同各界优秀青年代表座谈时告诫青年同志,要把理想信念建立在对科学理论的理性认同上,建立在对历史规律的正确认识上,建立在对基本国情的准确把握上。当代青年必须牢固树立中国特色社会主义共同理想,牢记历史使命,敢于承担责任,为实现中华民族伟大复兴的中国梦不懈奋斗。"志当存高远"。一个人的理想志愿只有同国家的前途、民族的命运相结合才有价值,一个人的信念追求只有同社会的需要和人民的利益相一致才有意义。

(二)制定学业规划的意义

1. 为职业规划奠定基础

大学阶段是一个人成长和发展的重要阶段,也是个人职业生涯发展的知识、技能和心理等准备阶段。一般来说,个人的职业生涯发展分为职业准备与选择、职业生涯早期、职业生涯中期、职业生涯后期四个阶段[1]。在大学阶段,通过学业规划,树立规划意识、增强专业认知,是做好职业设计的准备。从往届毕业生的就业情况来看,大学中做好明确的学业规划并为求职做好知识和技能准备的学生,在求职过程中表现得更加自信,并且获得的工作机会也相对较多。学业规划,是大学生对自己负责的体现,也是对自己的将来负责的表现。

2. 有助于提升自我认知

一份完整、有效的学业规划书,可以看出大学生对于自身和社会的认识程度,有助于大学生进行深入的自我认知。在进行自身优劣势分析的情况下,通过4年的学习,发挥优势,提升不足,不断增强自身的竞争力。未对学业进行规划,"当一天和尚撞一天钟"的心态,在毕业时的焦虑会相对较高,甚至有个别同学没有按时完成学业。

3. 激发学习动力,防止消极情绪

经过高考的高压之后,听着老师和家人的"考上大学就好了"踏入校门,大学新生很容易陷入迷惘。数据显示,未进行学业规划的大学生,在空余时间忙于打游戏、追网剧,毕业时才发现成绩没有达到留学学校的要求,才急急忙忙备考雅思、托福,更有甚者,毕业时发现学分没有修满。大学生要认真制定学业规划,明确学习目标,激发学习动力,按照规划的节奏投身大学学习,也可以根据实际情况调整学业规划,更好地激发学习潜能。

---

[1] 敬枫蓉. 规划引领人生——走进大学[M]. 2版. 北京:科学出版社,2017.

（三）制定学业规划的步骤

做好学业规划，一般来说，有以下几个步骤。

1. 选定学业目标

（1）兴趣探索。大学生可以通过霍兰德职业兴趣测试等心理学测试进行自我探索，分析自己的兴趣爱好，明确自己未来想要做什么，或者对自己的毕业去向做个初步判断：就业、国内考研、出国留学还是考公务员？

（2）能力分析。学业目标与职业目标有一定的关系，每个职业都有知识和技能的要求。俗话说，知己知彼，百战百胜。对于自身的能力分析，有助于大学生有针对性地培养适合于未来职业的能力。

（3）行业发展预期。对于社会的发展和行业的动态，需要不断关注和把握。闭门造车，随心所至，就无法使自己成为社会和行业发展需要的人才。

2. 制定学业规划

大学生明确目标之后，可以制定详细的学业规划。学业规划与职业规划一致，也分为长期目标与短期目标。大学学业规划的长期目标是指 4 年学习的总目标，短期目标是指每一学年的学习目标。根据长期目标，制定细化的短期目标，促进长期目标的实现。值得注意的是，学业规划制定后并不是一成不变的，可以根据大学生成长的实际情况进行动态调整。学业规划的格式可以是表格，内容包括自我认知、专业认识、学业规划设计等方面。

3. 制定行动方案，合理安排学习时间

学业规划制定好了，还需要有细化的行动方案，具体到每天的行动。行动很重要，若没有行动，学业规划只是一张纸，无法发挥效能。在学习行动中，大学生以学业规划指引行动方向，合理安排自己的学习时间，并不断做出心理暗示，就会产生动力，以确保学业规划的顺利完成。

三、善于利用学习资源

大学学习，除了课堂教学外，大学生更需要利用学习资源自主学习。大学学习资源十分丰富，可以分为线上和线下两种学习资源。

（一）线下学习资源

目前，学校学生使用较多的线下学习场所包括图书馆、学业发展中心、实验中心以及各学院的实验室等。

1. 图书馆

学校图书馆由浦东校区、松江校区和徐汇校区三个部分组成，馆舍总面积

42 544平方米,阅览座位5 800余个。大学生凭借本人校园卡即可进入图书馆,开展学习活动。

图书馆是大学中重要的学习场馆,为大学生的学习生活提供支持。图书馆为大学生的学习提供空间:①自主学习,利用阅览室空间开展学习研究;②自由讨论,利用研讨室开展团队化学习;③参与管理,参与图书馆书库空间的管理;④查阅电子资料,通过电子阅览室查阅资料。

图书馆为大学生学习提供资源,有纸本书刊240万册,期刊1 440多种,以管理、经济学为特色,兼藏专业通识类文献。大学生可以进行借阅书刊,发现有趣、有用的书刊资源,也可以通过阅读学习,推荐图书馆购买资源,丰富图书资源。图书馆也会定期举行阅读活动。

2. 学业发展中心

学校学业发展中心设立在浦东校区学生活动中心一楼,致力于为大学生搭建学习交流的平台和学习空间(见图3-6)。学业发展中心通过多种指导形式,如面对面指导、讲座、经验交流等,帮助学生认真分析自身学习情况,有效解决自己学习方面的问题。

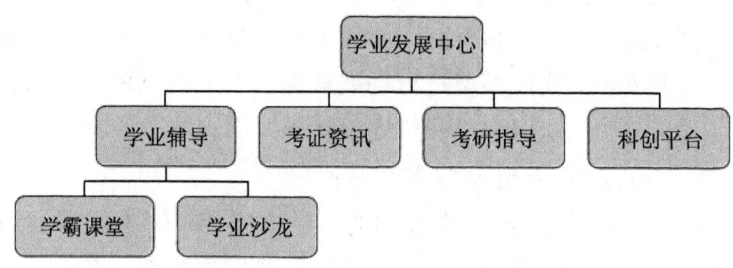

图3-6 学校学业发展中心架构

(二)线上学习资源

线上学习资源为大学生提供了信息量大、种类多样的学习平台。线上学习资源包括图书馆线上资源和易班优课平台等。

1. 图书馆线上资源

大学生可以利用图书馆的电子资源快速高效进行在线学习,可以通过图书馆网站进入到电子资源库。学校图书馆拥有数据库30余个,涉及电子图书、电子期刊、文献检索、事实数据、多媒体等类型。

大学生可以利用网站或者微信公众号进行资源借阅管理。若校外访问图书馆网站,需先登录VPN系统,并一直将VPN连通状态保持至数据库访问结束。VPN使用方法见图书馆主页"本馆公告",也可在图书馆微信公众号对话框回复"VPN"获得。在使用电子资源时,注意合理使用,注重版权。

【案例3-8】

抄袭他人作品成果①

2009年5月,东北财经大学出台的《东北财经大学学位评定委员会关于撤销袁新硕士学位的决议》指出,经查实,该校2005级统计学专业研究生袁某的硕士学位论文《山东省Feeep协调度研究》,系抄袭南京财经大学研究生曾某某的硕士学位论文《江苏省Feeep协调度研究》。除了江苏省被替换成山东省,论文的其他内容几乎完全一样。东北财经大学学位评定委员会于5月27日召开全体会议,根据《中华人民共和国学位条例》"第十七条"和《东北财经大学学位授予工作实施细则》"第五章第二十四条"的规定,决定撤销2007年第四次校学位评定委员会授予袁某经济学硕士学位的决议,并收回已发放的硕士学位证书。

学校的校训是"立信",注重校园诚信文化建设。学校大学生身为立信学子,需要把诚信放在第一位,进行电子资源学习时要注重合理使用和规范引用,注重学术诚信与学术道德。

2. 易班优课平台

易班是提供思想引领、教育教学、生活服务、文化娱乐的综合性互动社区。网站融合了学习、聊天、博客等功能,易班也支持WEB、手机客户端(APP)等多种访问形式。易班功能丰富,其中的"优课YOOC"网络学习平台为大学生提供了全国高校的课程资源和师生互动学习的课群功能。"优课YOOC"网络学习平台中设有"易班大学"和"易班学院"。"易班大学"是大学生职前教育的MOOC平台,汇聚全国优质的职前教育课程,帮助大学生提升职业素养和就业技能,课程包括学历教育、职业素养、资格认证、语言学习、生活兴趣和IT技能;"易班学院"拥有不同学科的课程,包括心理学、历史、经管等。在"优课YOOC"平台的"易班学院",大学生可以自主学习不同高校的课程,加入教师的课群②进行话题讨论、完成作业等,也可组建课群进行小组讨论,使用便捷。

---

① 网易教育频道专稿.近年来学术造假事件大盘点[N].网易,2014-08-25.
② 课群是易班"优课YOOC"平台核心教学管理系统,提供全套基于LMS(Learning Management System)的在线教学服务。课群内容包括课群话题、学前测评、课群课程、作业系统、在线考试、学习资料等内容。

【链接】

网络学习平台链接

1. 图书馆电子资源查阅方式

(1) 上海立信会计金融学院图书馆网址：http://library.lixin.edu.cn/。

(2) 下载超星移动图书馆客户端，选择"上海立信会计金融学院"，输入学号和密码进行登录后可使用。

(3) 关注"立信图书馆"微信公众号，了解图书馆各项活动的实时资讯，获取图书馆的各类文献信息服务。

2. 上海立信会计金融学院网络教学平台

http://lixin.fanya.chaoxing.com/portal。

3. 易班网优课网址

http://www.yooc.me；也可以通过微信扫码进入"优课YOOC"。

"学如弓弩，才如箭镞"。大学生正处于人生中最美好的时期，处于学习的黄金时期，应该把学习作为首要任务，作为一种责任、一种精神追求、一种生活方式，树立梦想从学习开始、事业靠本领成就的观念，让勤奋学习成为青春远航的动力，让增长本领成为青春搏击的能量。

本章思考

1. 你是否清晰自己的学业目标？掌握适合自己的学习方法？了解自己在学业方面尚存的短板？

2. 如何在4年学习生活中，将学习与立"鸿鹄志"紧密结合起来，提升自主学习能力，从解决"不愿学""不会学"到实现"为了理想学"？

3. 我的专业认识

我的专业认识（见表3-4）。

表3-4　我的专业认识

学科	我的专业是什么	
	一级学科是什么	
	二级学科是什么	
专业技能	我的专业课程有哪些	
	毕业时我需要掌握哪些技能	
职业规划	未来理想的职业	
	当前本专业就业市场前景如何	
	申请理想的职业我还需要具备哪些能力	

4. 请用大学角色平衡轮进行自测

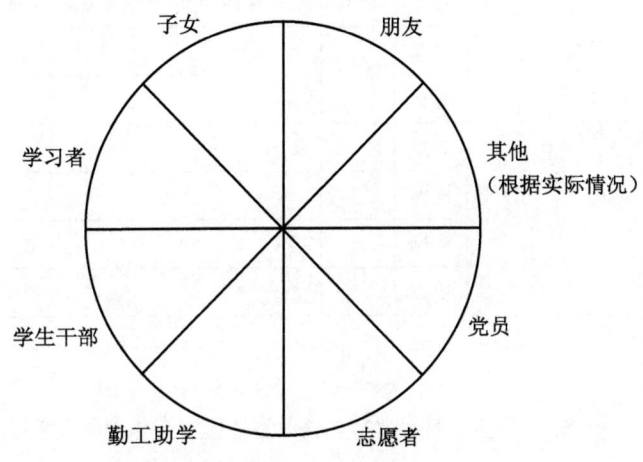

图 3-7　大学角色平衡轮

请在大学角色平衡轮(见图 3-7)上规划大学中的各种角色在你的大学生涯中所占的比重,用彩色笔画出各种角色所占的比重。角色可以根据自己的计划写上并有所调整,但学习者的角色一定要写,这是大学生的首要角色。每年可以重新进行大学角色平衡轮绘制,调整各部分在生活中的比例,让角色之间平衡,找到更适合的角色状态。

5. 请制定大学学业规划书。

大学学业规划书(见表 3-5)。

表 3-5　大学生学业规划书

班级：　　　　　　学号：　　　　　　姓名：　　　　　　填写日期：

（一）自我评估

自我评估	兴趣与爱好	（可根据霍兰德职业兴趣测试）
	性格与个性	
	特质与特长	
	意志力状况	
	职业价值观	
	职业兴趣、志向、需求	
	个人弱点、缺点	

(续表)

		称谓	姓名	对你的评价与期望(家人、老师、朋友等)
社会评估	对你影响最大的人	父亲		
		母亲		
		亲戚		
		同学		
		老师		
		朋友		
职业倾向测评	<u>注意:可根据学校职业测试或易班优课的在线测试等填写</u>			

(二) 专业认识

所学专业	
专业就业方向	
往届毕业生就业行业	
往届学生辅修的专业	
往届学生考取的证书	

(三) 环境与职业分析

家庭环境分析	经济条件、状况	
	教育背景	
	人际关系	
校园环境分析	学校	
	学院	
	班级、寝室	
社会环境分析	社会政治、经济形势	
	对人才素质的要求	
	对专业技能的要求	
	对职业资格要求	

(续表)

社会环境分析	岗位工作状况	
	岗位的收入状况	

（四）大学期间学业生涯规划

1. 总目标规划

	规划内容	达到的目标	途径和措施	完成时间
智育方面	专业成绩（GPA）			
	计算机能力			
	外语能力			
	技能水平			
	其他能力			
德育方面	人格品质修养			
	身心健康调节			
	沟通交际能力			
	文体活动能力			
	其他能力			

2. 大学生4年的学业规划

（1）一年级规划。

学业规划具体内容（可根据实际情况调整）	完成时间	验收实施情况
从自身角度、从别人角度全面认识和评估自我		
了解专业和职业，培养专业兴趣和职业意识		
明确本专业的学习要求，制定和实施专业学习、实践计划		
明确大学期间的计算机、外语及其他能力要求，制定学习规划		
注重拓展个人综合素质，针对性参加各类社会实践活动		

(2) 二年级规划。

学业规划具体内容(可根据实际情况调整)	完成时间	验收实施情况
明确专业学习兴趣,确定专业学习方向		
不断探索适合个人学习的新方法、方式,提高学习效率		
基本完成专业基础课程学习,掌握基本的理论知识和技能技巧		

(3) 三年级规划。

学业规划具体内容(可根据实际情况调整)	完成时间	验收实施情况
进一步明确社会对本专业的能力要求,有针对性的强化专业学习和实践训练		
为技能考核做准备,并获得各类资格证书		
为计算机、外语考试等做准备,并获得相应的资格证书		
积极参与社会实践活动,培养职业适应、社会实践等能力		
在社会实践中强化个人责任意识,提高抗挫、抗压能力		

(4) 四年级规划。

学业规划具体内容(可根据实际情况调整)	完成时间	验收实施情况
收集各类就业信息,关注职场机会,初步确定个人就业目标		
完成各类课堂学习,做好毕业设计(论文)及考研工作		
积极参加各类招聘活动,寻求合适工作岗位		
顶岗实习,积累职业经验,开启个人职业生涯		
在实践中检验个人综合能力,逐步完成踏入社会前的观念转变		

(五) 学业规划动态调整与评估

(根据自身情况进行调整并注明原因)

第四章
塑造健康人格

在生活的洪流中,没有人是毫无烦恼的。

——卡尔·荣格

第一节　大学生心理健康概述

一、心理健康的含义

什么是健康?人们普遍认为"没有病痛和不适就是健康"。但现代医学认为,人的身体疾病的发生与发展对个体的情绪、人格等心理有很大的影响。一个人在遭受重大刺激,心理上遭到严重创伤时,会本能地产生一种应激反应进行自我保护,但是如果这种刺激强烈而持久,就有可能导致机体疾病的产生,甚至精神崩溃,也就是我们常说的精神失常。1948年联合国世界卫生组织提出了健康新概念:健康是一种生理、心理和社会适应都趋完满的状态。具体来说,精力充沛,能从容不迫地担负日常工作和生活;积极乐观,心胸开阔,勇于承担责任;情绪稳定,善于休息,睡眠良好;自我控制能力强,善于排除干扰;应变能力强,能适应外界环境的各种变化;眼睛有神,牙齿清洁,无出血现象;体重得当,身材匀称,步态轻松自如。

由此可见,健康同时包括了生理健康和心理健康两个方面,没有疾病仅仅是健康的最低要求,一个人只有生理、心理和社会适应都处于完满状态,才是真正的健康。

健康是生理健康与心理健康的统一,两者是相互联系,密不可分的。

第三届国际心理卫生大会对心理健康的定义是:心理健康是指在身体、智能以及情感上与他人的心理健康不相矛盾的范围内,将个人心境发展成最佳状态。具体表现为：
（1）身体、智力、情绪十分协调。
（2）适应环境，人际关系中能彼此谦让。
（3）有幸福感。
（4）在工作和职业中，能充分发挥自己的能力，过有效率的生活。

由此，我们可以看出，心理健康不仅代表着内在和谐、无心理疾病的状态，也意味着根据环境变化，对各种状况进行自我调整、积极发展的能力。我们每个人的生活都不是一帆风顺，都会面临顺境与逆境，因此，心理健康也不是只有正面情绪，没有"负能量"，而是随环境改变而不断变化的。对各种正面与负面情绪都能适度表达，会因为值得开心的事情而高兴，因为受到打击而失落难过，对各种刺激产生的反应是恰当的，这就是心理健康的表现。

心理健康也意味着内部心理活动的协调。这种协调包括个人能力与理想、期望之间的协调，心理活动与个性特征、价值观念的协调以及心理活动与外界环境的协调。一个心理健康的人，能够知道并理解外界环境的特点与要求，也能了解自己的能力、特点与个人需要，并能够在这两者之间达到平衡，有效地融入并适应身边的环境。我们追求心理健康，不是要让自己成为"完美"的人，而是更好地认识自己的长处与局限性，让自己与他人、与环境和谐共处的同时也保有自己的个性与个人空间。

二、大学生心理健康的判断标准

心理健康的标准不像生理健康的标准那样具体、精确和绝对。心理健康与否、正常与否的界限是相对的，是一个连续体的两端，没有绝对的分界线。心理健康有四个标准：一是经验标准，即当事人按照自己的主观感受来判断自己的健康，研究者凭借自己的经验对当事人的心理健康进行判定；二是社会适应标准，以社会中大多数人的常态为参照标准，观察当事人是否适应常态而进行心理是否健康的判断；三是统计学标准，依据对大量正常心理特征的测量取得一个常模，把当事人的心理与常模进行比较；四是自身行为标准，每个人以往生活中形成的稳定的行为模式，即正常标准。

大学生正处于成年早期，有着较高知识层面与学习能力，有着独特的发展目标与群体特征，大学生的心理健康标准主要体现在以下几个方面：

（1）学习方面，具有较强的求知欲与浓厚的学习兴趣。在大学阶段，学习仍是生活中的重要主题。具有健康心理的大学生能够发现并保持对学习的兴趣，不断探索、明确自己的学习目标，并能从学习中获得乐趣与成就感，使自己的大学生涯充实有意义,不虚度时光。

(2) 生活方面,具有独立生活的能力。对于许多大学生而言,大学阶段是离开父母独立生活的开始,也是从需要他人照料的未成年人到凡事自己做主的成年人的过渡期。独立生活不仅意味着在家务方面具有相应的自理能力,也包括合理安排自己的时间与精力,遇事能够自己决断并负责,成为一个能够照顾好自己的人。

(3) 具有完整统一的人格。人格是个体比较稳定的心理特征的总和。人格完整统一,就是指构成人格的气质、能力、性格与理想、信念、人生观等方面均衡发展,不存在明显缺陷与障碍;所思所想与言行是协调一致的,不存在自相矛盾的部分。

(4) 具有正确的自我意识。自我意识是人格的核心,是人对自己以及自己与周围世界关系的认识与体验。健康的自我意识,应当有客观准确的自我评价,喜欢自己、接纳自己的优势与不足。根据美国心理学家罗杰斯的人格理论,我们每个人的自我都包含"理想自我"与"现实自我"两部分。不过分苛求自己,不妄自尊大而盲目挑战超出自己能力范围的事情,也不妄自菲薄,轻易放弃自己本可以做到的事情;努力达到理想自我与现实自我的平衡,就是自我健康发展的方向。

(5) 情绪健康,具有良好的情绪调节能力。心理健康的大学生大多数时候是情绪稳定的,情绪的基调是积极乐观、开朗自信,对生活充满希望的。情绪与环境协调一致,在面临压力与挫折时,能适当表达与宣泄自己的负面情绪,不过分压抑,也能够善用自我与外界资源,及时调节、疏导,不沉湎其中。

(6) 具有良好的社会适应能力。社会适应是指个体能够与客观现实环境保持良好的互动关系。心理健康的大学生能够正确认识环境,当环境变化、出现困难时能有效应对,不退缩、不逃避、不怨天尤人,能够根据环境特点与自我状况进行协调,以适当的方式改变自己或者改变环境,达到社会适应的目的。

(7) 具有良好的人际交往能力与健康的人际关系。在大学的集体生活中,拥有并维持良好的人际关系是非常重要的。心理健康的大学生乐于与人交往,有知心好友;在人际交往中能够保持自我独立而完整的人格,不卑不亢;能够客观评价自己与他人,不随波逐流、人云亦云;善于取长补短,乐于助人,宽以待人,交往动机端正;在人际交流中能够以适当的方式表达不同意见,化解冲突与纠纷。

(8) 心理与行为符合大学生年龄特征。心理健康的大学生应具有与同年龄多数人相符合的心理行为特征,不过度"幼稚"或"老成",偏离自己的年龄与角色。

可以看出,大学生的心理健康标准既有普适性,也有独特的部分。与普遍的心理健康标准相比,大学生心理健康的实质并无不同,都是"爱自己、爱他人、爱工作、爱生活"。不同的是,大学生心理健康标准是针对大学生这一群体而言的,适用于大学生的判断标准不一定适用于其他群体,适用于其他群体的标准也不一定适用于大学生。大学生处于一个特定的发展阶段,也会面临一些该阶段特有的心理问题,如生活适应、职业发展与规划等问题,这些问题也是我们判断一个大学生心理健康与否时需要特别关注的。

三、当代大学生心理健康现状

(一) 当代大学生理特征

当代大学生一般是 18~23 岁,此时经过青年初期的迅速发展,生理发育逐渐缓慢直至停止生长。其特点是生理发育趋于平缓和成熟,身高、体重等基本生理指标处于平稳状态。同时性的发育处在成熟和完善阶段。大脑及神经系统已基本发育成熟,大脑皮质的兴奋与抑制已具有较好的平衡性,智力的发展水平正处在人生发展的最佳时期。这个阶段,正是人体机能旺盛,生机蓬勃地进入成人阶段的前夜。

(二) 当代大学生心理特征

1. 认知行为风格

当代的大学生多出生于千禧年前后,受到科技发展的影响,他们长成了不折不扣的"N 世代"(The Net Generation),网络深刻影响了这代人的认知风格。

在孩提时代就接触了丰富的多媒体载体(手机/电脑/ipad 等),视觉图像取代了文字成为了主要的刺激形式,因此"N 世代"的思维是超文本式的,跳来跳去,这种认知结构好像是平行的,不是按顺序来的,通过视觉图像学习的效果也比通过文字图像学习的要好。丰富的多界面操作程序的经验,也提高了"N 世代"的注意广度,赋予了一心多用的能力。此外,因为电子游戏着重体现交互式刺激与即时反馈,处理信息的速度大大增强,因此"N 世代"也需要外界对他们的想法或是行为尽快做出反应,某种程度上可能是"缺乏耐心"的一代。

2. 人格特征

教育工作者近些年发现,现今的大学生崇尚的不再是传统观念里的"温良恭俭让",他们强调公平竞争与个性表达,这点也已得到实证支持[①]。大学生群

[①] 田园,明桦,黄四林,孙铃. 2004 至 2013 年中国大学生人格变迁的横断历史研究[J]. 心理发展与教育,2017,33(1):30-36.

体正变得更外向、开放、严谨,同时也越发情绪化,女生也不像从前一样必须符合"温柔体贴"的传统社会性别期待,渐渐展现出自己刚强坚毅的一面。

在关系中依赖性强,相对敏感脆弱的特质在近些年的实务工作中渐渐浮现,这往往与不安全的依附类型相关[1]。一部分人主张,这一定程度上是由于我国的人口政策造成的,90后在家庭中集万千宠爱于一身,故无法经历关系中的挫折[2]。但更多人认为,这一现象应广义地归因于少子化的大环境,而非某一政策[3]。优生优育观念被当下绝大多数家长所接受,单一儿童在成长过程中得到的关注与资源势必提高,这是人口发展的必然结果。

3. 其他表现

1992年,英国人类学家罗宾·邓巴提出,包括高中时代的朋友和你想再见到的人在内,一个团体的自然大小应该是150人左右,这个限制不仅仅是大脑决定的,也与我们一对一的社交方式有关。但随着社交网络的诞生,这个限制被打破,我们得以大大拓展我们的朋友圈。随着便利而来的也有弊病,我们是通过语言进行社交的,可圈子虽然能大一些,但是每次说话的对象还是有限的。雨露均沾势必也会造成社交的扁平化,所以现在的大学生可能在微信上有上百的好友和群组,但真正需要陪伴时却找不到贴心的朋友,"御宅族"的亚文化群体的崛起也可以视作这一效应的产物。

网络改变的不仅有人们的社交形式,也更新了新一代对权威的态度。传统的印刷和电视媒体等级森严,反映着上位者的价值观,他们都是由上而下的组织,而新媒体则由所有用户掌控,是个自下而上的组织,这是新一代的关键,年轻人头一次掌控了通信革命的关键因素。一些教师与上司无奈地发现,只要年轻人愿意,他们可以质疑"权威"的每一句话,并主动地搜寻资料予以查证,我们似乎除了全然诚实并坦白,就没有别的选项了。

综上,这些新时代的大学生,他们非但没有成为部分媒体口中"垮掉的一代""被宠坏的一代",反倒在一些领域呈现出更出众的能力与特质。所谓"离经叛道""上下不分"的世代标签,也只是个体与环境不适配的结果。时代的快速发展加剧了代际差异的拉大,也为教育工作的开展提升了难度,现在的大学生

---

[1] 张云喜.90后大学生父母教养方式、成人依恋与孤独感的关系研究[J].社会心理科学,2013(2):73-77.

[2] 余银,刘艳,郑海英,程淑英,马红霞.大学生成人依恋、人格特质对人际困扰的影响[J].中国健康心理学杂志,2014(5):776-778.

[3] 孙远,桂莎莎.大学生依恋现状及其与自尊、人际关系的研究[J].中国健康心理学杂志,2012,20(4):567-569.

在数字化的21世纪里长大,但教育系统里的一些制度和安排却是为工业时代设计的。教育工作者只有真正了解现在的大学生,才能更顺利地使其成长,成为社会发展的坚实助力。

四、影响心理健康的因素

(一)影响心理健康的因素分析

影响心理健康的因素是多种多样的,同健康的影响因素一样,有来自生理、心理和社会诸方面的因素。了解这些影响因素,对心理健康的预防与促进具有重要意义。台湾心理学家柯永河教授提出了一个心理卫生公式来阐明这些因素:

$$症状出现率 = \frac{内外压力总和}{自我强度}$$

可见,心理健康程度与自我强度呈正比,与内外压力呈反比。

1. 外压力

外压力是指外界环境中存在着不良的应激源,形成一种压力,对人的心理产生影响,它包括生理性、心理性以及社会性的应激源。生理性应激源有生活环境中不适当的温度、湿度、照明、空间和噪音等刺激,长期作用会导致人的生理上难以忍受,并影响到情绪和行为。心理应激源中,不良的人际交往是最重要的,人际之间的关系不协调,会导致人的心理不平衡,当遭受他人冷落和讥笑时,心理压力加剧,如果对方也性格古怪,脾气暴躁,情绪多变,更会使应激源的强度增加。社会性应激源中,社会文化背景的不良或变化过分强烈,会形成巨大的压力,使人难以适应社会环境,产生不良的情绪体验。社会性应激源有很多,如家庭的突然变故、亲人的去世、父母的离异与再组、经济状况的改变、住房搬迁、制度变更等。

2. 内压力

内压力是指人的身心需要未能满足,产生了挫折感,形成一种内部压力,影响到情绪和行为。人的身心需要包括很多方面。在生理需要上,需要一定时间的睡眠和休息,需要合理营养,需要适当的运动。在心理需要上,需要一定的安全感和受到保护,需要爱情,需要自尊,需要公正与合理的评价并被他人所接受,需要独立,需要成功。这些身心需要如果长期得不到满足,行为的动机不能实现,会产生强烈的挫折感,内压力加大,最后出现一系列心理问题。

3. 自我强度

自我强度是指个体应对内外压力的能力,这种能力与人的身心素质有关。

由于遗传和环境条件的不同,人的身心素质在个体间差异很大,如躯体健康者能正确感知和判断外界刺激,作出恰当反应;而患病者体质虚弱,精神萎靡,感知与判断力下降,对环境不适应。个性中的气质特征对自我强度有明显影响,如有的人灵活,行动迅速果断,对周围环境刺激敏感,很快作出反应;而另一些人行动迟缓,反应慢,沉默寡言,或是注意广度和持久性低,反应强烈,手脚不停,易分心,也难适应环境。另外,性格、能力、兴趣爱好、价值观念等都对自我强度产生影响。

(二) 影响大学生心理健康内外因分析

心理健康是一个复杂的动态过程,影响大学生心理健康的因素也是多种多样的。总体来说,大学生的心理健康状况是其内在心理成长特点与外界环境因素共同作用的结果。

1. 内因

1) 大学生心理发展的过渡性

大学生正处在青少年—成年的过渡阶段。从心理发展过程来看,大学生作为高知群体,认知水平在同龄人中是较为完善、相对领先的。认知的核心要素——思维也基本完成了经验型向理论型的转化。而在情感方面,大学生从青春期更多的体验激情、寻求刺激逐步过渡到富于热情,同时也有一定的冲动控制能力;但情绪易感性仍然较强,较为敏感。从个性发展来看,大学生的性格、能力等都更加稳定成熟,理想与自我实现也成为大学生在这一阶段的主要目标。

2) 大学生心理发展的矛盾性

经过青春期的剧变,大学生的生理已为步入成年做好了准备,但由于中学阶段普遍更重视学习,对心智的发展与成熟(尤其是情绪情感方面)重视程度还尚显不足,大学生的心理、社会性发展普遍滞后。此外,根据埃里克森的人格发展理论,大学阶段的主要发展目标是建立自我同一性,并在此基础上建立亲密关系。大学生渴望独立、自我实现,却还不得不面对经济不独立、难以得到认同的境况。在这一过程中,大学生处于"心理断乳期",失去了来自父母、老师的约束,自律还尚未充分形成,这些矛盾局面如果处理不好,势必影响大学生的健康成长。

青年期是人生各种心理品质全面发展、急剧变化的时期,大学生在这一时期心理发展存在不稳定的问题,如在认知方面容易偏执,情绪容易在高涨与失落两极之间摆荡,在意志方面不够坚定,对一些情形的收益与风险缺乏判断力,难以抵挡诱惑;如果受到环境中负面因素的影响,更容易误入歧途,如近年来愈演愈烈的"校园贷""大学生身陷传销""软性毒品"等。但这也意味着大学生的心理发展有很强的可塑性,如果在这一阶段加以引导,培养积极向上的个人信念与成熟的应对方式,就能够让更多大学生健康成长,以更为成熟、游刃有余的心态步入社会,避免悲剧的发生。因此,大学期间对心理健康的"补课"也更加重要。

2. 外因

1) 生物遗传因素

首先,生物遗传因素是影响大学生心理健康的先天因素。虽然人的心理活动不能遗传,但心理活动的生理基础是受遗传因素影响的。一个人的体型、气质、神经结构、能力和性格的某些成分都受到遗传因素的明显影响。统计数据与临床观察都表明,在精神疾病患者的家族中,其他成员患有精神疾病或某些心理异常的概率要显著高于无家族病史的人。

其次,脑外伤、中毒或病毒感染等也有可能造成脑损伤而导致器质性心理障碍或精神失常。如酒精中毒、煤气中毒、某些药物中毒可以对中枢神经系统造成伤害,出现心理障碍。

此外,严重的躯体疾病或生理机能障碍也可能成为心理障碍的致病原因,如甲状腺机能低下可导致感觉迟钝、思维迟滞、情绪低落等类似抑郁的表现;反之,甲亢则可能导致情绪高涨、精力活跃、易冲动等异常表现。因此,对大学生心理问题的关注与干预不能忽视生物遗传因素的影响。

2) 家庭因素

家庭是每个人出生和成长的地方,个体的心理发展离不开家庭的塑造作用,大学生也不例外。家庭对大学生心理健康的影响主要来自家庭结构、教养方式、家庭经济状况等方面。

我国大学生常见的家庭结构有以下几种类型:独生子女家庭、多子女家庭、单亲家庭、留守儿童家庭等。不少研究表明,家庭结构对大学生的心理健康有重要影响。不同家庭结构的大学生容易出现的典型心理问题也有所不同,如多子女家庭往往比独生子女家庭面临更重的经济负担与养育压力,而独生子女家庭则更容易出现父母溺爱而导致抗压能力不足,对困难与挫折的承受能力低等问题。在单亲家庭、留守儿童家庭中成长的孩子由于缺失正常的亲子依恋关系,心理更加脆弱、敏感,容易出现心理健康问题,如抑郁、焦虑、敌对等,遇到困难也更少采用积极的应对策略。

父母是孩子的第一任老师,父母的教养方式也会直接影响到子女的为人处世与应对风格。无论是过度保护还是过分严厉的父母都会影响子女的独立性和自信心的发展,导致人际与社会适应问题。

家庭经济状况也会间接影响大学生的心理健康。大学不属于义务教育阶段，需要大学生自己承担学费。对于家庭经济较为困难的大学生，除了需要承担经济压力之外，同学之间的互相攀比，也容易使他们形成负面的自我评价；而富裕家庭的学生则容易产生盲目的优越感。这都是不利于心理健康的。

3）学校环境因素

校园是大学生学习与生活的重要场所，学校环境因素也会进一步影响大学生心理健康。好的校园氛围能够促进大学生的健康成长，而大学生活中的各种变动也会成为压力的主要来源。

首先，进入大学意味着学习生活环境的改变。大学生活是独立的但又是集体式的，既需要自己安排衣食住行、学业与课余生活，又要调和与室友之间的关系。许多大学生第一次离开家庭，自理能力不足；与室友之间也可能因为地域差异、生活习惯等原因产生摩擦。对学校环境适应不良，很容易让大学生陷入孤独、落寞、无力无助等负面情绪。

其次，进入大学也使得人际关系模式变得更为多元。同学之间的合作与竞争并存，在学业、择业等方面直接的竞争压力更大；师生关系也变得更加平等、更多交流。此外，恋爱、亲密关系也是大学生人际关系的重要主题，恋爱受挫也是许多大学生不得不面对的打击。如果社交技能不足，缺少适当的人际关系策略，就会更容易在人际关系中遇到挫折，也更容易一蹶不振。

4）社会环境因素

大学是步入社会的准备阶段，社会环境，尤其是社会文化与就业形势对大学生的心理发展也有一定影响。近年来，随着互联网的飞速发展，各种文化形态与潮流都显得繁荣而又触手可及。大学生作为社会中最活跃、最敏感的求知者，往往对这些变化更为敏感，如果缺乏成熟、坚定的判断力，也更容易受到一些极端思想的影响而变得偏执，或是在众多思潮中迷失自我。而在就业形势方面，随着高校扩招与就业制度改革，大学生的就业竞争变得更加激烈。大学生找工作时难免受挫，如果不及时调整心态，也很容易在择业期间陷入焦虑、患得患失，难以自拔。

总体来看，大学生心理健康受到内外两方面因素的影响。对于大学生来说，无论是自身发展特点还是外部环境因素，都预示着大学阶段是一个不平静的时期，学业、生活、人际、情感各方面压力与挫折都是不可避免的。正因如此，充分了解这些可能的压力来源，并及时调整自己，积极应对，才是保持心理健康的不二法门。

第二节 大学生心理危机

一、大学生心理危机概述

人的一生难免会遇到各种危机,意外、疾病、亲人离世、失业……这些都会给我们带来冲击,考验着我们的承受能力。有些人在危机面前一蹶不振,有些人运用自身智慧转危为安,甚至化危机为转机,用实际行动丰富了自己的人生。

(一)心理危机的定义

学术界一般认为,每个人的内心都会自发地维持一个稳定的状态,力求自身能够适应外部环境的变化。但当出现的困难情境是他先前处理问题的方式及其惯常的支持系统不足以应对时,应对要求超出了他的能力,这个人就会产生暂时的心理困扰,这种暂时性的心理失衡状态就是心理危机。

(二)大学生心理危机的表现

危机发生后,个体会在躯体、认知、情绪、行为等方方面面发生变化。在躯体方面,当事人会产生疲劳、失眠、头痛、做噩梦、易受惊吓等。在认知方面,在危机状态时注意力聚焦在急性悲痛中,导致知觉与记忆改变。在情绪方面,当事人常出现害怕、焦虑、忧郁、悲伤、易怒、绝望、否认与不安等情绪。在行为方面,当事人不能完成职业功能,不能专心学习和履行家庭责任;与人隔绝,或采取不同寻常的努力以使自己不孤单,变得令人生厌或具有粘着性;与社会联系遭到破坏,感到与人疏离,可能发生对自己、对周围的破坏行为并以此作为解决问题的最后努力;拒绝帮助,认为受助是自己软弱无力的表现,其行为和情感状态是不一致的;还会出现一些其他平时不多见的行为。

从过程上看,个人在危机发生后可能会出现如下一系列反应:

(1)事后震惊。这是指危机过后,经历危机的人可能产生的一种潜在反应,表现为:周期性或持续性的颤抖;心烦意乱,心不在焉;极端不安和精神恍惚;精神混乱。

(2)责难。责怪自己或责怪他人。

(3)内疚和焦虑。面临危机时,个体可能因为害怕、恐怖和忧虑而感到不知所措。紧张的情绪导致他们以一种坐立不安的方式行动,这在日常生活的坐、站、步行中可以得到证明。伴随焦虑一同产生的心理症状包括多汗、头痛、心悸、胸痛、战栗、头晕眼花。焦虑使他们不时思索、幻想、睡梦中反复体验创伤经历,一般的事件被夸大了,并被设计得特别严重,似乎是不可克服的。

（4）抑郁。人们在面临危机时往往表现得很抑郁，这种情况下的个体在认知上会表现得很无助，会认为无论是谁，无论采取哪种手段都无法摆脱这种情况。

（5）逃避和专注，并有假装适应的反应，是所有心理危机的反应中最敏感的。这些人表面上好像都很成功地驾驭了压力和创伤。假装适应是一种由潜抑、否认与合理化等防御机制综合构成的脆弱防御，假装适应的人很少主动寻求帮助。

（6）休克。人们可能被创伤事件弄得不知所措，感到麻木茫然，这会在他们的外部行为上表现出来，经常眼神呆滞，说话时恍恍惚惚，难以集中注意，走路僵硬，并且极易受到暗示。

（7）寻求改变。危机中的个人虽然对事件的不确定感到很难受，处理问题的能力也因此受限，但也不会坐以待毙，也想获得外界的帮助，寻求摆脱困境的方法，只不过常常采用一些不当的方式来处理问题。

二、大学生常见心理危机

对大学生心理危机进行分类，按不同的标准，可以有不同的分类。按引起大学生心理危机的主要原因，可将大学生心理危机分为适应危机、学习危机、恋爱情感危机、人际关系危机、网络成瘾危机、就业危机、综合危机。

（一）适应危机

适应危机是指大学生对新的学习、生活、人际关系等环境不适应，从而形成的心理失衡状态。对于刚入学的新生来说，要先完成中学生到大学生的角色转换，适应大学环境。大学的管理与中学的管理有很大区别，需要学生有较强的自管、自控、自理、自律能力，一旦欠缺这些能力，就难以适应环境，就容易引起厌学、人际关系紧张等问题，因而环境适应不良是引发新生心理危机的主要原因之一。此外，非沪籍新生不光要面对上述的环境转变，更要适应新的气候、饮食、地域文化与其他诸多生活改变。

（二）学习危机

学习危机是指大学生在学习过程中发生并主要表现在学习动机、学习方法、学习情绪等非智力要素上的问题与困难。这些问题不仅对学习本身造成不良影响，也会间接影响大学生的身心健康。

大学生的学习动机缺乏，会妨碍新环境下学习活动的正常展开，进而严重影响学习效率和质量。在高中阶段，一些教师和家长为了激发考生的拼搏精神，常常会说一句话："现在努力奋斗一年，考进大学就轻松了。"这句话在当时或许可以一时激发学生的学习动机，但给学生造成了错误的暗示，导致一些学生进入大学后产生了"大学就该好好放松"的想法。实际上，大学只是提高了学习的自主性，弱化了强制性，在难度上反而更具挑战性。带着对大学学习的误解，一些大学生很容易产生学习动机的"真空期"，对学习产生迷茫、排斥甚至厌恶的情绪，行为上出现翘课、逃学，如果此后还对因此产生的学业暂时落后采用错误归因的话，很可能造成学习动机的进一步下降。

学习危机和学习障碍的更多介绍可以参考本书第三章相关内容。

（三）恋爱情感危机

埃里克森的人格发展阶段论认为，成年早期（18～25岁）的个人主要任务是在恋爱中建立一段真正亲密无间的关系，没有类似经验的人很可能会在今后的人生中离群索居，回避与人亲密交往，最后形成孤立感。

恋爱情感危机关注的是特定的亲密关系场景，如过度追求与分手。我校女生总数多于男生，而且女性无论是在关系暴力还是性暴力中，绝大多数扮演了主要受害者的角色，因此这部分更多从女性视角探讨如何应对恋爱情感危机。

1. 过度追求

双方当事人对关系互动的感受落差较大，而追求者的认知及手段与一般人有所差异，且追求行为长期并持续地影响了被追求者的日常生活，造成被追求者的困扰，这种情况就是过度追求。

当今的大学生受影视作品的影响较大，在追求心仪的对象时，认为只要持之以恒，就能打动对方，得偿所愿。在这种想法的驱动下，置对方的反应于不顾，甚至不惜采用跟踪、站岗等明显不恰当的追求方式。近几年还有一种较难以被觉察的过度追求形式，那就是公开表白，在公众的注视下向对方告白。事实上，被告白者（多为女性）在这种情境下很可能受到围观大众既有期待的挟持，做出不符合自身感受的选择。我们必须明确一点，表白应该是最终胜利时的号角，而不应该是发起进攻的冲锋号。上述不恰当的追求行为，可能会构成性骚扰，但却常常被忽视。面对无好感对象的追求，拒绝的态度要委婉，言辞表述要明确，处理要小心，且不要接受对方赠予的礼物。面对明显失当的追求行为时，不要害怕退缩，如有必要应搜集证据并对外求助。

若要安全有效地拒绝追求者，必须以诚恳明确的态度说"不"，不能表述含糊，闪烁其词，让对方听不懂或觉得还有机会。但是拒绝对方的同时，也要考虑对方的感受，有风度地找理由婉拒，给对方台阶下，让对方保有尊严。例如："你人不错，但不是我喜欢的类型，谢谢你对我的欣赏，我们可以做普通朋友""我已经有喜欢的人了，很抱歉我不能做你的女/男朋友，多谢你的欣赏，祝你幸福"

"我现在暂时不考虑恋爱这些事,祝你能找到合适的人"。

2. 分手

我们时常听闻校园中由学生情感失落或分手而引发的一些事件。在大学生活中,发展建立一段亲密关系固然很甜蜜,但也需要承担可能由分手引发的负面影响。

一般来说,受到情伤的人可能会出现不自主流泪、生活步调紊乱、失眠、头痛等现象,严重者还会自伤或是伤害他人。主动提出分手一方比较难处理的是歉疚感,被分手一方的困扰会比较严重,也更复杂,但大体上会表现为难以处理自我存在的价值与重新和自我相处的能力。

分手对女性来说具有一定程度的危险性。所以我们认为,分手前应注意"三不""三要":不要在深夜谈分手,不要挑没有旁人的密闭空间、不要用分手作为操控对方的手段;要预演分手的状况并选择适当的分手方式和措辞,要将谈分手的时间地点告诉自己信任的人,要以温和但坚定的耐心和尊重彼此的出发点听完对方的话。

【拓展阅读4-1】

同 性 恋

同性恋,亦称为同性向、同性爱,是以同性为对象建立起亲密关系,或以此性取向作为主要自我认同的行为或现象。

性取向是个体对特定性别的人,感受到的持久性情感、爱慕或性吸引力。目前尚无研究能够明确证实性取向是如何导致的。但数篇生物学理论研究论文指出,性取向的形成可能涉及基因或子宫环境等生物因素,并在生物因素(基因、激素)和非社会性的环境因素的共同作用下形成。现有证据表明,绝大多数拥有女同性恋和男同性恋取向的成年人,是由异性恋父母养育的。女同性恋和男同性恋父母抚养的孩子绝大多数会成为异性恋。科学证据不支持"可以通过社会性手段教导或学习以改变性取向"的说法。1999年11月,美国心理学会及美国精神医学学会等机构发表报告指出,改变性取向会导致焦虑和罪恶感,成功改变的可能性几乎为零。

科学研究已证实同性恋是人类性欲的自然展现形式之一,同性恋与异性恋、双性恋相同,本身不造成任何心理伤害。中国于2001年发行的《精神病诊断和统计手册》将同性恋从名单项目中取消。中国精神病学协会8 000名成员认为,同性恋是正常现象,也能过着完全正常的生活。

根据卫生部2004年公布的《同性恋白皮书》,国内当时处于性活跃期的男同性恋者是500万~1 000万人。根据青岛大学张北川教授2011年的统计数字,中国大陆15~65岁的同性恋人数约在3 000万人,其中男性2 000万人,女性1 000万人。

(四)人际关系危机

大学生的人际关系危机多源于他们对人际的认知存在以下四点误区。

(1)大学生大多缺乏足够的经历,缺乏对事物本质的把握,故而容易对人际的认知过于理想化,用理想化的尺度来衡量现实,对人际交往产生过高的预期。在新生对大学的众多憧憬中,也包含着对大学内全新人际关系的憧憬,预想中的大学人际关系应该是更成熟的。这使得他们对校园人际关系的复杂多变缺乏足够的心理准备,容易产生人际困扰[1]。一旦人际关系中出现小波折,很可能就会极大地降低对这段关系的满意度,呈现出两极摆荡的认知风格。

(2)大学生在认识自己的人际关系时,容易呈现出特定的归因偏差甚至谬误。一项针对大学生人际关系敏感与归因风格关系的研究发现,关系敏感的学生对关系失败倾向于外归因,在个性上具有情绪不稳定、内向、孤独等特点[2]。另有调查结果显示,大学生对自己的人际关系总体归因偏向内控型,但对关系失败的归因却表现出外控倾向;文科生较理科生更为外控,高年级较之低年级更为外控[3]。正是由于对自己的偏见和对他人的消极评价使许多大学生在自己的人际交往中产生嫉妒、自卑、猜疑等负面情绪,极大地阻碍了关系的维持与发展。

(3)如今的大学新生中,独生子女占到很高的比例,这一群体在各自的成长过程中大多会得到更多关注,相应的,也容易形成以自我为中心的思维惯性。过度自我中心的个体,往往会过度关注自我,过分注重自身需求的满足,却忽略甚至否认他人的需要,并以此为出发点开展人际活动。他们大多不太了解周围人的性格、爱好、生活习惯、思维方式等,缺乏足够的同理心;认为朋友就是与自己观点一致的人,要处处维护自己的利益,一旦无法满足他的这些要求,就会被排斥出社交圈。调查结果显示,有超过1/4的大学生认为一旦朋友无法时时刻

---

[1] 张灵,郑雪,严标宾,温娟娟,石艳彩.大学生人际关系困扰与主观幸福感的关系研究[J].心理发展与教育,2007,23(2):116-121.

[2] 姜玉飞,黄恩,邵海燕,朱跃华,胡纪明,等.大学生人际关系敏感与归因风格及相关因素的研究[J].中华行为医学与脑科学杂志,2005,14(2):148-149.

[3] 董圣鸿,张璟,熊红星.大学生学业成就与人际关系成败归因的特点研究[J].心理科学,2002,25(3):375-376.

刻赞同支持自己，关系就会从亲密走向疏离。

（4）由于大学生的生理心理尚未完全成熟，情绪化色彩重，缺乏丰富的人生阅历，他们在认知上还存在着非黑即白的误区，时常会过度苛求自己或是他人，追求完美，经常以单一细节评判事物的整体，缺乏辩证的思维弹性。在交往过程中，不全面的认知能力表现为高度主观，对他人的特质妄下评判，容易因此产生矛盾误解。

【拓展阅读 4-2】

室 友 关 系

在众多校园环境中，宿舍是同学们人际交往最频繁的场所，所以对同学们影响最大的往往就是宿舍人际关系。当今大学生的室友关系体现了家庭化的趋势，几乎每个寝室都会按年龄大小排行，有些宿舍干脆就以兄弟姐妹相称，某种程度上替代了自己远离的家。当然，如果相处得好就能收获真挚的友谊，但正因为朝夕相处、避无可避，也更容易爆发矛盾冲突。一份2013年的调查研究发现，仅43%的大学生对寝室关系表示满意。引发寝室矛盾的主要原因包括性格、生活习惯以及沟通方式存在差异。当问题出现时，多数同学会选择与室友"冷战"，宿舍内分裂成若干小群体，彼此间呈现出对立排斥状态。紧张的室友关系甚至可能酿成悲剧，2013年某高校发生的投毒案就是一个惨痛的教训。因此，要提高对高校室友关系议题的重视，从而创造宽松良好的人际交往氛围。事实上，大学生对寝室关系的满意度具有一定的发展规律，总体上呈现出"U"型曲线。大一刚入学时，来自五湖四海的同学汇集成一个小集体，陌生又兴奋，这时的寝室氛围往往是最融洽的。随着进入大二大三，彼此间的差异渐渐显露，矛盾也逐渐浮上台面，彼此间的关系不再像一开始时那样紧密。进入大四，毕业的关口就在眼前，想到不久就要各奔东西，大学阶段寝室里的点点滴滴又浮上心头，过往的冲突和矛盾似乎也不是那么重要了，宿舍成员都会格外珍惜这段最后的时光。

综上，我们总结了宿舍相处的几点小窍门，供各位新生参考：

（1）平时多和室友交流，有寝室活动尽量参加，不要特立独行。

（2）注意自己的生活习惯，保持整洁，动作轻微，尤其不要在休息时间发出大量噪音。不要在别人休息时唱歌、吹头发，这往往是激化矛盾最主要的原因。晚上打游戏一定要戴上耳机，不要大喊大叫。

（3）懂得分享。假期回家可以给室友带一些好吃的，不一定要很贵重，聊表心意即可,平时买什么吃的也可以给室友们带一份。

(4) 提前了解对方的喜好,有没有什么禁忌,注意不要随便冒犯别人,开触及底线的玩笑,如对方是穆斯林,就不要请他吃猪肉。

(5) 共同制定寝室公约,针对平日容易出现的一些问题,整理出来,粘贴在墙上,用来提醒彼此。在有纠纷发生时,可以按照公约办理,对事不对人,最大限度降低冲突的可能。

(五) 网络成瘾危机

网络成瘾是指花费过多时间使用网络(不论是线上游戏、网购、社交软件、观看视频或直播都囊括其中),无法主观拒绝使用网络,且已达到影响身心功能的生理与心理状态。以下有一些征兆可供同学做自我核查:

(1) 多次尝试控制上网时间,却无法控制自己上网的冲动。

(2) 不能上网时感到身心状况不佳,如生气、焦虑、沮丧消沉或身体僵硬。

(3) 每天的上网时间呈现出上升的趋势,整天想着网上的活动。

(4) 竭尽所能只为获取上网的机会,无论什么时间,身在何处,都与网络相伴。

(5) 对现实生活造成实质影响,如家庭、人际关系、学业、睡眠或是对身边的人造成负面影响。

参考上述征兆可以发现,只要能在自己可控的条件下使用网络,无论是查询资料还是在线游戏,都不算是网络成瘾。当一个人已经到了网络成瘾的程度,往往很难克制自己的冲动,仅凭自己的力量很难摆脱网瘾,无论是自己还是身边人出现这样的情况,都请尽快求助。

(六) 就业危机

大学阶段是职业生涯规划的重要时期,也是求职就业的准备期。大学生求职就业不仅仅是谋求一份工作的过程,也是进一步健全人格和提升心理素质的过程,是社会化的重要一环。处在就业竞争日趋激烈的大环境下,大学生会不可避免地遇到各种困扰、冲突与挫折,其中一些可能会造成心理层面的偏差,酿成就业危机。

形成危机的原因是多方面的。分析外因,首当其冲的就是人才供需矛盾尖锐问题。大学生的层次和专业结构与市场要求存在一定差异,大学生的职业预期也与市场供给难以匹配。经济形势转变速度远超大学学科变更速度,学校不可能对行业间的消长做出快速反应,投入大量心血建立的重点学科对应的就业市场一旦萎缩,具有庞大体量的大学势必做不到快速转身。此外,地区发展不平衡,职场性别文化问题也不容小觑。分析内因,毕业生就业心理准备普遍不足。许多学生(或者说家长)在高考前的终极目标就是进入一所心仪的大学,对这之后的规划却少得可怜,以至于一部分学生进入大学后丧失了目标,迷茫无措,如果不能抵制外在诱惑,往往虚度四年。大学生们有必要及早突破这个认知盲点,认清高等教育不是目的,拥有发展的生涯并持续创造价值才是目的。只有这样,才能在大学四年间为就业早作准备,提高专业应用性与职业成熟度,从根本上克服就业恐惧。

（七）综合危机

上述分类是根据大学生心理危机产生的主要源头来划分的,但往往"福无双至,祸不单行",现实生活里的困扰往往是并行交织的。面对这种局面,要冷静应对,区分类型,逐个击破。

第三节　自助助人与生命教育

一、自助——当发现自己身处危机时

当发现自己持续出现一些生理心理的应激症状时,如一向睡眠很好却开始失眠、浅眠,食欲衰退,情绪持续低落,对以往感兴趣的事情也提不起精神等,你有可能已经陷入了心理危机。

（一）自助

1. 找寻正向环境

改变境况的第一步就是充分了解问题的所在。虽然危机中的个人常会陷于莫名的恐惧中,不知道发生了什么事,也不明白事情的发展走向。这时,可以向有过危机经验的人或相关专业的从业者请教,或查阅可靠的资料,理清现状。

2. 积极调试情绪

危机的出现会让个体极度紧张或沮丧,要调节这些负向情绪,就要试着培养承受这些痛苦的感受力。通过调试情绪,将诸如焦虑导致恐慌、沮丧导致失望的情绪恶性循环控制住。当危机超出个体控制,无力改变外部事物时,把握自己的情绪显得尤为重要。情绪调试的技巧包括倾诉、合理化、自我对话等,要视情境选取不同的技巧,才能达到理想效果。

3. 构筑人际关系

人是社群动物,孤立无援的人会很希望能够得到别人的帮助。在危机中或危机后,个体都需要与周围的人保持基本的人际关系,不一定需要他们提供强

烈的情感支持,而是通过这样的关系,保持与外界的联系,这有助于危机后重新适应社会,也可以分散注意,使他们暂时不必为负面情绪所扰。这种良好的关系可以表现为一起散步、看电影或只是一起静静地坐一会,简单的陪伴也可以给予莫大的力量。

4. 暂避重大决策

处在危机中的人处理问题的能力比平时低,由于受到问题与情绪的双重困扰,搜集信息、分析信息的能力会大打折扣,很可能无法做出最有利的决策。个体虽然在这时很想摆脱危机,努力寻求一切解决问题的办法,但危机又往往使得他们无功而返,甚至造成更大伤害。因此在这一阶段,处在危机中的人避免做重大决定,这有利于自我保护,防止事态进一步恶化。

【拓展阅读4-3】

抑郁障碍诊断标准(ICD-10)

在典型的轻度、中度或重度忧郁症发作中,患者通常有忧郁情绪,体力下降,活动降低;快乐感、兴趣、注意力均减低,常常在稍微做点事后即感到明显的疲倦;睡眠障碍,食欲减低,自我评价与自信减低,有罪恶感与无用感的意念(甚至在轻度忧郁发作时亦存在);每一天的情绪持续低潮,变化不大,对生活情境常无反应。上述症状中的一些项目可能很显著,且展现特异的表征,此特异表征被普遍地认为有特殊临床意义。由上述症状数目与严重度,可以区分为轻度、中度及重度忧郁发作。

轻度郁症患者有2、3项症状。患者通常会因这些症状感到抑郁,但可能持续存在于大部分活动中。

中度郁症患者有上述症状的4项或更多项。患者可能很难持续其日常活动。

无精神病症状的重度抑郁症患者上述症状有多项出现,且症状显著,感到相当的痛苦,明显地丧失自尊或自觉无用或有罪恶感。自杀意念与行为是常见的且通常会有几种身体性症状出现。

(二)专业协助

当然,不是每次心理危机都可以靠自己搞定,当发现自己很难独自应对眼前的困境时,不要等待,请主动寻求帮助。

心理问题一点都不可怕,每个人都可能会有心理问题。当我们发生心理困扰时,能够主动求助的是聪明人。那些愿意去心理咨询中心咨询的同学,很值得欣赏和鼓励,因为他们想改变,才有这样的动力。

不要认为求助是一件没面子的事情,求助是虚心,是开放,也是一种幸福。你可以尝试或者想象闭上眼睛像盲人一样走路,这时眼前的世界对你而言是有障碍的,此时如果能被别人帮助是多么幸福的一件事。别人的帮助可以让我们少走弯路,别人的帮助可以给我们更多的支持,让我们很快能够走出困境。很多人希望自己能够做到万事不求人,求人显得自己能力不够,其实完全不是这样的。我们要积极地利用资源,要懂得求助。当然,困境消除是一个持续的过程,甚至需要比较长的时间,也就是俗语所说的病去如抽丝。在这个过程中,有心理问题的大学生应尽量避免食用让自己麻痹的东西,如咖啡因、酒精、麻醉剂等。

(三) 大学生如何接受心理咨询

求助者在心理咨询中一般被称为来访者。心理咨询的每个阶段都需要来访者的紧密配合,一个准备充分的来访者是咨询师最想看到的。

咨询前应注意以下几点:

(1) 意愿。支撑心理咨询顺利进行的一大因素是来访者意愿,如果来访者是在不情愿的情况下被老师或家长带进咨询室,咨询的效果就会受限。一般来说,改变意愿越强的来访者,与咨询师的配合越好,改变也会越快发生。

(2) 打消疑虑。心理咨询受专业伦理约束,遵循保密原则与中立原则。有时来访者因为担心谈话内容外露,在会谈时有所保留,这样的担心是多余的,也不利于咨询的进行。还有一些来访者可能因为自己的少数派身份(如同性恋),害怕被嘲笑,但又不得不提,在会谈中表现得支支吾吾,这也完全没有必要。

(3) 咨询架构。架构包括时间、地点与一些零碎的设置,咨询师会在初次会谈时和来访者共同商定。一个稳定的咨询架构对咨询效果具有很高的预测性,架构的维持需要咨询师与来访者一起努力。

(4) 人选。如果与咨询师接触后,感觉不合适,来访者有权要求中止咨询或转介其他咨询师,一切动作建议都在双方协商下共同完成。

咨询过程中应注意以下几点:

(1) 自助。天助自助者,咨询引发的改变主体仍是来访者,咨询师只起到分析、引导、支持促进的作用,不能也不应替来访者做决定,不宜直接提出建议。心理咨询需要来访者的积极配合,主动参与咨询方案的制定中来,勇于改变自己,战胜自己,最终才可能度过危机。

(2) 耐心。心理危机不是一天形成的,相应的,解决它也不可能一蹴而就。咨询是个循序渐进的过程,一般要经历确定主诉、确定方案、实施与反馈等过程,欲速则不达。过程中问题还可能时常出现反复,非常考验耐心。

（3）真诚。心理咨询的主要工具是语言，面对咨询师，来访者不用太顾虑自己的表述是否符合逻辑，只要如实地讲述内心的想法与感受，即使混乱也不用担心，咨询师会在倾听过程中捕捉信息来进一步询问，来访者不要有心理负担，实事求是回答即可。

（4）作业。有时咨询师会在会谈结束前布置实践作业，力求将咨询室里的改变带到现实生活中，来访者应尽量认真完成作业，这有助于改变的发生。

二、助人——当发现他人身处危机时

发生危机时，大学生的第一求助对象往往是身边的同学或是室友，因此，如果你发现身边的同学近期行为变化剧烈，请提高警惕，即时介入。

首先，要向陷入危机的同学表示关心，如果他们主动谈及遇到的问题，请耐心倾听，不要轻易打断，鼓励他们说出内心的困扰和担忧。

其次，要给予足够的包容和支持，多陪伴他们，关注他们的情绪与行为，不要急于下判断或给建议。要明确表达给予能力范围内的帮助的意愿，给他们希望，让他们相信眼前的困境不会一直持续下去。

最后，当发现危机程度加重时，尽快和辅导员沟通。如果该同学已经流露出想要结束生命的信号时，一定要设法确保他的生命安全，同时立刻向辅导员和学校相关部门汇报情况，一起努力让他在最短时间内获得最有效的专业帮助。

三、如何看待经历过危机的同学

危机面前，每个人都没有豁免权，所以不应带着"有色眼镜"去看待有过类似经历的同学，而是应该给予他们关心和帮助。这里所说的关心和帮助必须是发自内心的，而不是受外界要求，刻意做作的。当然，任何关心都不宜过度，不宜表现出过度的同情，过度的区别对待对自尊较强的同学反而是一种伤害，让他觉得自己和别人不一样，加重压力。

四、珍爱生命

（一）什么是生命

19世纪，恩格斯将生命定义为"蛋白质的存在方式"，这个方式的基本因素在于和它周围的外部自然界不断地新陈代谢，只要新陈代谢停止，生命也就终结。但对于人类而言，生命的心理意义远比生物意义重要得多。生命除了要新陈代谢、繁衍后代，也是由一次次的生命活动组成的，要想获得有意义的人生，就必须保证高质量的生命活动。

人的生命兼具生物性、社会性与精神性。首先,人的生命依附于生理性的肉体存在,人的生长和发展就必然要遵循生物界的法则,生老病死是每个人必经的过程,无从逃避。其次,人无法独立生活,必须融入社会活动中。在与人沟通、交往和互动中建立起对自己的认同,实现自身价值。人是社会关系的总和,人的本质并不是内在的、无声地、把许多人纯粹自然地联系起来的共同性,人的本质应该是社会性,脱离了人的社会联系,就没有真正的人存在。最后,人还是超越生物性和社会性的精神性存在,正因为此,人的生命才有了人文价值,有了理性的意蕴和道德的升华。

(二) 生命的意义

生命的意义是个难以回答的问题。大学阶段正是个体对生命充满好奇的阶段,不断找寻和探索自己生命的意义是大学生的必修课之一。总的来说,生命意义是指个体赋予自己生命的独特理解与感受,它包含着个人生活态度、生涯规划与对生命价值的看法。生命意义是在动态的实践过程中,在感悟生命历程、适应生活、改造生活的过程中逐渐彰显出来的,它来自生活体验。只有把生命意义置于更大的生活结构内,才能从中找到以某种方式生存的理由。

如果人没有找到"存在"的理由或人生的意义,就容易感到存在的空虚,这种空虚感是对于"没有意义"的一种填补,容易让人感到孤独。一旦人们认识了人生的意义,便能通过创造和工作、体验意义的价值以及对不可避免的苦难所采取的态度这三种途径去发现生命的意义[1]。叔本华说:"人没有希望时就会拥抱死亡。"部分精神疾病与人生意义的缺失高度相关,如抑郁、低自尊、自我认同危机等就是无意义感的表现。个体对自己人生价值的肯定越强,越不会倾向于将死亡视为通往快乐来生的道路或者将死亡视为逃离痛苦人生的方法。研究发现[2],影响大学生自杀态度的因素中极为重要的一部分就是生命意义感和孤独感。选择自杀的大学生对人生意义和生活目的的理解模糊,对生命普遍存在漠视的态度,缺乏人生责任感[3]。

(三) 关于自杀

"好死不如赖活着",这是先人代代相传的大智慧。有人从这句话里看到的是苟且不堪,有人看到的却是希望,是顽强的生命力,是对人生无限可能的

---

[1] 杨雅琴. 追寻生命的意义——弗兰克尔意义疗法述评[J]. 黑龙江教育学院学报,2008,27(1):77-79.
[2] 郭晓坤. 大学生孤独感、生命意义感与自杀态度的关系研究[D]. 曲阜师范大学,2011.
[3] 王地. 我国大学生自杀原因综述[J]. 中国青年研究,2009(11):82-85.

憧憬。

"自杀想法"有时很狡猾，会变着样子出现在你的头脑里。有时它像一个哲学家，帮助你分析人生没有意义，让你觉得自杀就是解脱；有时它像一个艺术家，在你脑海里呈现出各种自杀之后的幻想或者用各种美好的画面引诱你；有时它像一个故事家，给你讲述各种名人自杀的故事，诱惑你学习名人；有时它又像一个魔鬼，恐吓你，让你痛不欲生，用失眠、疼痛、无力等症状折磨你。请你记住，只要你不听从它们的诱惑、迷惑、恐吓，也许这些狡猾的自杀想法就会慢慢消失。你与他们相处久了，会更好地认清他们的真实面孔：自杀背后是渴求幸福，但是却以"回避痛苦"的面目出现。当你有自杀想法时，你一定是遇到了人生痛苦的事情，一定是遇到了难以克服的困难，你的人生之旅似乎卡在了一个困境中，自杀只是你解脱苦难的自动化想法。

说一个再简单不过的道理，死了，就什么都没了，没了其他可能，没了和其他人的联系，存在过的痕迹也会迅速消失，好像一个人从没有来到过这个世界，恐怕没有比这更令人失落的状态了。存在主义通过论述自由、孤独、死亡与无意义告诉我们，人可以在困境中通过有意识的选择，创造对自己而言有意义的人生。但前提是，这种选择必须是主动的、自由的。我们当然应为自己的选择负责，应当对人生采取真诚、直面的态度，看到积极面，也接纳艰难，应当明白一切内在的困扰都源于对生存的根本问题的回避与否定。

咨询师总会问轻生者一个问题："你甘心吗？"但凡还有一丝不甘，一丝愤怒，一丝怨恨，就说明你对这个世界仍有牵挂，仍然有未尽事宜，就请你活下去，即使是为发泄而活，为复仇而活，为反击而活。活下去，不能保证事情会好转，但起码有了各种可能。

【拓展阅读 4-4】

那些自杀热线背后的幸存者

乐乐：向死而生，如果找到理由的话，就继续生活吧！

有一次我和女朋友吵架，情感上崩溃了。我把在北大六院开的安眠药都吃了，马上就睡着了。醒来的时候我已经直接住院。别人告诉我洗了胃，没有痛觉，只是记忆模糊。

在自杀的时候，我打了防自杀热线。电话接通了，是男是女、说了什么我记不得了，反正聊了挺久的，觉得帮助很大，说完了就不那么想死了。

我后来再打电话过去时，是想着可能有机会被帮助。人其实是十分矛盾的。又想死,又希望有人可以拦住你。我平常不会打那个电话,我只会在"死前"打,就像和一个约定好了的朋友。你明白吗?作为朋友,他尽力地在帮我。在我"死"之前打,起码可以把自己"死"之前,到底后不后悔的心情,告诉对方。

你问我现在还会想要自杀吗?有啊,就是一个种子,有了就种下了吧。只是看你的理智能不能控制它。现在是向死而生,如果找到理由的话,就继续生活吧。

咪咪:没人能够说服我,但残存的理智又让我希望有个人可以说服我。

第一次拨打自杀热线的那天,我喝了酒,两瓶。那几天我的状态都很糟糕。我不记得我当时有没有醉,只知道发病时很痴呆,痴呆到去知乎搜自杀的方法。

这才发现,原来像我这样"傻"的人还真不少。知乎不想背锅吧,就给我弹出了一个自杀热线。植根于我大脑的认知是:没有人能够说服我,但残存的理智又让我希望有个人可以说服我,就把电话打过去了。

接线的是个男生,其实没有聊到什么吧。就问了我的情况,给我做了一个量表。最后给我介绍了一家医院。到了某个点,感觉该结束时,我就说了句谢谢,挂了电话。现在的话,坚持吃药吧。

阿文:我感受到了,其实有人懂我在想什么。

那天是白天,我在去上班的路上。我突然很想冲到大马路上被车撞。后来我打通了北京的热线,是一个男生,我就走到店门口附近的空地坐着,跟他聊。他说话慢慢的,先聊了一会儿,问我自杀意愿有多少,从0~100的范围来评分。然后问我的病情、就医情况。即便我表达出有强烈自杀的意愿,他也没有惊奇,就是一种很稳的感觉。我说我要自杀,他会问为什么我那样想。他会慢慢扯别的话题,如家庭情况,分散我的注意力。我当场就泪奔了,没想到小哥说话慢慢吞吞地,却还很会安慰人。因为要赶着上班,只能匆忙挂掉。但他的话已经给了我很大的鼓励。

之后,在我觉得很艰难的时候,又给北京的热线打过几次,因为每次接我电话的都是男生,而且都跟第一个小哥一样,说话慢慢的,声音有点闷骚,但又很会安慰人。我打完电话也没记他们编号,不知道是不是同一个人。他们都会说,知道我已经很辛苦,活得很不容易了,要继续好好活下去。每次听到这句话我都会哭,哭完又好了。因为我感受到了其实有人懂我在想什么,那些我平常不会跟别人说的想法。

最后,这个世界虽然不完美,但我们仍然可以疗愈自己。

【拓展阅读4-5】

求助渠道

1. 学校心理健康教育咨询中心

浦东校区地址：学生活动中心310，预约电话：68681703。

松江校区地址：序伦大楼211、213，预约电话：67705045/67705455。

（1）值班及咨询预约时间：周一至周五8:30——16:00。

（2）日常办公及咨询时间：周一至周五8:30——16:00。

（危机干预可不受日常办公时间的限制）

2. 校医院

协助安排转院等工作。

3. 专业医院

（1）上海市精神卫生中心。

地址：徐汇院区：上海市宛平南路600号

　　　闵行院区：上海市区沪闵路3210号

（2）上海市松江区精神卫生中心。

地址：上海市松江区塔汇路209号。

（3）上海市浦东新区精神卫生中心。

地址：三林路165号。

4. 其他社会机构心理热线推荐

（1）上海外服心理援助中心自杀干预热线021-51699291，时间9:00～21:00。

（2）北京回龙观医院心理热线010-82951332(24小时)。

（3）北京心理危机研究与干预中心服务热线010-82951332(24小时)。

（4）中科院心理所咨询志愿者热线010-64851106。

（5）青岛市心理危机干预热线0532-85659516。

（6）南京自杀干预中心救助热线025-16896123(24小时)。

（7）杭州心理救助热线0571-85029595(24小时)。

（8）武汉市危机干预中心救助热线027-8584666，时间晚6:30～9:30。

（9）重庆生命求助热线023-66699199/666992999。

（10）重庆心理危机干预热线023-65372255。

（11）广州市心理危机干预中心热线020-81899120。

（12）深圳市心理危机研究中心热线电话0755-25629459(24小时)。

如果电话占线或者暂未接通,请再打其他电话试试。希望你能给自己一个机会,也给想帮助你的人一个机会!

本章思考

1. 请根据你在本章中学到的心理健康知识,对自己进行理性评估,分析大学阶段自己可能会面临的困扰。

2. 你是否了解当遇到困扰的时候,自己可以求助于哪些渠道?

第五章
适应独立生活

> 每一个人都应该有这样的信心:人所能负的责任,我必能负;人所不能负的责任,我亦能负。如此,你才能磨练自己,求得更高的知识而进入更高的境界。
>
> ——[美]亚伯拉罕·林肯

第一节 增强责任意识

一、责任意识的内涵与本质

责任意识就是明确地知道责任是什么,认真地履行社会责任,参与社会活动,把责任转化为行动。责任意识的培养是学生思想道德教育的重要环节。但是,从现实情况来看,责任意识教育仍需加强,个人本位和金钱万能的观念以及社会中的消极腐败现象对大学生社会责任感的形成产生了负面影响。所以,大学必须坚持社会主义核心价值观的主导作用,培养大学生积极的责任感和人生观。

责任和责任意识是两个密切相关但又彼此不同的概念。责任是一个客观范畴,是社会规范和个体发展对人的客观要求;责任意识是一个主观范畴,是责任主体在社会责任和自身发展过程中,将责任的认知和实践转化为内心世界的感受和愿望,是一种心理感知,是个人履行职责的精神动力,是个人承担责任、履行职责的关键。负责任的主体应该能够正确理解社会的客观要求,他们的角色以及社会对角色的期望,他们可以准确地预测行为的多种可能性,并清楚地了解自己的行为与社会要求之间的关系,并根据社会发展规律和社会价值规范做出理性的判断。

【案例 5-1】

学生撞坏宝马车，守候半小时

"今天中午一名学生把自行车停在朋友车旁边，看起来很着急，想走的样子，走近一看原来学生把倒车镜撞坏了，刚准备理论，赫然发现车上已经贴了纸条，原来学生已经等了很久，实在要迟到了才留下纸条。朋友很感动，让学生快去上学，没来得及拍下学生背影，为他的行为感到骄傲。"某网友发微博，并附上了贴在车上的纸条，上面写着："尊敬的苏×××车主：我是×××学校的一名学生，在今天中午的上学途中不小心弄坏了您的车。主要是一划痕及左后视镜，我无法及时赔偿。联系方式：××××。对不起！"从纸条中可以看出，这个学生的字迹颇为稚嫩。

这条微博在网上引发了大量的讨论，相关微博的转发次数达到近万次。"孩子的世界才是美好善良的，给了成人世界一股清泉！""此事仁义礼智信具备，好车主，好孩子！"不少网友表示被这位学生的诚实行为所感动，并表示要向他学习。

受损车主被感动，不向他索赔。

当天下午，这位"最诚实的学生"就被找到了，由于这两天他正面临期中考试，记者怕影响他复习并没有联系他。不过据记者多方了解，他当天途经瘦西湖新天地路段时，不小心刮坏了路旁停着的一辆宝马车的后视镜，该学生表示："当时根本没考虑是宝马车，自己赔不起，只是想我撞坏了别人的东西，就必须要承担责任。"据称，当天下午的一堂化学课也因此迟到了。

宝马车主获得消息后很快在微博上回应称："作为车主，当时俺极度震惊，不知道说什么，心中只有感动，拍了拍学生的肩催他赶紧去上学。望着他远去的背影无限感叹：我们的下一代若都如此，社会有希望！"另外，当地一家汽车修理公司表示愿意无偿修理受损的宝马车。

当今社会发展迅速，现代化进程超乎想象。物质力量的扩张与道德精神的滑坡成为不可忽视的现实问题，由此凸显了责任的重要性，应该明确其内涵与本质，才能更好地满足大学生自身发展的客观需求。

二、增强责任意识的意义

当今社会，现代化发展远远超出了人们的想象，随着物质的不断丰富，接踵而来的是精神文化和道德精神的缺失，责任意识也变得越来越重要。

（一）有助于大学生良好人格的形成

大学生责任意识培养有助于大学生学会承担责任，形成良好人格。"'道德人格'是指人们的道德主体意识,包括人们追求高尚道德的内心动力,道德选择的权力感、责任感、独立进行道德选择的能力自信和人格尊严等。"①大学生责任意识的增强能够使学生把握好人生之路,完善自身,积极追求幸福和智慧的生活方式,适应社会发展的需求。"道德教育的崇高使命在于通过塑造伦理精神,培养完美人格,改善人们的道德生活,实现道德对人生的肯定、调节、引导和提升,而不是教导人们无条件地遵从某种固定的外在的准则……道德是为了人而产生,而不是人为了道德而生。"②由此可见,当代大学生责任意识培养表征着道德教育改革和发展的客观要求和方向,合乎大学生人格发展的内在价值需求,有助于大学生良好人格的形成。

(二)有助于大学生思想政治教育目标的实现

大学生思想政治教育的目标是培养德智体美全面发展的人才。马克思曾说过:"作为确定的人,现实的人,你就有规定,就有使命,就有任务。至于你是否意识到这一点,那是无所谓的。"③人是一种责任存在。责任的本质是社会生活和社会关系对现实的人的要求,是成为人的条件。具备良好的责任意识是人全面发展的内在要求,大学生思想政治教育的目标就是培养全面发展的人。大学生的责任意识教育以培养良好的责任意识为目标,高校责任意识教育和培养的加强将为大学生思想政治教育目标的实现提供重要的精神动力和现实基础,有助于大学生思想政治教育目标的最终实现。

(三)有助于中国高等教育迈入世界教育发展前列

西方主要国家在学校德育中都提出了责任意识教育和培养的内容。美国学校强调培养青年参与社会生活和道德推理的能力,并注重大学生承担社会责任和义务。在德国,《联邦德国教育总法》规定:"培养学生在一个自由、民主和福利的法律社会中……对自己的行为有责任感。"法国教育部在《法国教育体制改革》文件中指出:"教育的最终目的在于……培养自由社会的公民,使每个青年具有头脑,从而使他能够独立地重申社会协约,或他认为在需要时能够修改这种协约。"日本遵循其本国《教育基本法》和《学校教育法》的要求对大学生进行责任教育和培养。综上所述,大学生责任意识的培养是高等教育中最重要的组成部分,我国的高等教育也要走向世界,与国际潮流接轨,培养具有责任感的大学生,实现中华民族的伟大复兴。

---

① 张耀灿.思想政治教育学原理[M].北京:高等教育出版社,1997.
② 郭金鸿.道德责任论[M].北京:人民出版社,2008.
③ 马克思,恩格斯.马克思恩格斯全集[M].北京:人民出版社,1956.

(四) 有助于中国特色社会主义事业的发展

大学生责任意识的养成对于大学生顺利走入社会,成为合格、有用的社会主义建设人才,具有重要的推动作用。增强责任感有利于激发大学生的创新意识,是大学生创新能力的重要源泉。具有高度责任感的大学生必然要有强烈的社会责任意识,更有可能产生和发展爱国主义,成为中国特色社会主义建设的合格人才。加强对大学生责任意识的教育和培养,可以有效提高他们把握社会发展趋势的能力,使他们完善自己的责任意识,达到中国特色社会主义建设人才的合格标准。总之,加强大学生责任意识教育,使其具备责任意识,是培养中国特色社会主义事业合格人才,推动中国特色社会主义事业发展的重要途径。

三、增强责任意识的方法

习近平总书记这样叮嘱青年一代:"广大青年要坚定理想信念,志存高远,脚踏实地,勇做时代的弄潮儿,在实现中国梦的生动实践中放飞青春梦想,在为人民利益的不懈奋斗中书写人生华章。"[1]习总书记铿锵有力的话语浸透着殷切的期望,作为新时代的大学生,必将心怀远大崇高的志向,做到有理想、有自信、有本领、有担当,勇敢地肩负起社会的重托,为实现中华民族的伟大复兴努力奋斗。

(一) 树立远大理想信念目标

理想信念就是我们的目标,就是中国梦的目标,就是建设中国特色社会主义的目标。中国梦是我国各族人民的共同理想,也是大学生坚定不移的崇高理想。一个伟大的事业来自一个伟大的梦想,个人的发展如此,国家的发展也是如此。放眼全球,很少有人像中华民族一样,既经历过苦难,也享受过荣耀;很少有国家,在不断的奋斗中,始终坚持"同一个梦想"。作为当代大学生,既要树立共产主义的远大理想,也要树立中国特色社会主义的共同理想,做中国特色社会主义的合格建设者和可靠接班人。关于理想信念的内容还可以参考本书第二章的介绍。

(二) 坚持德智体美全面发展

每个有幸进入大学学习的大学生,应该认清时代的特征,明确肩负的历史责任,不辜负党和人民的殷切期望,把个人的理想行为和社会主义祖国的命运联系在一起,把个人成才的道路与贯彻执行我国社会主义初级阶段党的基本路

---

[1] 习近平.青年要自觉践行社会主义核心价值观[M].北京:人民出版社 2014.

线的需要联系在一起,顽强拼搏,锻炼成长,做一个德智体美全面发展的大学生,为实现社会主义现代化的建设发展贡献青春。

(三) 积极探索勇于创新创造

创新是民族进步的灵魂,是一个国家兴旺发达的不竭源泉,也是中华民族最深沉的民族禀赋。中国的创新首先是青年创新,青年创新意味着国家创新的未来。过去,我们通过模仿发达国家的先进技术摆脱落后,今天,只能通过创新和创造来实现中华民族的超越。创新是年轻人的天职,年轻的大学生应该有勇气成为第一,敢于追求和创新,解放思想,与时俱进,在前人的基础上树立超越前人的志向,为了创新和创造而不屈不挠,勇敢无畏。

(四) 坚持矢志艰苦奋斗精神

"宝剑锋从磨砺出,梅花香自苦寒来",人类的美好理想是不容易实现的,它与艰苦的斗争和工作密不可分。我们的国家,我们的民族,从贫穷和积弱一步一步走向今天的发展和繁荣,依靠的是一代又一代的顽强斗争,依靠的是中华民族的自强不息。大学生是国家的希望,是我国走向伟大复兴的关键力量,他们的意志和精神与党的事业和社会主义建设的成败息息相关。

(五) 牢记"空谈误国、实干兴邦"

立足本职、埋头苦干,大学生要从自身做起,从点滴做起,用勤劳的双手、一流的业绩成就属于自己的人生精彩。大学生不应该害怕困难,要勇敢地走向一线,走向基层,走向国家发展和改革开放的前沿。

成为一名有责任感的大学生听起来很抽象,但这并不是一件遥不可及的事情!只要我们从小事做起,从现在做起,认真对待学业,热爱生活,乐观向上;只要我们注重自己的细节,及时关闭开着的水龙头,捡起地下的垃圾,珍惜身边的亲人和朋友,常怀感恩之心,这都是成为一名有责任感的青年人的具体表现!梁启超说过,少年智则国智,少年富则国富,少年强则国强。当这些少年成长起来,并具有责任感,那么这个国家就能真正的挺起他的脊梁!一个时代的精神是青年人所代表的精神,一个时代的性格,是青年人代表的性格,让我们都拥有责任感,做一个有责任感的青年人,一个有责任感的中国人,肩负起中华之崛起的历史责任,让中华民族傲然屹立于世界民族之林!

【拓展阅读 5-1】

里根的故事

20世纪的20年代,在一个美国的普通家庭里成长着一个小男孩。一天,小男孩在他家门前的空地上和一群小朋友踢足球,一不小心踢碎了邻居家窗户的玻璃。邻居家的叔叔非常生气,大声地训斥了他,并向他索赔12.5美元。那个年代的12.5美元对于一个普通家庭来说可以维持半个月的生活开销,这对每个月只有几分零用钱的小男孩来说,简直天方夜谭。带着万分惊恐,男孩找到了父亲,他相信父亲有钱给邻居叔叔。可是令他没有想到的是,平时十分宠爱他的父亲却要他自己赔钱,为自己犯下的过错负起责任。

男孩惊讶地说:"这怎么可能,我哪有那么多钱赔人家?"这时,父亲从兜里拿出了12.5美元,非常严肃地对儿子说:"钱我可以先替你还上,但算是我借给你的,1年以后你必须还我,承担自己犯下的错误是你的责任。"

从那以后,男孩为了挣钱,开始了艰苦的打工生活。他放弃了平日里热衷的各种游戏,把课余时间都利用起来做所有力所能及的工作。最后,男孩只用了不到半年的时间就挣够了12.5美元,并把它还给了父亲。在把钱交到父亲手中的时候,他感受到了一种从未有过的自豪感和成就感。

男孩大学毕业时,正赶上美国经济大萧条,他的父亲破产了。年轻的男孩主动负担起整个家庭的生活,并开始资助哥哥重回学校学习。再后来,男孩通过自己的努力成了一位著名的电视节目主持人。可就在男孩事业如日中天的时候,他出于强烈的社会责任感,公开地批评自己所在电视公司的最大赞助商——通用电气公司。结果男孩被辞掉了,从而转而投身政界。

在政界,男孩同样通过努力获得了自己梦想的职位。不久,美国又出现了一场经济危机,这一次他担负起了引领美国走出困境的责任。8年后,男孩成功了,当然,此时我们已不能再称他为男孩了,他就是闻名世界的美国总统——罗纳德·里根。

第二节 树立正确的消费观

家庭是大学生生活费的主要来源,据《腾讯教育-麦可思2017大学生消费理财观调查》显示:"88%的学生生活费由父母或亲戚提供,其次为打工兼职或创业。在生活费需求满足度方面,42%的学生生活费能够满足日常需求,并有结余。超三成大学生曾入不敷出。调查显示,24%的学生偶尔生活费不够用,7%经常不够用。"生活费不够用可能是个体家庭经济差异导致,也可能是学生消费规划不合理造成。调查显示,在生活费不够用时,20%的学生会选择先消费后付款的方式进行消费。2015年中国人民大学信用管理研究中心调查了全国252所高校近5万名大学生,并撰写了《全国大学生信用认知调研报告》,报告指出,在校学生遇到资金短缺时,有8.77%的大学生会使用贷款获取资金,而其中网络贷款了占了一半。随着互联网和移动支付的飞速发展,高校学生作为特殊的消费群体,因缺乏一定的社会经验,金融风险防范意识差,很容易落入不良校园贷、金融诈骗等圈套。

一、远离不良校园贷

(一) 不良校园贷的危害

校园网络信贷(简称校园贷)是针对学生群体提供网络金融服务的一种模式,主要有校园分期购物平台(如趣分期、分期乐等)、P2P网络平台(如拍拍贷、名校贷等)以及京东白条、蚂蚁花呗等电商信贷业务。就现实情况来看,大学生无固定收入,抵抗各种诱惑的能力不足,比较容易陷入不良校园贷的陷阱,从而遭受物质、精神的压力与折磨。

(1) 暴力催收摧残大学生身心健康。大学生因深陷不良校园贷陷阱,无力偿还高额利息,遭到恐吓、威胁等暴力催收。暴力催收摧残大学生身心健康。

(2) 巨额款项酿成家庭悲剧。不良校园贷本质上是一种高利贷,打着"零利息"的名号,巧借高额服务费以降低大学生心理防御,无时不在表演着"借钱时是天使,借钱后是恶魔"的戏码。面对巨额的偿款,一些学生拆了东墙补西墙,但偿款越滚越多,为偿还债务甚至走上歧路。大学生基本没有收入,生活费主要来自家庭支持,这些借债最终也将转嫁到家庭身上,家人被迫"买单",甚至造成恶性事件,引发家庭悲剧。

(3) 侵犯隐私影响个人正常生活。一些不良校园贷为拉拢更多的大学生客源,一再宣传自己的"低门槛、零条件"的借贷噱头。例如,一些校园贷号称只要大学生上传身份证照片、学号、姓名就可以借到钱,更有甚者声称只要上传一张裸照就可以借到钱。涉世未深的大学生高估了自己的还款能力,一旦发生违约无法偿还的问题,借贷公司就会散布大学生的个人信息,轻则影响大学生的正常生活,重则对大学生造成不可挽回的伤害。

(4) 不良校园贷引学生入歧途。为归还在借贷平台欠下的3 000元,某大学三年级学生黄某转变身份,成为该平台校园代理人,积极发展同学在该平台进行借贷业务。后有一男生因无法还贷遭暴力催债而自杀,黄某作为涉案人员被移送司法机关。虽然黄某还清了自己的欠债,但校园贷"来钱快"的赚钱模式又将黄某推入了另一个深渊。

【案例 5-2】

范泽一的借贷不归路

2017年8月正在家放暑假的范泽一向家人称要返回北京学校,随即离家。据范泽一的家人回忆,在他离家的当天下午,在其卧室内发现了他留下的遗书,他称自己"一步错、步步错",并且说"我的心已经承受不住"。家人立即拨打范泽一的手机,但手机已无法接通。随后,家人立刻报警。次日,范泽一父亲的手机就开始陆续收到数十条信息,信息内容都是追讨债务。其中一条为:"账单今天3点前查不到全款,马上群发通讯录,贴吧通告学校领导及辅导员,并上传个人征信记录,后果严重,自己看着办!"范泽一的父亲还接到多个追债电话,电话里的人在谩骂之后都声称范泽一借了高利贷,现在联系不到他,所以向其家人追债。随后,范泽一的尸体被发现,经法医检查系自杀。在范泽一的手机中,家人发现了多个网络借贷平台的微信公众号。范泽一从2016年7月开始,从一个名为"速×借"的网络借款平台借了第一笔1 500元,随后就从另外一家网络借款平台借了3 000元钱用于归还"速×借"的钱,然后再从别的借款平台借出更多的钱用来归还上一笔欠款。除了"速×借"外,他还在"今×客""哈×米"等网络借款平台上借款。范泽一的聊天记录显示,这些平台借款后,借款利息很低,但会收取高昂的"账户管理费"。以一家名为"青春×贷"的平台为例,2017年7月31日,范泽一从该平台借款了1 100元,约定的还款日期为2017年8月7日,该平台计算的利息被称为"息费",只有5元钱。但该平台为这笔1 100元的借款开列出了"快速信审费100元""账户管理费395元"。各种威胁手段也是不良校园贷平台的常用手法。范泽一的手机里就有多条威胁性质的信息。

(二) 如何预防不良校园贷

校园贷并非洪水猛兽,良好的校园贷有助于缓解家庭困难学生的求学压力,培养大学生的理财能力和诚信观念。随着互联网经济的飞速发展,校园贷的概念已经被大学生接受,因此解决不良校园贷问题应从学校关注、家庭关心、大学生个人提高抵御金融风险能力出发,多措共举。

首先,学校是大学生教育、管理的主体。学校对家庭困难学生实施动态管理,密切关注其学习、生活中的困难,并提供及时的帮助,所以家庭经济困难学生遇到困难时,应首先与学校或辅导员沟通。同时,为预防不良校园贷给学生带来的损害,学校会定期排查学生校园贷情况,及时掌握学生的金融风险状况。

其次,家庭是大学生的坚强后盾。大学期间是大学生身份转变、自我认同的关键时期，家庭应该给予必要而积极的关注。学生的健康成长，既是学校教育的结果，也是家庭义不容辞的责任。在发现学生问题时，家长应及时与学校联系，携手帮助学生走出暂时的困境。

最后，大学生应树立正确消费观，增强抵御金融风险的能力。正确消费观的核心是认清自己的消费水平，并做到量力而行。面对社会上不良的消费风气，大学生应理性判断，不盲目跟风。在遭遇经济问题时，及时与家庭、学校沟通，寻求有效的帮助。

【拓展阅读 5-2】

远离不良校园贷[①]

1. 提高警惕

不良校园贷机构往往采取虚假宣传的方式，以降低贷款门槛、隐瞒实际资费标准为诱饵，诱骗学生过度消费。其本质就是打着善意的幌子，行诈骗、敲诈之实。广大学生要明白，天上不会掉馅饼，对广告中的"免费""优惠""打折"要多留一份心眼、多打几个问号；平常要多学一些金融常识，增强防范意识，提高对网贷业务甄别、抵制的能力，切勿盲目信任。

2. 找准组织

广大学生上学遇到经济困难时，请及时找学校资助部门，只要上学有经济困难，国家和学校都会提供适当的帮助。解决学费、住宿费问题，以国家助学贷款为主；解决生活费问题，以国家助学金为主，以勤工助学为辅；解决突发临时困难问题，以临时困难补助等为主。

3. 理性消费

大学生作为有理想、有信念、有责任感的青年人，应养成自强自立、艰苦朴素、文明健康的生活习惯，不盲目攀比，不贪图享乐，合理安排生活支出，做到勤俭节约、理性消费、科学消费。应加强法律法规知识学习，不断提高自我保护意识，遇到问题，要学会使用法律武器。

二、辨别金融诈骗

（一）"三要""三不要"远离电信网络诈骗

电信网络诈骗是指犯罪分子通过电话、网络和短信方式，编造虚假信息，设

[①] 节选自《全国学生资助管理中心发 2018 年第 2 号预警：远离不良校园贷》。

置骗局,对受害人实施远程、非接触式诈骗,诱使受害人给犯罪分子打款或转账的犯罪行为。公安部公布的十类高发电信网络诈骗手段中包括:假冒公检法诈骗、冒充熟人诈骗、利用伪基站诈骗、兼职诈骗、考试诈骗、校园贷诈骗、民族资产解冻骗局、投资返利诈骗、保健品购物诈骗、引诱裸聊敲诈勒索等。在预防诈骗时,应牢记"三要""三不要"。"三要"是:一要及时向涉事方(如辅导员、家人、朋友等)核实情况;二要及时向涉事方(如辅导员、家人、朋友等)咨询情况;三要及时报案,以防产生更大的损失。"三不要"是:一不要轻易相信他人;二不要轻易透露个人信息;三不要轻易进行转账、充值等经济活动。除以上"三要""三不要"外,在日常生活中应注意不要随意链接未知WIFI;不要轻易暴露或在网络平台上随意填写自己的私密信息;在电脑和手机使用中注意安装防病毒软件等。面对金融诈骗不可抱有侥幸心理,要时刻关注个人隐私安全,主动与学校、家庭沟通情况,防止出现财产损失。

(二) 认真了解国家助学贷款

国家助学贷款是在社会主义市场经济条件下,利用金融手段完善我国普通高校资助政策体系,加大对普通高校贫困家庭学生资助力度所采取的一项措施。在申请国家助学贷款时,大学生应了解以下规定:①贷款人申请助学贷款后,款项将由经办银行支付到贷款人在合同上的账户中,不会拨付到贷款人其他银行账户,更不会以任何形式向贷款人索要手机验证码、银行密码等;②贷款人签订合同后,各种信息将收集到经办银行数据库,不会以信函、手机短信等形式向贷款人再次索要;③贷款从申请到款项支付各个环节均不收取任何费用,在整个贷款环节均无现金出现,也不会出现与贷款人所拥有银行账户、其他资产的交集与关联;④助学贷款的条款争议解决一般采用原始合同查询和后台信息调用的形式,不会采取履约保证金、违约金等方式;⑤申贷学生应牢记经办银行热线电话,牢记生源地高校助学贷款办理机构的电话号码;⑥诈骗者的最终目的是骗取财物,而助学贷款经办人员则是为了保障助学贷款的顺利实施,当申请人存疑时,可以通过向学校协办老师求证信息来源。

【案例5-3】

徐玉玉被电信诈骗案

2016年,罗庄区高都街道中坦社区的徐玉玉以568分的成绩被南京某大学录取。刚接到大学录取通知书的徐玉玉接到了诈骗电话。8月19日下午4点半左右,徐玉玉母亲接到了一个陌生电话,对方声称有一笔2 600元助学金要发放给她,在这通陌生电话之前,徐玉玉曾接到过教育部门发放助学金的通知,由于前一天接到的教育部门电话是真的,所以当时他们并没有怀疑陌生电话的真伪。骗子以发放助学金为由指示其汇款。按照对方要求,徐玉玉将准备交学费的9900元打入了骗子提供的账号。意识到被骗后,徐玉玉拨打对方电话,但对方关机。当晚7点半左右,徐玉玉和父亲前往派出所报案。从派出所出来后,徐玉玉歪倒在车上,不省人事。当晚,医院称徐玉玉"已经开始脑死亡"。8月21日,徐玉玉心脏骤停,虽经医院全力抢救,仍不幸离世。后虽主犯陈文辉被判处无期徒刑,从犯郑金锋、黄进春、熊超、陈宝生、郑贤聪、陈福地被判处三至十五年有期徒刑,受到法律制裁,但徐玉玉年轻的生命再也无法回来。

曾经以为学生没钱,不会有人行骗。但当山东女生徐玉玉伤心而死时,才发现金融诈骗离大学生真的不远:把身份证借给朋友用一下,结果从此背上巨额债务;在"很正规"的网页,输入银行卡号和密码,结果钱财却被一盗而空;你的卡明明在身上,却收到短信提示在国外消费刷卡;收到"同学"信息让你帮忙充个电话费,但事后发现同学根本没跟你联系过。

三、树立正确的消费观

消费观是指人们对消费水平、消费方式等问题的总的态度和总的看法。正确消费观并不是一味要求大学生压制消费需求本身,而是坚持适度消费。消费行为是受消费心理影响的,大学生在消费中应注意避免盲目从众,避免情绪化消费,进行理性消费。消费还要坚持从个人需求出发,坚持按需消费,在自己经济能力范围之内适量消费。正确的消费观还要求大学生坚持绿色消费,注意节约资源,减少污染,环保选购,选择可重复使用,多次利用的物品,努力做个绿色消费者。大学生在树立正确消费观的过程中离不开学校、家庭和个人的共同努力。

(一)学校应积极营造崇俭尚廉的风气

勤俭节约、艰苦奋斗是中华民族的传统美德,学校在校园内应积极营造崇俭尚廉、厉行节约的风气,通过主题班会、团日活动、校园广播、宣传栏、校内刊物、公益广告、校内网络等形式和渠道,让学生能够有效地接受到正面教育,引导学生养成理性消费、健康消费的良好理念和习惯。当然勤俭节约绝不意味着"忍饥挨冻",大学期间是学生身心发展的重要时期,在遇到经济困难时,大学生应及时与辅导员、学校取得联系,获得帮助,通过各类助学、帮困政策,顺利完成大学学业。

（二）家庭应给予正确消费观教育

尽管大学生已经成年,但在消费理念与习惯的养成上,家庭教育仍发挥着不可忽视的作用。有的家庭对学生过分纵容,对不合理的消费也都一味满足,缺乏相关的教育和引导,即便发现学生有不当行为后,也没有采取有效方式及时遏制和纠正。因此,家长要秉承正确的消费教育理念,大学生也应当理解家长的教育,就大学生活的消费界限,双方多沟通交流,形成共识。

（三）大学生应自觉抵抗社会不良消费风气影响

大学期间是大学生步入社会的重要准备期,难免会受到社会风气的影响,但大学生应在消费前认清自我,不可盲目攀比、追求享乐。实际上,绝大多数学生并不具备追求高消费的能力,切不可因为一时贪心虚荣而落入各种陷阱,以致付出沉重代价。同时,大学生要自觉树立、践行勤俭节约的传统美德,在吃、穿、住、行等各方面从实际需求出发,杜绝铺张浪费。当然,在求学过程中,如遇经济上的困难,大学生应冷静理智对待,切莫听信传言,并及时与辅导员、学校联系,通过正常渠道获得帮助。

（四）正确理解大学帮困工作

2007年5月,国务院出台《关于建立健全普通本科高校、高等职业学校和中等职业学校家庭经济困难学生资助政策体系的意见》,2010年《国家中长期教育改革和发展规划纲要(2010—2020年)》颁布实施后,国家密集出台了一系列高校学生资助政策和措施,高等学校家庭经济困难学生资助政策体系得以进一步完善,保障了家庭经济困难学生顺利入学并完成学业,保障了所有家庭经济困难学生都有平等接受教育的机会。但在帮困过程中,个别学生却走入了误区,曾有家庭困难学生为帮助父母兄妹生活,将大学资助悉数补贴家庭,而自己的温饱却无法保证,进而影响了学业,这些同学的"孝心"值得赞赏,但却背离了经济困难学生资助政策的初衷,反而得不偿失。

【拓展阅读5-3】

家庭经济困难学生认定申请表

我校在寄送录取通知书时,给每位同学寄送了《上海立信会计金融学院家庭经济困难学生认定申请表》,该表是家庭经济困难学生资格、等第认定,国家励志奖学金和国家助学金评比、临时困难补助发放的重要依据。

该表具体填写方式已在表格中有所体现,需要申请认定的学生应在新生报到后将表格和佐证材料交于辅导员处。学校不会就该申请表与新生主动联系,不会就该申请表要求新生交纳任何费用。

【拓展阅读 5-4】

学业与行业对接　资助与育人同构①

　　在上海立信会计金融学院学生事务中心大厅中，有一排特殊的"银行"柜台，柜面上由学生担任的工作人员统一着装，耐心地为每一位客户讲解开户、还款等各项业务流程。在这个银行，流通的不是人民币，而是"成长币"，当学生获得助学金之后，不能一"领"了之，而是必须在大学四年中用"成长币"如数偿还，这就是学生发展银行（简称学发行）。学发行依托于高校既有奖勤助贷资源，借鉴银行的运营模式与信贷模式，采用实地经营的方法，结合学校专业特色，旨在搭建一个诚信意识与感恩意识的教育平台，让每一位受资助者，在校内通过自身的成长，偿还所获得的资助，实现"资助促进成长"的核心理念。同时，学发行又为每一位有着"银行梦"的同学，搭建了一个专业实习、实践的平台，促进学生的全方位、立体化的成长。

感恩回报——学发行助你大学成长

　　冉同学，上海立信会计金融学院国际经济与贸易 1 班学生，大一刚入学时，由于家庭经济情况比较困难，她申请了国家助学金。但是，在助学金下发不久，冉同学就接到学发行客户经理的电话，告诉她需要到学发行开户办理"偿还"业务。

　　刚接到电话的冉同学并不理解，并且感到困惑，自己好像无缘无故地欠债了，因此，冉同学对学发行业务抱有明显的抵触情绪，原因是不理解"偿还"的意义所在。但是在学发行客户经理的耐心沟通下，冉同学还是愿意积极配合学发行的工作。

　　"刚知道的时候觉得有点儿麻烦，好像平白地多出来一些事情要做。"冉同学说，"不过仔细想想，这样也好，会督促我去做很多事情，大学生活不会迷惘。何况只有付出才有收获，助学金也不是白拿的。"大一学年，冉同学通过"担任班长、在校外兼职、参与学术讲座、平均绩点 3.09"等顺利地完成了偿还任务。2014 年第二学年，她又拿到了助学金，大半年来，她积极参加社团活动，参与"模拟求职"竞赛并拿到了二等奖，成绩绩点也上升到了 3.21，这一学年的偿还压力已经减轻了一大半。

---

① 本资料来自上海立信会计金融学院党委学工部和党委宣传部的相关报道。

在冉同学的偿还周期中,她多次参加志愿者、献血、社会实践等活动。在学发行的鼓励下,这些活动丰富了她的日常生活。在完成偿还任务的同时,她自身的综合能力也得到了显著的提升,渐渐的她深刻理解到了学发行"以资育人"的宗旨。

现在的冉同学已经成为了一名导生。出于自己对学发行的认可,她也给新生普及着有关学发行的理念。从排斥到接受,她体会到了"点'识'成金,助力成长"的育人宗旨。随着学发行业务功能的日益完善,上海立信会计金融学院1 000多位受资助学子不仅在此收获了成长,还懂得了感恩回报。

服务同学——学发行带你走进职场

2013年9月,在开学之初,黄同学被一个特殊的团体所吸引,他们统一着装,一招一式都透露出银行从业人员的职业感,并且,这个团体所宣传的"资助促进成长"的核心理念引起了他的好奇心,怀着一颗感恩助人的心,黄同学加入了学发行。

在刚入职期间,黄同学接受了学发行的培训,作为一名客户经理,如何与客户沟通,完成开户任务,如何指导学生取号、填传票,如何在过程中跟进顾客,了解顾客的还款过程,并督促其按时还款。

两年的学发行时光,黄同学从客户经理到风险评估员再到柜员,这一路走来,他渐渐变得细心严谨、善于沟通。

现在,在日常的学发行工作中,黄同学既要完成行长交代的任务,又要管理好40多人的团队。在这里的每一个日子,黄同学从给予客户的每一个微笑与每一声问候中体会学发行的服务理念,在与客户交流时理解客户心理,黄同学体会客户需求,认真为客户排忧解难。

并且,随着学发行规模的扩大与职业化程度的提高,黄同学参与到学发行业务流程的制作与行规的制定中,他用自己一点一滴的付出打造着学发行的品牌,而同时学发行也在潜移默化中影响着他,让他在服务客户的同时自己也得到了成长。

回顾两年的工作经历,黄同学坚定地将"借奖贷助学之式,培感恩奉献之德;以共同成长之意,铸学校和谐发展之风"作为自己的座右铭。

职业发展——学发行给你多样收获

袁同学是2011级国际商务1班的一名学生,2013年年初,她加入还在筹备中的学发行10人小组,担任总行办公室主管。1年后,竞选成为学发行的第一任行长,负责五大部门的协调、任务分配、进度跟进、日常考核等,管理着100余名行员。

"学发行是一个很有活力的集体,我们在工作之余还组织了很多活动,增加团队的凝聚力,所以在这里收获的不仅是经验,还有奇妙的友谊",袁同学说。高负荷的工作并没有给袁同学带来困扰,反而使她充满活力和干劲。"学发行的工作是我大学生涯中最有意义的一部分,这份经历使我对银行和职场有了直观感性的认识,也给我的简历增添了极具分量的一笔,无论是在汇丰银行总部实习,还是激烈的求职竞争,学发行都给我带来了极大的优势。"袁同学表示。

身为行长,她不断要求自己要以身作则,树立榜样。大学4年,袁同学的专业成绩都是第一名。临近毕业,袁同学选择了出国深造,2015年7月赴英国约克大学攻读硕士学位。

第三节 培养人际交往能力

一、大学生的人际交往

(一)大学生人际交往的概念

大学生人际交往的定义,不同学者有着各自的认识,但其本质是一致的,即认为人际交往是一种相互交换的关系,即人际交往就是在社会生活的活动过程中,人与人之间的交流思想、沟通情感、传递信息与相互作用、交换物质的动态过程[1]。

人与人之间通过交往和相互作用而形成的心理关系,即为人际关系。大学生的人际关系表现为大学生在学习、生活、工作中发生的与他人之间的心理关系,对其日常学习生活、身心健康、全面发展有重要的影响作用[2]。

(二)大学生人际交往的特征

1. 大学生人际交往具有广泛性

步入大学之后,大学生会发现自己的人际关系中多出了很多其他角色。以往在中小学,主要是家庭的亲子关系、同学关系、师生关系,较为单一。在大学里,还有与其他学院同学、朋友的交往,与高年级的学姐学长的交往,甚至还有与社会组织、企业之间的交往。忽然之间,人际交往范围扩大了。

2. 大学生人际交往的迫切性

大学生在生理上已经步入了成年的阶段,从心理上也试图走入成人世界,

---

[1] 孟庆荣,徐向春.人际交往与沟通[M].广州:暨南大学出版社,2016.
[2] 高湘萍,崔丽莹.当代大学生人际关系行为模式研究[M].上海:上海社会科学院出版社,2008.

他们希望去接触了解更多的事物,这便体现出其人际交往的迫切性。

3. 大学生人际交往平等性

大学生进入成年阶段,身心发展趋于成熟,自我的认知更加独立,渴望与他人之间的平等交流,期望得到应有的尊重。

(三)大学生人际交往的类型

大学生的人际交往关系可以概括为以下五种。

1. 亲子交往关系

大学生的人际交往关系中最基础的就是亲子交往关系。就大学生群体总体而言,或多或少与父母存在着"代沟",这个阶段的交往,主要是经济上的支持和情感上的交流。

2. 师生交往关系

在学校环境中,师生交往成为大学生重要的交往关系。大学阶段的师生交往关系相对更加平等和民主。

3. 同学交往关系

同学交往是大学生中最为广泛、最为频繁的一种交往,同时也是最单纯的一种交往。同学之间的情谊,没有那么多功利因素掺杂其中,也没有太多社会世俗的影响。在同学交往关系中,有一种关系经常会困惑大学生,那就是寝室关系,很多学生因为室友之间生活习惯、"三观"不同,从最初的好友关系发展为敌对关系,甚至吵到不可开交。关于宿舍关系的介绍可以参见本书第四章相关内容。

4. 朋友交往关系

朋友交往关系不限于同学的身份,如异性之间的交往、非同学之间的同性交往,这种交往关系相比单纯的同学关系更具复杂性。

5. 网络交往关系

网络交往关系是信息化社会催生的一种新型的交往关系,体现出更为复杂的特征。

(四)大学生人际交往技巧

大学生在人际交往过程中,需要注意一些技巧的运用,以帮助自己提升人际交往能力,构建良好的人际交往关系。

首先,坚持人际交往的基本原则和行为规范,包括道德规范、习俗规范、礼仪规范、法律规范,人与人交往中,若彼此均能做到遵守规则、规范,才能形成良性的交往循环。

其次,了解人际交往的一些特殊效应,如"首因效应"等。人与人初次见面,彼此为对方留下的印象,会在对方头脑中占据主导地位,进而影响其后续的交往发展①。

最后,从个体内在修养和外在仪态来提升魅力。外在仪态比较容易提升,内在修养需要时间的积累。内在修养可以通过阅读、思考、实践,广泛涉猎不同的知识领域,扩充自己的知识面,提升道德修养、心理素养和文化知识素养,不断提升自己的优势,克服自身存在的不足,树立积极健康的形象,拉近与他人交往的距离。

二、用理智升华爱情

(一)爱情是什么

爱情,从古至今,一个亘古不变的话题。从莎士比亚的罗密欧与朱丽叶,到中国的梁山伯与祝英台,多少关于爱情的故事成为流传千古的佳话。《诗经》中"执子之手,与子偕老"的名句成为多少人的爱情座右铭。

爱情究竟是什么?每个人都有自己的定义。爱情可以分为广义的爱情和狭义的爱情。广义的爱情,涵盖了男女、亲子、朋辈等关系。狭义的爱情,则是单纯的男女之间的异性爱慕之情。美国学者纳撒尼尔·布拉登认为"爱情是人们对所爱的人所具有的一种心理倾向性,一种态度。它比那种时刻变化着的情绪或情感要深刻得多,持久得多。作为一种倾向性,爱情倾向于将所爱的人看作具有重要意义的个人价值的重要体现。作为一种结果,爱情是一种真实而内在的愉悦过程。"②

【案例5-4】

小王的爱情抉择

小王同学,系沪上某大学2016级金融学专业学生。大一第二学期,小王同学与其他院系的一名女生小璐同学互相表白,建立了恋爱关系。

小王是上海本地学生,父母经营着家族企业,生活条件富裕。小璐来自西南偏远贫困地区,父母务农,家中还有一个弟弟在上初中。小王同学的母亲态度十分坚决,要求其找女朋友只能为本地人,不能有任何违抗。自幼,小王同学便是父母眼中的乖宝宝,他不敢惹母亲生气,因为母亲身体健康状况欠佳。小王为此很纠结。

---

① 刘鲁蓉.管理心理学[M].北京:中国中医药出版社,2010.
② 纳撒尼尔·布拉登.浪漫爱情的心理奥秘[M].杭州:浙江人民出版社,1988.

第五章 适应独立生活

经过一个暑假的深思熟虑,他最终决定与小璐分手,为了维护小璐的自尊,通过引导,由小璐主动提出了分手。分手后,小王觉得很自责,一方面对父母要孝顺,不能惹他们生气;另一方面,对于自己喜欢的女生也不能很好的保护。于是,他陷入了更深的纠结之中……

爱情是什么?且看来自同学们的心声:

A:爱情观啊,我感觉我爱情观比较奇怪,我觉得恋爱是两个人的事情,并没有谁就应该一味付出什么。感觉现在好多人都觉得,谈恋爱,男生就该给女生买口红、买包包,女生心情不好就要哄,你不懂化妆品不懂衣服就是直男癌……我觉得那为啥就不能是女生给男生买键盘、买鼠标,了解了解游戏什么的呢?如果女生连这个办不到,为啥要要求男生办到上面那样子呢?谈恋爱是相互的,都应该有付出,都应该有收获。

B:我觉得现在一切都很快,有很多人受营销号的影响,觉得恋爱了男生就该为女生做很多很多事情,做不到就是不懂、不了解。我很喜欢这句话:各自有稳定的工作和交际圈,在成长路上一路扶持,又在对方面前天真的像个孩子。独立又亲密,相爱又自由。没有斗智斗勇,只有相辅相成。

C:志同道合谈不上,但是所谓真正的爱情,只有两个人共同进步,才能避免矛盾,增加谈资。进步是指各个方面,包括性格、眼界、兴趣、知识,毕竟爱情并不是生活的全部。

D:在你成为想要成为的人之前,遇见的人都是不对的人。

E:我觉得吧,理性可以升华爱情,但是升华的太高,爱情就失去了烟火气。爱的太深会失去理性,太过理性又会磨灭爱情,所以我觉得爱情和理性之间是存在弹性的,要找到平衡点才是最好的状态。

F:恋爱是热情奔放、甜蜜加烦恼,不能长长久久;婚姻是理智稳定繁琐,需要耐性。由恋爱到婚姻是激情渐渐消退的过程,也是沉淀酝酿像陈酒一样纯厚亲情的过程。

追求爱情是每个人生来所有的一种本能,人们渴望获得浪漫而美丽的爱情,但在现实生活中,更多人所经历的爱情,是甜蜜与苦涩相交融的。在追求恋爱关系之时和建立恋爱关系之初,我们体会到的是美好美妙的感觉,即所谓"被爱情冲昏了头脑",那种感觉甜甜的,满心欢喜,满是幸福。但经过一段时间之后,难免会产生矛盾、纷争,于是最初的甜蜜感觉慢慢变淡了,甚至当缘分走到尽头的时候,彼此分手,各奔东西,那时的感觉更是苦涩。极端的还会发生这样的悲剧,男生与女生分手后,某一方承受不住这种痛苦,选择用自残的方式惩罚自己,甚至选择结束自己的生命(关于情感危机的相关内容还可以参考本书第四章)。这当然是一种错误的爱情观,更是一种需要批判的生命观。

总而言之,爱情是美好的,她让我们体会到了世间的美好;爱情是浪漫的,她让我们真切感受到了被爱的需要;爱情也是苦涩的,她让我们感受到了七情六欲的存在;爱情更是平凡的,她让我们慢慢体会到长大的美丽。

(二) 用理智升华爱情

1. 爱情的理论

关于爱情的理论有很多,这里我们重点介绍斯滕伯格爱情三角理论。美国心理学家斯腾伯格认为爱情是由三个基本部分组成的,即激情、亲密和承诺。其中,"激情是爱情中的性欲成分,是情绪上的着迷;亲密是指在爱情关系中能够引起的温暖体验;承诺指维持关系的期许或担保"。

经历过爱情的人都能体会到,当情侣双方都进入激情状态时,能真实地感受到快乐和快感,这种快乐和快感也就是我们平时所讲的像触电一样的感觉。同时,在情侣之间彼此分开后,双方的互相思念,也是这种激情的延续,有种"一日不见,如隔三秋"的苦涩之感。亲密是爱情的情绪成分,这当中包含着与对方思想和身体的亲密接触,这种接触能够让彼此感到温暖和愉悦。承诺是爱情中偏向认知和思维的部分,在一段恋爱关系中彼此为了让对方能够心安,均需做出承诺,即向对方保证,不论将来发生什么问题,均需彼此忠贞和坚持。

斯腾伯格认为激情、亲密和承诺这三个维度,在现实生活中存在不同的排列组合模式(见图 5-1)。所谓的"浪漫之爱"只有亲密和激情,而缺少了承诺;"友情之爱"则是亲密加承诺,而缺少了激情;"荒唐之爱"则是激情加承诺,而缺

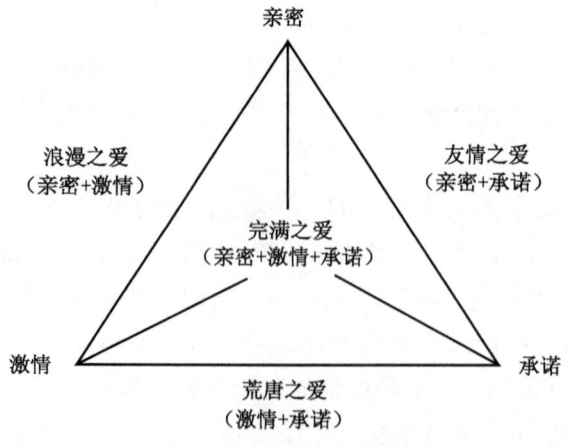

图 5-1 斯滕伯格爱情三角

少了亲密。所谓"完美的爱情",一定是同时具有激情、亲密和承诺这三要素的。而在现实中,这三者之间往往存在着这样的关系,在爱情发生之初,激情是一点点增加的,随着时间的不断延长,激情会慢慢褪去,而亲密和承诺则越来越占重要的位置。认识到爱情的这一理论,也许我们对待爱情态度会更趋于理性一些。

2. 爱情的基本特征

爱情包括平等、激情及异性心理差异等特征。

第一,爱情的双方一定是平等的。"它是一种相互的平等的爱。即是说,这种爱建立在男女双方平等自愿和相互同意的基础之上。"[①]当异性之间互相吸引,互相喜欢时,就意味着可能会建立恋爱关系,而恋爱关系的建立,必须是建立在彼此平等的基础之上。如果男女双方有一方不爱对方,那么这样的感情不能称之为爱情,因为这种感情是不平等的。

第二,爱情里包含了激情的成分。正如前文斯滕伯格爱情三角理论所述,在爱情中激情的成分起着最初的决定作用,爱情的建立是在激情的基础之上的。

第三,异性之间的爱情心理差异较大。男性更关注被女性所接纳、信任和欣赏,而女性则更需要感受到男性对其的关心和照顾。在寻找自我价值时,男性更倾向于从成就中建立自我,而女性则是从人际关系中肯定自己。男性在情绪低落时,需要感到自己的能力是被肯定的,而不是别人给予的忠告;而女性在情绪低落时,则需要别人聆听她的感受,而不是替她分析和建议。

(三) 恋爱的心理定律

在恋爱关系中,存在着一些有趣的心理定律,如角色定势心理、光环效应、利他原则、契可尼效应、麦穗理论等。

角色定势心理是社会对男性女性在恋爱关系中给予的角色认定。一般情况下,人们普遍认为男性应该是男子汉,充满阳刚之气,硬朗,有责任心,有担当;而女性则应该温柔、体贴、善解人意、体现出阴柔之美。但现实生活中,也存在着男性有点柔弱,女性有点刚毅的情形。

光环效应比较容易理解,即因对方某一方面或几方面非常优秀,而产生好感,甚至崇拜,体现出万丈光芒的感觉。

利他原则是指在恋爱关系中,男女双方彼此为对方考虑,从有利对方的视角出发,去分析判断事情。

---

① 徐善伟.典雅爱情特征及其社会影响[J].上海师范大学学报(哲学社会科学版),2003(11):82-88.

契可尼效应是指人们对做事持有一种有始有终的态度,如果某件事没有完成,会把这件未完成的事记于心中,印象要比已经完成的更深刻。体现在恋爱中,便是人们对初恋的认识,由于初恋并未产生完美的结局,因此失恋后,或者与他人再次恋爱时,其对初恋的感受和记忆仍然是深刻的。

麦穗理论源于古希腊哲学家苏格拉底和其三个弟子的故事。故事大致意思为:苏格拉底的三个弟子向其请教怎样才能找到理想的伴侣,于是苏格拉底带领弟子们来到一片麦田,让他们每人在麦田中选摘一支最大的麦穗——不能走回头路,且只能摘一支。第一位弟子刚刚走了几步便迫不及待地摘了一支自认为是最大的麦穗,结果发现后面的大麦穗多的是;第二位一直左顾右盼,东瞧西望,直到终点才发现,前面最大的麦穗已经错过了;第三位把麦田分为三份,走第一个 1/3 时,只看不摘,分出大、中、小三类麦穗,在第二个 1/3 里验证是否正确,在第三个 1/3 里选择了麦穗中最大最美丽的一支。

(四) 大学生应树立理性的爱情观

1. 当前大学生不良爱情观的表现

当前大学生群体中对待爱情的态度也存在着一些不良现象。一是对待恋爱行为不慎重,未经长期深入的交往了解就简单地确定恋爱关系,不考虑对方到底适不适合自己,不考虑彼此间是否有真感情,更不考虑恋爱的结果,单纯地为了恋爱而恋爱,由此必然会产生种种恋爱问题,导致恋爱过程中行为的偏离,并且失恋现象也就普遍存在[①];二是受社会功利化思想影响,过多的考虑对方的家庭背景,过多的考虑对方是否能够给自己带来发展上的帮助;三是受传播媒介的不良影响,追求即兴的刺激,彼此双方不需要负责任;四是不顾场合,忽视社会公德,公开亲密行为,从而对他人造成了不良影响。

2. 理性的表达"爱"

爱情,如何去表达,也是大学生需要掌握的一种技巧。首先,积极倾听。听是一门技术,也是一门艺术。当别人叙述的时候,我们不妨学会积极的倾听。在恋爱关系中,积极的倾听是彼此维持良好关系的基础。其次,重视重要时刻。恋人之间需要激情来增进关系,而激情需要精心设计一些重要时刻,如纪念日、生日或特殊场合的约会等。再次,给他/她肯定的语言鼓励。异性之间从开始的爱慕,到追求,到确立恋爱关系,彼此的肯定和认可非常重要。建立关系之后,更需要给对方积极的语言鼓励,让彼此都感受到自己在这段关系中的价值。

---

① 邓婷.当代大学生爱情观研究[D].北京:中国地质大学.2015(5):33.

【拓展阅读 5-5】

心简单了，人就快乐了[①]

（一）

不知道你有没有这样的时候，突然觉得心情低落，觉得事情都在朝着越来越糟糕的境况发展，觉得所有一切都在和自己过不去，莫名地想哭，莫名地脆弱。

我们不知道自己将来会变成什么模样，不知道自己会拥有什么样的生活，不知道自己什么时候才能过上那种可以随心所欲，做自己想做的事情的日子。

这个时代走得很快，我们每天都会接收到很多很多讯息，看得太多，可能够得到的太少，于是我们越来越容易变得杂乱和焦躁。

在人世间浮沉越久，想要的东西就会越多，心里的事情太多太杂，思绪就变得越来越忧愁。可你有没有想过，我们追求的，从来都是幸福和快乐，而不是烦闷和苦恼。

当你把心静一静，让一切回归原点，就会发现，生活的累一小半来源于生存，一大半来源于自己。心若是小了，小事也成了大事，塞得满满当当；而当心放宽了，大事也成了小事，可以轻巧地解决掉。

心越简单，人越快乐。

（二）

成年人的世界的确不容易，每个人都有自己的苦楚和艰难，但是人生本就是一场修行，经历多了，懂得的多了，才会更透彻。众生皆苦，但总有些人活得更快乐，并不是他们拥有的比旁人多，而是心里的度比旁人更清晰。心里越坦荡，越明白做人要常怀感恩之心，知足常乐，日子就会变得更自在。做简单的人，过简单的生活，那么任凭世事纷扰，也总能信步闲庭，悠然自得。

想不开的事情，就不去想；看不透的人，就不去看。一辈子不过百年，命里有时终会有，命里无时莫强求，别把时间白白浪费在那些让自己不愉快的人和事情上。那些注定要失去的，本就未曾真正属于你，所有的分离，都是在为真正的合适让路。

作家艾小羊有这样一句话说："不断被抛弃和害怕被抛弃成了时代病，我们不愿意认命，所以害怕停下来，慢下来。"

我们想要的东西越来越多，可我们需要的东西实际上根本没有那么多，总

[①] 茶茶.选自"十点读书"微信公众号(ID：duhaoshu),2018 年 6 月 29 日推送.

有你无法攀登的高山,总有你无法解决的麻烦,可生活里除了这些沮丧和焦虑,还有那些随处可见的小确幸,不是吗?

所以你要学会调整自己的心态,关照自己的内心,了解自己真正想要的是什么,不要一味求多,更不能沦丧在不开心中。别那么在意他人的看法和评价,让生活中少一些钩心斗角和尔虞我诈。想太多,心就乱了,凡事往简单去想,日子才更容易过得简单快乐。

(三)

时时反思自己的生活就不难发现,大部分不如意,都是在和自己过不去。就像杨绛先生在回给一位年轻人的信中写的那句话:"你的问题在于读书不多而想得太多。"真真假假,恩恩怨怨,是非对错,其实都没有那么重要,生活是用来享受的,不是用来和一些无关紧要的人事物钻牛角尖的。没有谁能做到让所有人都喜欢,也没有谁能够解决世界上所有的麻烦。很多事情换个角度去看就又是一片晴天,那何必把自己挤在逼仄的角落里动弹不得呢?难过的时候就去做一些其他忙碌的事,心情不好的时候就少听悲伤的歌,别为难自己,要把更多的时间拿来做一些能够增加自己幸福感的事情。

学着定期给心灵减减负,别在深夜任思念作祟,别打扰不该联系的人,别拿旁人的错误惩罚自己,少一些多愁善感,就会多一些坚定坦然。

愿你一生欢喜,一生被爱,愿你想要的都拥有,得不到的都释怀。

愿我们,都能用简单的心态,过简单幸福的生活,共勉之。

第四节 增强时间管控能力

一、时间管理的内涵

(一)什么是时间管理

学者李光伟指出,时间管理就是要使人们对时间的使用从被动地自然经历和自然打发,转而系统地、集中地、有计划、有目的地主动分配使用,进行高效能的富有创造性的活动。刘维利认为,时间管理是指日常活动中,执着并有目标地应用可靠的工作技巧,引导并管理个人的生活,合理有效地利用可支配的时间。综观时间管理的各种界定,可以将时间管理概括为一种有计划、有目的、高效合理地利用可支配的时间来进行富有创造性的活动[①]。简单说来,时间管理

---

① 答会明,樊史红.大学生时间管理研究综述[J].陇东学院学报,2017,28(2):113-117.

就是指运用策略和技术,帮助你尽可能有效地利用时间的方法。

【案例 5-5】

小张的大学生活

小张是一名刚入学的大一新生,满怀憧憬来到了美丽的大学校园。从踏进校门,他就开始给自己规划了丰富多彩的大学生活,当上学生会干部,拿到奖学金,考取大学英语六级证书……刚开始,他和其他同学一样制定了详细的日程表,每天计划安排的满满当当,是名副其实的早出晚归型。他经常对同学们讲:"忙并快乐着!这样的生活很充实。"

随着时间的推移,他发现自己开始适应不了繁忙的生活,每当他做一件事情时,总会有其他事情源源不断地冒出来打扰他,原有的充实感渐渐地被焦虑感所替代。一天晚上,他正在完成一个重要的科技创新比赛作品,院学生会主席临时找他开会商议如何开展学院的体育文化节活动,作为优秀干事的他自然不能拒绝,结果开完会回到寝室已经是晚上 11:30 分了,想着第二天就要上交的比赛作品还没有完成,小张十分沮丧,只能熬夜赶作品,结果不仅影响了第二天的上课而且作品还因为时间仓促,质量不高而落选。就这样,他始终囿于各种各样的事情而无法协调好时间,正如他计划在大二就能通过大学英语六级考试,但是直到毕业也没能获得大学英语六级的证书。他常说大学里最遗憾的事情,就是没有合理地规划好时间,真正实现自己想要的目标。

我们很多人都知道时间的重要性,但依然乐此不疲地在不经意间浪费时间,不懂得如何管理时间实现自己的目标。现代管理学之父彼得·杜拉克曾说:"人都是时间的消费者,但大多数人却是时间的浪费者。"就像杜拉克讲的那样,我们大多数人并没有学会管理时间为我所用。时间管理作为迈入社会前最应掌握的技能,对大学生来讲至关重要。

(二) 时间的属性

1. 平常性和不可交易性

作为司空见惯的资源,每个人都会和时间打交道,对时间再熟悉不过,因而人们最容易因为时间的平常性而忽视时间的存在,忘记了珍惜时间的重要性。对于每个人而言,时间也是无法交易的,我们不能相互交换自己的时间也无法阻止时间的流逝。

2. 稀缺性和不可替代性

时间作为一种资源,非常稀缺而且不可替代。古人云:"一寸光阴一寸金,寸金难买寸光阴。"我们常说"时间就是生命""时间就是效率",讲得其实是时间的边际价值递增效应,也就是说时间的价值和作用会随着社会的发展和科学技术的进步而日趋增大。社会的发展会带来生产效率的提升,单位时间的价值产生率也就越来越高;反之,如果浪费时间,付出的机会成本就会越高。

3. 公平性和不可再生性

每个人的寿命都是有限的,从出生到死亡,用过的时间不可能再追回,不因为人的高低贵贱而使人获得再生的时间。时间也是公平的,无论是高矮胖瘦还是富贵贫贱,每个人每天面对 24 小时,规定的时间内,谁的时间规划利用的好,谁就能创造更大的价值[①]。

(三) 时间管理的价值

每个人在时间的维度上没有多寡之分,都享受着一年 365 天,一天 24 小时,并拥有一定时限的寿命。我们一天中,消耗 8 小时左右用于工作或学习,消耗 8 小时左右用于睡眠,消耗 8 小时左右用于喝茶、看报纸之类的休闲活动。但为什么同样的时间里产生的效果却不尽相同?有的人实现人生价值,充实而又快乐,而有的人却碌碌无为,一无所获而心怀懊悔,是时间老人在偏爱某些人吗?

不是,秘密在于这类人懂得时间管理的价值。工作上的时间管理可以让工作效率成倍提升,协调工作系统化,排除干扰统筹任务;学习上可以把握好各种学习资源,合理安排学习进度,有效提高学习成绩;生活上可以让我们科学安排计划,统筹各种角色身份和与之对应时间精力分配,充实自我生活,维护各类情感和谐。

二、时间管理的误区

(一) 漫无目标,随遇而安

没有目标,航船就没有方向,随波逐流;没有目标,人生就会虚度空耗。众多案例表明,大学新生普遍存在着迷茫思想,不知道大学是什么,也不知道上大学为什么读书,没有明确的目标,自然会把大量的时间消耗在休闲娱乐上,走到哪里算哪里,或人云亦云,在对自己毫无价值的活动上虚耗时间,最终一事无成。

(二) 不思进取,消极懈怠

人们常说"人最大的敌人是自己"。有的学生缺乏拼搏进取的意识,沉醉于

---

① 夏庆丽,罗一清. 论时间管理[J]. 黄冈师范学院学报,2017,37(4):1-4.

用"还有明天"这样的话语安慰自己;有的学生沉溺于幻想世界,空想编织白日梦;有的学生学习态度不端正,回避困难,用无聊的事务替代本应开展的学习、工作,上网聊天、打游戏、追剧等活动消磨了大量宝贵的时间。

(三) 缺乏决策,犹豫不决

很多时候,个体对于选择心存畏惧,患得患失。有一位大三学生,反复纠结于考研还是找工作,结果不仅错失了找工作的最佳时机,而且因为时间不足,复习不深入,考研也失利了。凡事有利亦有弊,大学生应当学会选择,勇于为自己的决定承担责任。

(四) 安排紊乱,缺乏计划

在学习生活中制定计划,会帮助自己按部就班地完成任务,心怀成就感,自然精神饱满自信乐观。但不可否认的是,身边总有这样那样的同学对计划并不重视,甚至是不屑一顾,究其原因,主要是有以下几点问题:

(1) 没有计划,任务依然能够完成。
(2) 不知道制定计划的目的和意义。
(3) 不知道制定计划的方法。
(4) 目标过高,计划难以执行,自信心丧失。

(五) 精力分散,不会拒绝

人的精力是有限的,我们不可能把精力投入所有我们认为重要的事情上。认清自己的优势和能力,发挥自己的特长,把有限的时间用到"刀刃"上才能避免时间的浪费。生活中,大学生经常碍于所谓"面子",不会量力而行出言拒绝,经常承担自己不能胜任的承诺,这样不仅浪费自己的时间还浪费了别人的时间。

(六) 完美情结,消极拖延

人们常常会有完美情结,当我全力以赴,但我想那还不够好;当我付出所有,但我猜那还不够多。世间万物皆没有完美,忽略事物本身意义,过分追求完美只会导致空虚与挫折。除了完美情结,还有消极拖延,常常认为事情可以等到明天,从而造成消极拖延。消极拖延的主要原因有以下几点[1]:

(1) 认为做某事花费时间太多。
(2) 认为长期性工作可以拖延。
(3) 某事现时对自己不重要。

---

[1] 侯士兵,杨薛雯.大学生职业发展素养[M].上海:上海交通大学出版社,2016.

(4) 没有承诺去做某事。
(5) 现在没有兴趣做它。
(6) 没有完成工作的期限。
(7) 看不到做某件工作的现实利益。

【案例 5-6】

时间的惩罚

每年我们都会迎来大学新生,他们对自己"未来"的生活安排早已跃跃欲试,从怀着一切梦想的高中到梦想着实现一切的大学,象牙塔在新生的眼中就是一块"自由"之地,学生小李就是这样的学生。

记得入学后定目标时,他打算考本地一所211高校的研究生。可执行学业规划时,面对从来没有拥有过的可自由支配的大量时间,他迷茫了,不知道该如何安排。不知不觉中,他喜欢上了网络游戏,每天大量时间都在网吧度过。面对自己的学业,他也感到时间紧迫,应当努力学习,可真到坐下来看书时,他又会对自己说:"时间还早,我还是从明天开始认真读书,做作业,背书……"可到了第二天,他又无法抵制网络游戏的诱惑,对读书心不在焉,完全无法进入学习状态,于是又很自然地安慰自己:"时间还有,明天状态就会好,我明天一定把这两天的任务补回来"。

日复一日,他总找不到高中时那种专心致志学习的感觉,学习成绩直线下降,最终因学业问题而退学。这对曾经超过当地重点线60多分录取的他,结果令人唏嘘。

三、时间管理的方法

按照美国著名管理学大师史蒂芬·柯维的说法,分清事情的轻重缓急以及培养组织能力是时间管理的精髓。他把时间管理的历史脉络分为四代:第一代强调简单的记事功能,主要是利用便条和备忘录以调配忙碌中的时间与精力;第二代强调行事历与日程表,侧重于强化规划未来的重要性;第三代强调顺序的优先性,也就是依据事情的轻重缓急来划分长中短各个时期的目标计划,合理分配时间与精力以实现提高效率的目的;第四代强调个人的管理,注重生产效能,侧重于所完成事情的有用性。

(一) 时间管理矩阵

第四代的时间管理理论,把时间按其紧急性和重要性分成四个象限,形成时间管理的优先矩阵①(见图 5-2)。

项目	紧急	不紧急
重要	第一象限[碎石型] 突发的重要事情： 紧急通知的重要会议； 重要客人突然造访等 ——无法预料，但必须重视的	第二象限[石块型] 涉及目标、关乎自身发展的事情： 重要考试、听课、听讲座、重要活动等 ——未雨绸缪、重要的
不重要	第三象限[细沙型] 突发的不重要事情： 不速之客的拜访、电话、短信、 同学生日聚会、车站等人、排队等 ——被动的、无奈的	第四象限[水型] 可做可不做的杂事： 闲逛、打游戏、看无聊的电视剧、闲聊、吵架等 ——主动、多余的

图 5-2 时间管理矩阵图

1. 重要而紧急事情

诸如完成马上要交付的工作、危机干预、临考复习、住院开刀等，这些事情是对经验和判断力的检验，有期限压力，属于需要快速做好的内容。

2. 不重要而紧急事情

诸如临时召开的会议、突然造访的朋友、意外的电话等契合他人期待的事情都属于这一类。表面看似重要而紧急，因为紧急会让人产生"这件事很重要"的错觉，实际上就算重要也是对别人而言。如果我们花很多时间在这里面打转，自以为是重要而紧急事情，其实不过是在满足别人的期望与标准。

3. 重要而不紧急的事情

这些事情包括参加日常培训、人际关系建立、问题防范等。不注重这个领域将使重要而紧急事情日益增多，让我们陷入更大的压力，在危机中疲于应付；反之，多投入一些时间在这个领域，做好事先的规划、准备与预防措施，防患于未然，有利于减少重要而紧急事情。

4. 不重要而不紧急事情

这些事情包括阅读令人上瘾的无聊小说、毫无内容的电视节目、办公室聊天、上网玩游戏等。

为了做时间管理矩阵，你通常要先列一份任务清单，把任务按照重要程度和紧急程度进行排序填写在表 5-1 中，然后将工作任务填置于表 5-2 中的不同

---

① 龚永坚，戴艳，吴乐央. 大学生职业生涯规划[M]. 北京：高等教育出版社，2016.

象限内,并按照表 5-2 中分配的时间比例去执行。执行中,要坚持第二象限优先法则,走出第一象限,坚决从第三象限挤出时间,少做或不做第四象限的工作,把工作时间的分配往第二象限倾斜。

表 5-1　任务分类表

重要工作	不重要工作
(1) _____。 (2) _____。 (3) _____。 ……	(1) _____。 (2) _____。 (3) _____。 ……
紧急工作	不紧急工作
(1) _____。 (2) _____。 (3) _____。 ……	(1) _____。 (2) _____。 (3) _____。 ……

表 5-2　时间管理的高效能方式

	紧急	不紧急
重要	Ⅰ　20%～30%	Ⅱ　50%～60%
不重要	Ⅲ　15%～20%	Ⅳ　<1%

【案例 5-7】

做好当下最重要的事

美国伯利恒钢铁公司总裁查理斯·舒瓦普曾向效率专家艾维·利征求公司管理的意见,请教他如何更好地执行计划。起初,舒瓦普对艾维·利没有抱太大希望,他认为自己得不到什么有效的建议。然而,艾维·利却说可以在 10 分钟内给舒瓦普一样礼物,那就是在短时间内让公司的效益提高 50%。接着,他递给舒瓦普一张空白纸,说:"请你在这张纸上写下你明天要做的 6 件最重要的事。"舒瓦普用了 5 分钟写完,艾维·利又说:现在用数字标明每件事对于你和你公司重要性的次序。这又花了 5 分钟。艾维·利说:好了,把这张纸放进口袋,明天早上第一件事就是把纸条拿出来,做第一项最重要的,不要看其他的,只看第一项。着手办第一项事,直至完成为止。然后用同样的方法对待第二项、第三项,直至你下班为止。如果只做完第一件事,那不要紧,你总是在做最重要的事!艾维·利最后说:每一天都要这样做——你刚才看见了,只用10分钟时间——你对这种方法的价值深信不疑之后,叫你公司的人也这样干。这个试验你爱做多久就做多久,然后给我寄支票来,你认为值多少钱就给我多少。一个月后,舒瓦普给艾维·利寄去一张 2.5 万美元的支票,还附了一封信,信中说那是他一生中最有价值的课。5 年后,这个不为人知的小钢铁厂一跃成为世界上最大的独立钢铁厂。这个价值 2.5 万美元的方法其实告诉我们做好当下最重要的事情就能提高时间管理效率。

(二) 80/20 定律

80/20 定律又称二八定律、帕累托法则、帕累托定律、最省力法则、不平衡原则等,该定律被广泛应用于社会学及企业管理等领域。80/20 定律主要描述投入与产出,因与果,付出与回报之间的不平衡关系。将事物对立的两个方面划分为重要和次要两个部分,前者占比 20%,后者占比 80%,用以体现投入和产出的不平衡关系。例如,在学习效率上,会出现投入 80% 的时间和精力做 20% 对实现学习目标最有用的事情(如学习方法的掌握);在人际关系上,投入 80% 的精力在 20% 的重要关系人群上。80/20 定律告诉我们,在任何事情上,造成不平衡关系的两个维度可以分成两种不同类型:①多数但它们只造成少数影响;②少数但它们造成主要、重大影响。

在时间管理上,我们可以理解为要使学习工作效率更高,可采用的方法就是花费 80% 的时间用于开展最重要的 20% 的工作,非重要工作花费时间不要高于 20%。可通过时间管理表(见表 5-3)来安排每天、每周、每月的计划任务。

表 5-3　时间管理表

任务序号	任务内容	重要及紧急程度	起止时间	使用时间	计划/中断插入	评估

（三）ABC 时间管理法

ABC 时间管理法命名来源于管理学家戴克将帕累托法应用于库存管理,它主要依据重要性、关键性、迫切与有效程度将事务划分为 A、B、C 三个等级,代表着待办事情由重至轻,并以此为标准完成任务。

（1）A 类事务:最为关键、极为重要的事情,也是必须做且与个人目标高度相关的事务。这类事务的完成只能是完成者本人或其团队。

（2）B 类事务:应该做的事务,这类事务对目标实现有一定的现实意义,是非关键次要事务,可在短期内完成,其部分内容可授权给他人完成。

（3）C 类事务:这类事务不重要,对目标实现意义不大,价值较低且时间不紧急,一般可称为可以做的事,这类事务时间花费应尽量控制为零。

表 5-4　ABC 时间管理分类和特点

分类	比例	特征	管理要点	时间分配
A 类	占工作数量的 20%～30%,每天 1～3 件	最重要:具有本质上的重要性 最迫切:具有时间上的迫切性 有后果	必须做好 现在必须做好 亲自做好	占总工作时间的 60%～80%
B 类	占工作数量的 30%～40%,每天 5 件以上	重要 一般迫切 无重大的后果	一般管理 最好自己去做,一般授权别人办理	20%～40%
C 类	占工作数量的 40%～50%	无关紧要 不迫切 影响小或无后果	不管理,可以忘掉	0

ABC 时间管理法可帮助我们厘清工作思路,明确重点,杜绝个人喜好对工作的影响,我们可以通过表 5-4 来直观地安排自己的时间与任务。ABC 时间管理法要求先明确要完成的事务,确定事务的等级和前后次序,重要的时间段安排重要的工作,不同等级的工作自己或者授权他人完成,这样才能提高学习工作的效率。在实践中,应全力投入 A 类事务,直到完成后再做 B 类事务,C 类事务是能减就减,抓大事放小事,抓正事放杂事、抓要事放闲事。

四、有效提高时间管控能力

对时间的掌控,要在实践中去探索,能力的提升也需要一个过程。

（一）确定人生目标

看起来,这个题目很大,可是大学生感觉它很陌生却又近在咫尺。当被问及"你来大学的目的是什么?"或者"你的人生目标是什么?"时,大部分同学不能马上给出答案。其实,你无时无刻不在思考自己的人生目标,但如果写下来,你会发现它是那样震撼,如"我想成为一家上市公司的老板"。不要觉得好笑,这样逆袭的案例比比皆是。现在,你要做的就是把人生目标写下来。就像去旅行,只有知道了目的地,才能知道要选择哪条路线和交通工具,明确的人生目标陈述可帮你清晰地看到自己理想的未来,将看似遥不可及的未来拉回到现实。

（二）制定合理计划

人生目标确立了,你需要一份合理的计划帮助你有效安排时间。合理的计划必须坚持以终为始的原则,如果把"人生目标是什么"作为你的第一个问题,"为了四年后你期望的目标,你打算做什么?"就了你的第二问题,那么"最近六个月你打算如何度过""当下,你准备为实现目标做什么"就成了以此倒推的问题,直至你清楚地思考好长期、中期、短期和此刻你应当做的每一件事,记住,写下来,制成行动表格。计划可以根据需要不断完善,直到打造为适合自己的"最佳"方案。完善计划时,要善于排除干扰,确保计划无论如何修订都能围绕最终的目标,完善计划时,还要适当保留计划的弹性,使其适应不断变化的外部环境。

（三）行动不打折扣

很多大学生在入学之初给自己制定了详细的学习工作计划,可最后结果却不尽人意,究其根源在于行动缺失或大打折扣。行动的天敌是拖延,计划执行中往往会出现"等明天再说吧"类似的心理暗示,暂时回避计划执行,却在事后满是懊悔与自责。面对拖延情绪的来访,你要做的首先就是确认当初的目标是否还是你内心渴望实现的,如果不是,你需要重新确立目标,如果是,你要接着确认你的计划。你的计划是否超出了你的能力范畴,如果是,请调整计划,如果不是,请继续加油,不折不扣。唯有此,才能提高时间利用的效率,实现目标。

（四）培养坚韧意志

俗话讲"有志者事竟成"。爬山走到了半山腰,眼见山顶近在眼前,却走不动了,这时候人很容易泄气,心情通常很沮丧,很容易功亏一篑。人最大的敌人是自己,克服懒惰思想,培养坚韧的意志,是大学生有效掌控时间的利器。简单易做的事情通常不需要意志力,而需要意志力的时候通常出现在你不愿意或者不喜欢做的事情上。培养坚韧的意志,需要有足够的耐心,还要善于使用如下一些方法①:

---

① 阿兰·拉金.如何掌控自己的时间和生活[M].刘祥亚,译.北京:金城出版社.2005.

(1) 在感觉非常紧张繁忙的时候做好规划。

(2) 让自己始终在做某件事情，即便你最终未必能够成功。

(3) 克制自己的逃避欲望，尤其是在处理紧急却又非常重要任务的时候。

(4) 始终对自己充满信心，即便有过无数次失败。

(5) 每天都向着自己的人生目标前进一步。

(6) 克服恐惧心理，无论这种恐惧是真实的还是你想象的。

(7) 克制自己的冲动，不要去做那些简单却并不重要的工作。

时间就是生命，生命的价值远高于金钱，后者可以再有，前者逝去不会复还。在我们的生命中，时间是最为宝贵的资产，珍惜时间，科学管理，时间会为你所用，创造更多的价值；浪费时间，消极回避，时间会成为你的主人，你的世界将被时间所掌控，大学生应学会管理时间，提高时间管控能力，珍惜青春，用宝贵的时间去创造属于自己的天地。

本章思考

1. 如何提升大学生的责任意识？提升大学生责任意识有何重要意义？如何成为一名有责任感的大学生？

2. 通过本章学习，你是否了解如何利用时间，进而科学安排自己的大学生活？

第六章
规划职业生涯

> 一个人必须把她的全部力量用于努力改善自身,而不能把她的力量浪费在任何别的事情上。
>
> ——列夫·托尔斯泰

第一节 认识职业生涯规划

一、职业生涯规划的基本概念

长期从事大学生职业生涯规划行为选择及影响因素分析的姜明伦教授及其研究团队[①]通过计量分析得出结论,年级、专业、专业选择依据、专业满意度、职业发展方向、职业规划知识来源和职业生涯知识丰裕度对大学生制定明确的职业生涯规划有直接影响;年级越高的大学生比年级低的大学生具有更加明确的职业生涯规划;理工科大学生比文科大学生更倾向于制定职业生涯规划;依据自身情况选择专业的大学生相比于外界帮助选择专业的大学生具有更加明确的职业生涯规划;专业满意度越高的大学生越可能制定明确的职业生涯规划;清楚职业发展方向的大学生相比不了解职业发展方向的大学生具有更加明确的职业生涯规划;积极主动获取职业生涯规划知识的大学生更可能制定明确的职业生涯规划;职业生涯知识越丰富的大学生越可能制定明确的职业生涯规划。

---

① 姜明伦,等.大学生职业生涯规划行为选择及影响因素分析——基于宁波市6所高校的调查分析[J]高教探索,2015(2):110-116.

【案例 6-1】

大学学习的困惑

小磊是大一新生,由于没有考入自己最理想的学校和专业,刚入学没多久就觉得大学生活很灰色。高三紧张的学习生活,小磊没有养成任何兴趣和爱好,每天除了学习还是学习,他觉得在这样的环境中,考 90 分和 60 分似乎也没有什么区别,所以学习也变得失去动力。想起未来的发展,他觉得迷茫和焦虑,于是寄情游戏,将未来和发展的事情抛之脑后。

一开学,小莉就上大学二年级了。随着大学生活新鲜感的逐渐淡去,她成了校园里的"老生",天天都很忙,上课、听讲座、参加社团活动、和同学逛街、泡图书馆、考证……但她又不知道自己在忙什么。有时候觉得很累,可想到要为毕业后的工作打个好的基础,就觉得这些付出也许是值得的吧。可有时候又很迷茫,甚至有点沮丧,因为忙得无头绪,不知道这样的付出对未来的发展到底有没有作用。

小颜是大学生三年级的学生。刚进入大学的时候,他对自己 4 年后的目标就很明确——考研究生。这主要来自父母的意见,"现在要留在机关事业单位捧上'铁饭碗'都要研究生学历,家里本身是上海的,并没有太大的经济和就业压力,作为男孩子与其将来工作了辛苦在职读书不如一口气把书读完。"小颜开始还挺认同,但随着大学生活的深入,生性活泼开朗的他参加了很多社会活动,乐在其中并小有成绩。渐渐地,小颜觉得继续读研并不是他喜欢的,而且经过假期实习,他觉得机关事业单位的工作氛围也不是他喜欢的,自己更喜欢与人打交道和更具挑战性的工作。可是,迫于父母的期待和对本科毕业生能否找到好工作的怀疑,他虽然感到痛苦,却依然每天在图书馆复习准备考研。

你是否对上述几位同学的故事感兴趣?在大学生中,有人对自己的未来想得很清楚,一步一个脚印地往前走。但更多的同学要么对未来没有想法,希望自己在大四时再解决所有问题,一天天堆积焦虑;要么整天忙碌,不知力该往何处使;还有一些同学看似对未来发展有些想法,但又不能确定,甚至对达到目标缺乏信心。总的来说,同学们的困惑主要在两方面:我要去哪里?我如何去?

要回答这两个问题,奥美互动全球首席执行官布莱恩·费瑟斯通豪在《远见》一书中指出"我们的大学、研究生院和公司也许能教授世界上最好的技术和商业技能,但是世界各地才华横溢的人们却依然不知道,该如何将所有的建议、见解和最佳实践经验统合成一份连贯的职业规划,这令他们感到困惑和灰心。"

他用纵横职场30余年的洞察力提出一个终极问题:"职业生涯到底是为了取得成功还是为了发现快乐?"

布莱恩给出了自己的回答"构建一段成功的职业生涯的目的并不仅在于找到你热爱的工作,而是建立起你热爱的生活。"

因此,作为明确和制定职业生涯规划的第一步,身为大学生的你必须清楚职业生涯规划的相关概念和内涵。

(一)什么是生涯

1. 生涯的定义

在日常生活中,我们常听到生涯一词,如戎马生涯、学术生涯等说法。中国古人的诗词中也有生涯这个词,如南宋诗人陆游在《秋思》中写道"身似庞翁不出家,一窗自了淡生涯。"可见,生涯一词由来已久,"生"原意为"活着","涯"原意为"边际",生涯连起来就是"一生"的意思。国内学者对生涯一词的理解包括"生命从开始到结束的历程"[1]"一个人在其职前、工作过程中及退休后的生活中,所拥有的各种重要职位、角色的总和"。

生涯的英语为Career,从字源上看,Career来源于罗马语Careeria及拉丁文Carrus,两者的含义均指古代的战车。美国学者卡西欧认为生涯是一个人所从事的职业、工作或职业的顺序。美国国家生涯发展协会(National Career Development Association)提出,生涯是个人通过从事工作所创造出的一个有目的的,延续一定时间的生活模式。美国心理学家舒伯的论点认为:"生涯是生活里各种事态的演进方向和历程,它统合了人一生中各种职业和生活角色,由此表现出个人独特的自我发展形态。"这两个概念在西方学者和职业生涯领域中受到最为广泛的采用。

2. 生涯的特点

(1)终身性。生涯是人一生中的一个连续不断的发展过程,概括了一个人一生中所有各种职位和角色。

(2)独特性。生涯是个人依据其人生理想,为了实现自我而逐渐展开的一种独特的生命历程,不同的人有不同的生涯。

(3)发展性。生涯是一个动态的发展历程,个体在不同的生命阶段中会有不同的追求,而且这些追求会不断地变化与发展,从而促进个人不断地成长。

(4)综合性。生涯是以个体事业角色的发展为主轴,并包含了个体一生中所拥有的所有职位、角色的总和,不只局限于个人的职业角色,也包括学生、子

---

[1] 文武,舒卫华,刘登邦.大学生职业生涯规划与发展[M].武汉:华中科技大学出版社,2017.

女、父母、公民等各个层间的角色。

3. 生涯的内涵

(1) 生涯长度。生涯长度是指生命从开始到结束两个端点之间的跨度。其不仅包括绝对的人生长度，还包括人生每个阶段的"阶段性长度"。

(2) 生涯宽度。生涯宽度是指不同生命角色之间的跨度。按照舒伯的定义，生涯包含了若干种生命角色，生涯便是在这若干种生命角色之间铺陈、转换、递进的过程。

(3) 生涯厚度。生涯厚度是指个体在不同生命角色上投入的深度。同一角色的深度往往会随着事件的变化而有所变化，而不同角色的深度在同一事件会呈现出此消彼长的状态，如职业女性在平衡工作与家庭的关系时出现两个角色交叉的情况。

以毕业后的学生角色为例，会在几个集中性求学阶段达到高峰。走上工作岗位后，最初几年面临对工作的适应和将学校所学学以致用的任务，在学习角色的投入上降到最低点。随着适应工作新要求的需要，工作者希望进一步学习和深造，以更新知识和工作技能，这时会将部分或全部精力投入在职或脱产学习中，从而学生角色会达到高峰。学生与工作者角色的起起落落，组成了大部分人的职业生涯发展状态。待退休以后，许多人选择参加老年大学或以多种形式丰富退休生活，学生角色还会再一次上升。

【拓展阅读 6-1】

我的生命线

请在白纸上画一条直线，这条直线的长度代表了你生命的长度。思考一下，你期待自己活到多少岁？直线的一端是你所能记忆的开始，另一端写上你期待可以活到的年龄。

在这条生命线（见表 6-1）中找到你现在的年龄点，并标记出来，写下现在的年龄。

回顾你过往生命历程中有重大影响的事或人，在直线上方写出两至三件对你有积极影响的事或人，并在直线上标明年龄；在直线下放写出两到三件对你有消极影响的事或人，并在直线相应位置上标明年龄。

思考一下这些事情对你的影响，即它们如何使你成为今天的你。你可以提前准备一些用来表示重要事或人的小物品，如一张便笺纸或一枚曲别针，然后放一首自己喜欢的安静的曲子，慢慢地找到自己呼吸的节奏。之后在一个空间中找到一个起点,这是你所能回忆起生命的起点,然后随着自己的节奏慢慢地"走"过"自己的一生"。这可以是一条直线,也可以是一条随着"你的心"的曲线。在每"走"一个对自己发展重要的事件时停留一下,找一件能标识它的小物品,最终"走"到你认为的现在的年龄点。站在这里,回望一下过去,看看那些标识物,在过往的人生中,是什么总让你幸运?是你如何让自己走过那些艰难时刻的?将你走过人生视作一本未写完的小说,你会给它起个什么名字?你继续向前走,希望如何继续完成这本小说?

表6-1　生命线

_____的生命线

积极事件记录:

消极事件记录:

个人思考与总结:

(二) 什么是职业生涯

1. 职业生涯的定义

目前,学界对职业生涯的含义还没有统一的定义,不同的学者从不同的角度进行了论述。美国著名心理学家舒伯通过对生涯的研究,认为职业生涯是一个人终身经历的所有职位的整体历程,是生活中多种事件的演进方向和历程,是个人独特的自我发展组型。美国学者雷蒙德·伊诺认为,职业生涯是指一个人一生经历的与工作相关的经验方式,这种工作经历包括职位、职务经验和工作任务。社会学家麦克兰德指出,职业生涯是指一个人依据理想的长期目标,所形成的一系列工作选择以及相关的教育或训练活动,是有计划的职业发展历程。

我国学者认为,职业生涯包括个人一生中所从事的工作以及所担任的职务、角色,同时也设计其他非工作或非职业的活动和个人生活中的衣食住行、娱乐各方面的活动与经验。也有学者认为,职业生涯也称事业生涯,是指一个人一生连续担负的工作职业和工作职务的发展道路,是一个人一生中所有与工作相联系的行为与活动以及相关的态度、价值观、愿望等连续性经历的过程。文武认为,职业生涯就是个人在人生中所经历的一系列职位和角色,它们和个人的职业发展过程相联系,是个人接受教育培训以及职业发展所形成的结果。从职业发展的过程来看,职业生涯被看成是"在个人的一生中,由于心理、社会、经济、生理及机遇等因素相互作用所造成的工作、职业的发展变化",因此职业生涯就是指一个人一生中人事职业的全部历程,这个历程可以是间断的,也可以是连续的,它包含了一个人所有的工作、职业、职位的外在变更和工作态度、体验的内在变更。武林波认为,职业生涯是一个人终生经历的所有职业发展的集合,也是一个人一生中职业、职位变迁及工作理想的实现过程,包括一个人一生中所有与职业有关的愿望、价值观、态度、行动等连续性经历的过程。

简单地说,职业生涯可以视作一个人终生的工作经历。具体地说,职业生涯是以个体心理开发、生理开发、智力开发、伦理开发等人的潜能开发为基础,以工作内容的确定性和变化、工作业绩的评价、薪资待遇、职称职务的变动为标志,以满足需求为目标的工作经历和内心体验的过程。从经济学的观点来看,职业生涯是个人在人生中所经历的一系列职位和角色,是个人积极主动地接受培训、教育以及职业奋斗的结果。

2. 职业生涯的特点

根据不同区分方法,职业生涯具有不同纬度的特点。

首先,就职业生涯的内在逻辑而言,它具有以下三个特点:①方向性。职业生涯是生活中各种事态连续演进的方向。②时间性。职业生涯综合了人一生中依序发展的各种职业角色。③空间性。职业生涯除了职业角色之外,还包括任何与工作有关的经验和活动,如承担该工作需要的资格和能力以及工作中建立的与其他部门或社会成员的人际关系等。

其次,就职业生涯的自身规律而言,它具有以下六个特点:①差异性。不同的人有不同的职业条件、不同的职业选择,有为实现自己职业理想所采取的不同行动,从而有着与别人相区别的、独特的职业生涯历程。②发展性。职业生涯因其是个体生涯的一部分,所以具备与生涯相匹配的连续不断的发展过程。③互动性。个人的生涯是个人与他人、个人与环境、个人与社会互动的结果。④规划性。在个人职业生涯发展的过程中,虽然充满着各种偶然因素,但从长远来看,职业生涯的发展是可规划的,其可规划性表现在个体对这些偶然因素的把握以及克服偶然因素导致的盲目性上。⑤整合性。由于个体所从事的工作或职业与生活之间存在着密不可分的关系,所以职业生涯应具有整合性,包含人生整体发展的各个层面,而非仅仅局限于工作或职位。⑥不可逆。由于个体的成长是一个自然发展的过程,遵循从生到衰的规律,所以职业生涯会表现出不可逆转性。

同时,就职业生涯的发展阶段而言,它具有以下两个特点:①阶段性。每个人的职业生涯发展过程,都有着不同的阶段,可以分为不同的时期。人在不同的生涯阶段有着不同的目标和任务,职业生涯各个阶段之间具有递进性。②终身性。每个人的职业生涯是一种动态的发展历程,根据个人在不同阶段的企求而不断蜕变与成长,直至终身。

(三) 什么是职业生涯规划

1. 职业生涯规划的定义

通过对生涯概念的了解,我们知道职业生涯规划(Career Planning)与职业发展相关,但不能简单地等同于找工作或者仅仅与工作相关。职业生涯规划最早起源于1908年的美国,有"职业指导之父"之称的帕森斯针对大量年轻人失业的情况,成立了波士顿职业局,首次提出职业指导的概念。此后,职业指导开始系统化,到20世纪五六十年代,舒伯等人提出"生涯"概念,生涯规划不再局限于职业指导的层面,舒伯的生涯发展理论将生涯的过程视为从出生到死亡,包括成长期(0～14岁)、探索期(15～24岁)、建立期(25～44岁)、维持期(45～65岁)和衰退期(65岁以上),从舒伯的生涯彩虹图(Life-Career Rainbow,见图6-1),我们可以看到,大学生的生涯发展阶段属于探索期,这个阶段主要的生涯发展任务是从多种实践机会中探索自我,逐渐确定职业偏好,并在所选定的领域中开始起步。

在舒伯的理论中,生涯规划更注重职业对人的意义。该理论认为,一个完美的人生,未必仅仅依赖于职业角色的完美与否,更多的非职业角色使人生有更多自我实现的可能性。

国内对职业生涯规划的定义主要有:①指个人与组织发展相结合,在对一个人职业生涯的主客观条件进行测定、分析、总结的基础上,对自己的兴趣、爱好、能力、特点进行综合分析和权衡,结合时代的特点,根据自己的职业倾向,确定其最佳的职业奋斗目标,并为实现这一目标做出行之有效的安排。总的来说,职业生涯的目的是帮助个人了解自己,为自己发展选定方向,筹划未来,向着自己的目标不断迈进。②包括个人职业生涯设计与管理和组织职业生涯设计与管理两方面,个人职业生涯设计分为"择业设计"与"调整职业"设计两大部

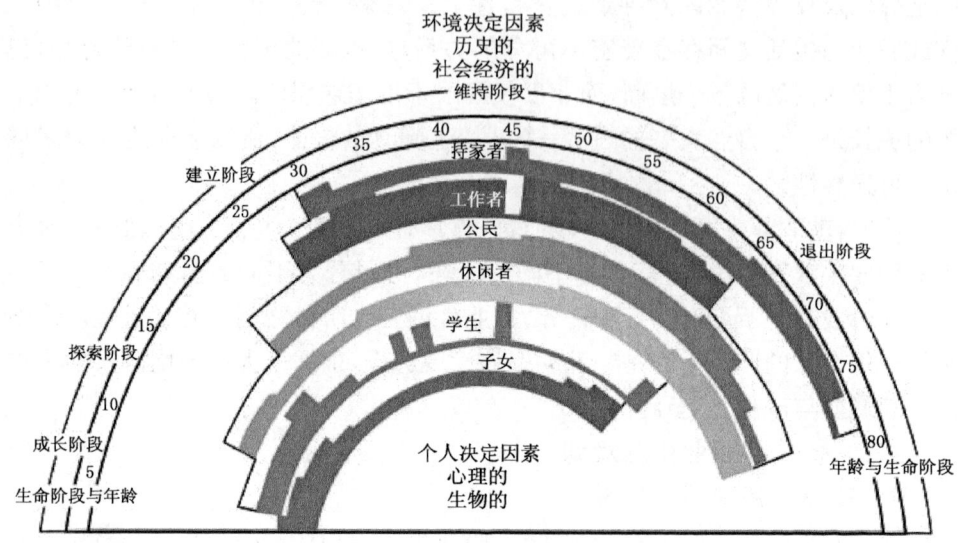

图 6-1 舒伯的生涯彩虹图

分,体现在个人制定职业生涯计划、职业生涯发展目标和对实现这些目标的时间、步骤的合理安排和科学管理方面,主要包括知己、知彼、抉择、行动、评估与反馈等环节。

综上所述,职业生涯规划是指个人结合自身情况以及机遇和制约因素,为自己确立职业目标,选择职业发展路径,制定教育、培训和发展计划等,并为自己实现职业生涯目标而确定规划方案。简而言之,就是指个人为自身的职业发展所作的策划和准备。

2. 职业生涯规划的特点

(1) 可行性。规划要有实施依据,并非是美好幻想或不着边际的梦想,否则将会延误生涯良机。

(2) 适时性。规划是预测未来的行动,确定将来的目标,因此各项主要活动、何时实施、何时完成,都应有时间和时序上的妥善安排,以作为检查行动的依据。

(3) 适应性。规划未来的职业生涯目标,设计多种可变因素,因为规划应有弹性,以增加其适应性。

(4) 连续性。人生每个发展阶段应能持续、连续、惯性地衔接。影响个人职业生涯发展的因素有:进取心与责任心、自信心、自我表现认识和自我表现调节、情绪稳定性、社会敏感性、社会接纳性、社会影响力等。

3. 职业生涯规划的意义

（1）发掘自我潜能，增强个人实力。从一定意义上看，职业生涯规划不是简单地帮助人们找到一份工作，而是帮助人客观分析内在素质和外在环境的优劣，通过不断激发内在驱动力，更好地发现自我、开发潜能，最大限度地实现自我。

（2）定位职业方向，增加成功机会。我们无法选择出身、性别、容貌等，却完全有能力通过努力来奠定自己在职场上的成功。好的计划是成功的开始，只有扬起职业发展的风帆，人生才会有奋斗的目标和前进的内在动力。

（3）提升竞争能力，适应社会需要。对于大学生来说，大学期间正是锻炼、培养、驾驭各种资源，提升职场竞争能力的关键时期。一方面，职业生涯规划可以帮助大学生积累职业发展的必备资源，这些资源包括健康的身心、优良的道德品质、合理的知识结构、良好的人际关系等；另一方面，及时、有效的职业生涯规划能够提升大学生对这些资源的驾驭能力，从而在面对当今竞争激烈的市场环境时，能够做到心中有数，更好地适应职场需求。

（4）进行理性决策，实现个体价值。人生就像行路，可选择的道路有很多条，这时候人们遇到的最多的难题就是如何选择。通常情况下，不是没有机会，而是不知道哪一个机会更适合自己，不知道自己如何做才能更好。学会职业生涯规划，可以帮助你理性决策，使你的生命有了意义，变被动为主动，开拓进取以求自我的成长与实现。

二、职业生涯规划的几种理论

大学生进行职业生涯规划时更要学习生涯规划理论，合理规划人生。下面简要介绍几种生涯领域中比较成熟、影响深远的理论。尽管讨论问题的着眼点和侧重点不尽相同，但它们共同奠定了生涯规划的理论基础。

（一）舒伯：生涯发展阶段理论

发展心理学认为，人的一生经历多个发展阶段，每个发展阶段都有自己独特的发展史，任务的完成与否直接影响后面阶段的发展。在此基础上，舒伯把人生的职业生涯分为以下五个主要阶段：

（1）成长阶段。成长阶段（Growth Stage）属于认知阶段（0～14岁）。

（2）探索阶段。探索阶段（Exploration Stage）属于学习打基础阶段（15～24岁）。

（3）确立阶段。确立阶段（Establishment Stage）属于选择、安置阶段（25～44岁）。

(4) 维持阶段。维持阶段(Maintenance Stage)属于升迁和专精阶段(45～64岁)。

(5) 衰退阶段。衰退阶段(Decline Stage)属于退休阶段(65岁以后)。

舒伯认为生涯发展史是人生成长的一部分,生涯发展的萌芽期自童年就开始了,随着年龄的增长,生涯发展呈现出一种连续的、有秩序的、无法逆转的形态。舒伯非常强调"自我观念"在职业选择和生涯发展中的作用。"自我观念"就是自己对"我是谁"的回答。选择职业的过程,实际上是在选择实现"自我观念"的方式,也就是说,你通过选择职业,决定了你今后的一段时间的生活方式和生活内容,反映了你希望用怎样的方式来扮演心目中对"自我"的期望。舒伯的生涯发展阶段划分是基于美国社会的情况进行的,当下已经得到了世界范围内的广泛承认。我们在对照分析自己处在怎样的发展阶段,需要完成怎样的发展任务时,不妨以此作为参照。

(二) 约翰·霍兰德:人格-环境类型理论

美国职业咨询专家霍兰德于1970年提出了具有广泛社会影响的职业人格理论,也是对我国影响最大的一种职业生涯规划理论。霍兰德认为包括价值观、动机和需要等构成的职业兴趣是决定一个人选择何种职业的重要因素。霍兰德从1959年起经过多次大规模的实验研究,发现个人的遗传因素和生活经历等形成了个人独特的人格,而个体所选择的生涯发展方向必须符合这种人格,才能最好的发挥潜能,这也是霍兰德人格-环境类型理论的核心理念。

霍兰德人格-环境类型理论的核心假设是人根据其人格可以分为六大类,即现实型(R)、研究型(I)、社会型(S)、传统型(C)、企业型(E)、艺术型(A),职业环境也可以分成相应的同样名称的六大类。

六种人格类型与职业环境类型相对应如下:

(1) 现实型。具有这种兴趣的人喜欢有规律的具体劳动和需要某种技能的工作。这种类型的人往往缺乏社交能力,这类职业包括机械工、电工、农民、森林工人、农场主等。

(2) 研究型。具有这种兴趣的人喜欢智力的、抽象的、推理的、独立定向的工作,他们会被吸引去从事那些较多认知活动(思考、组织、理解等)的职业。这种人格往往缺乏领导能力,这类职业有生物学家、化学家以及大学教授等。

(3) 社会型。具有这种兴趣的人会被吸引去从事那些包含着大量人际交往内容的职业,而不是那些包含着大量智力活动或体力活动的职业,如心理咨询医生、外交工作者以及社会工作者等。

(4) 传统型。具有这种兴趣的人会被吸引去从事系统且有条理的职业,具有良好的控制能力,相当保守,一般按常规办事。这类职业的例子有办公室工作人员、会计、银行职员等。

（5）企业型。具有这种兴趣的人性格外向,喜欢冒险活动和担任领导角色,喜欢从事那些包含着大量以影响他人为目的的语言活动的职业。如管理人员、政治家、律师以及公共关系管理者等。

（6）艺术型。具有这种兴趣的人会被吸引去从事那些包含着大量自我表现、艺术创造、情感表达以及个性化活动的职业。这类职业的例子有艺术家、广告制作者以及音乐家等。

霍兰德关于人格与环境类型的具体分类和相互关系可以用霍兰德人格六角模型(见图6-2)来表示。

霍兰德人格-环境类型理论实质在于工作者的人格类型与职业类型相适应。他认为,人格类型与职业环境的匹配是形成职业满意度、成就感的基础。人们会寻找适合自己的职业环境来充分发挥自己的能力、价值,表达自己的态度以及承担问题和责任。

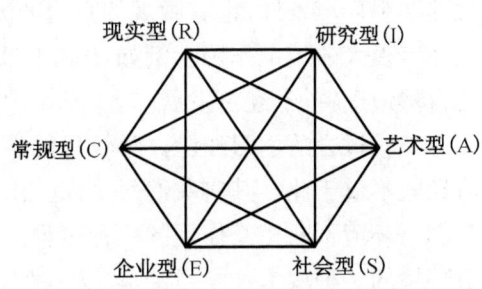

图6-2 霍兰德人格六角形模型

同一类型的工作者与同一类型的职业互相结合,便达到适应状态,这样工作者找到了适宜的职业岗位,其才能与积极性才能得以发挥。

然而上述的人格类型与职业关系也并非绝对的一一对应。霍兰德在研究中发现,尽管大多数人的人格类型可以主要地划分为某一类型,但个人又有着广泛的适应能力,其人格类型在某种程度上相近于另外两种人格类型,则也能适应另两种职业类型的工作。比如,某些人的人格类型中很可能是同时包含着社会型、现实型和研究型这三种类型的。霍兰德认为,这些人格类型越相似或相容性越强,则一个人在选择职业时所面临的内在冲突和犹豫就会越少。

在霍兰德人格-环境类型理论中,最理想的职业应该符合以下几个特点:

（1）一致性。即人格的代码在六边形中距离越近越好。

（2）分化性。即某人在六种类型上的表现大致相同。

（3）身份认定。即对自己的兴趣、目标以及天分具有明确而稳定的概念。

符合这几个特点的个人,如果能够顺利选择与此相符的职业环境,即个人与职业的适配性较高时,那么他未来的职业绩效、坚持度、工作满意度以及稳定度就会大为提高。

(三) 克伦伯兹：社会学习理论

克伦伯兹是生涯规划领域中社会学习理论的代表人物，他总结了影响生涯选择的如下四大要素：

(1) 生理的基因特征。生理的基因特征包括种族、性别、外形、身体残障等特征，对于职业喜好和相关能力有很大的影响，甚至有时候是决定性的。例如，如果你从小身高就比一般的同龄人要高，那么很可能会被引领着发展篮球方面的能力，继而从事职业篮球运动。

(2) 环境条件。环境条件包括自然环境条件，也包括社会环境条件；既有大的宏观环境条件，也有微观的身边的环境条件。这些条件对职业发展和职业选择有很大的规定作用。例如，国家的劳动法规、行业协会的相关规定、所在地的自然地理特征、经济发展需要、家庭的特殊需要等。

(3) 过去的学习经验。学校里的学习经验当然是很重要的一部分，不过学习经验不仅于此。其实我们每个人一出生，就处在不断学习的过程中。学习是我们与环境不断相互作用的一种过程。学习经验，是我们适应环境的同时也改造环境的一种成果。学习经验，为我们的生涯选择规定了可能性，影响我们的生涯行为。知识技能是一种学习经验，处事能力也是一种学习经验。

(4) 个人的价值观、成就标准等。同样一件任务，对不同的人会具有不同的意义，这中间重要的依据就是自己的价值观和成就标准，即我认为什么更有价值，达到怎样的成就才比较满意等。我们在对生涯选择作出判断时，个人的价值观和成就标准会起到很重要的作用。例如，有志于成为广告专家的人，面对薪水较高的行政助理和薪水较低的创意助理职位，很有可能会选择后者，因为在他看来，创意工作比行政事务工作更有价值，完成创意工作任务能给自己带来更大的满足感，虽然现在薪水较低，但通过自己的努力，相信最终能够达到自己的成就标准。

综上所述，社会学习理论强调人类在能够控制自己行为的同时，还要受到环境的控制，也就是说，所谓的自由是有限度的，我们必须考虑外界环境对我们的限制。社会学习理论要求我们正视自己和环境条件，提倡自我管理。

我们通过学习，已经初步掌握了当下较为成熟的职业生涯规划理论。作为大学生，必须拥有理性审视和辩证思考的能力，认识到每一种理论可能都会有缺陷和漏洞，认识到理论来自实践，又必须在实践的不断检验中发展和完善。职业生涯规划是一个比较年轻的领域，虽然涌现出了很多理论，但并没有哪一种理论能够取得包打天下的地位，因为它们分别在解释了一些现象，提供了一些有效行动指南的同时，也不断被指出还有很多的局限性。所以我们在学习、应用理论时,应该有一种辩证的态度,要注意它们的适用范围和条件,不要把理论奉为僵化的教条。

第二节　掌握生涯规划技能

一、认识自我的维度与方法

所谓自我认知,是指认知主体对客体的感觉和观察,从而形成一定的自我概念,并形成自我评价。自我认知包括对生理自我的认知,如性别、身高、外貌等;对心理自我的认知,如兴趣、气质、性格及能力等;对社会的自我认知,如自己的社会角色,自己的人际关系,自己在群体中的地位,以此形成"我是什么样的人"的概念。

【案例6-2】

小蔡的烦恼

小蔡是某大学心理学专业的学生,今年大三。

初入大学的时候,看着周围的同学有的加入了学生会,有的参加了社团,都结交了许多新朋友,生活多姿多彩,而自己却有些不适应,朋友不多,人际交往也不多,很多时候都是一个人去自习室学习,做做数学题。

时间过得飞快,转眼到了大二,朋友们似乎都有了一些方向,开始考虑以后的发展。小蔡感到很迷茫,自己不太喜欢心理学专业,未来就业应该也不会考虑这个领域,但也没有找到自己的方向。除了数学学得很好之外,小蔡没有什么特长,成绩一般。周围有同学考了一些技能证书,小蔡也跟着考了一个计算机二级证书,犹豫着要不要再考个英语翻译证书,但是自己的英语并不好,大学英语四级勉强通过,如果要考英语翻译证书,会花费自己大量的时间。大二在小蔡的茫然中也接近尾声。

暑假里,小蔡了解到经济领域也会应用到数学技能,想起之前选修过一门经济类课程,自己还比较感兴趣,于是想朝经济学方向发展。小蔡的数学老师也鼓他朝经济学方向发展,因为小蔡的数学基础很好,思路严谨,沉稳细心,很有钻研精神,但心理学和经济学交叉不多,自己上过的经济学课程也只有一门,小蔡很担心自己还有没有可能从事经济领域的工作,他不知道工作难度怎样,需要准备哪些相应的知识和技能。眼看大三过半,小蔡很焦急。

(一) 自我因素对职业选择的影响

自我的许多因素会对个人职业生涯的选择与规划产生影响,主要包括社会因素、生理特征因素、实际智慧和能力因素以及个性心理因素等。

1. 社会因素

社会因素,也就是社会的"我"的内容,包括家庭背景、家庭的生活状况、社会发展过程中每个人的机遇、朋友关系以及婚姻关系等。医学世家出身的孩子,常常会受父母的影响而选择做医生,而商业气氛浓厚的家庭培养出来的孩子往往更有生意头脑。妻子很可能随着丈夫的工作变动而相应调整工作,朋友中有人创业的话,则更容易加入其中合伙创业。此外,在家庭中的排行也可能会影响到性格,如老大沉稳、踏实、责任感强,往往会发展为团队中的负责人,而家里最小的孩子往往任性,性格张扬,在职场上因为忽视细节或者对自己要求不够严格而发展缓慢。

2. 生理特征因素

生理特征因素往往是先天的,是我们无法选择的,如身高、性别、种族等,很多行业(如文艺工作者、警察、体育专业运动员等)对于生理特征有特殊要求,个子矮小的人很难进入篮球队。外表和身体的机能会对人的职业性格产生影响,如容貌姣好的女生容易产生愉快、满足之感,甚至优越感,容易形成自信、开朗的个性,适合从事与人打交道的工作;反之,则容易形成内向的性格,在人际交往中表现被动,甚至会有自卑的倾向。

3. 实际智慧和能力因素

智慧和能力可以通过后天的教育和学习获得。知识是人们在实践中获得的认识和经验的总和,智慧在知识的基础上产生,是对知识的运用和组织能力。但是,两者并不是成正比的关系,并不是知识多的人智慧就一定高,知识少的人智慧就低。

4. 个性心理因素

个性心理因素包括一个人的气质、兴趣、职业价值观等。一个好动、粗心的人难以做好会计工作,一个内向、不善言辞的人要做好销售工作需要克服自身的弱点。当我们的职业气质、价值观和兴趣等与我们所从事的工作一致时,我们就容易保持心情愉悦,能极大地发挥潜能,做到事半功倍;当两者有偏差,甚至完全对立时,我们就容易感到迷茫、倦息,在职业道路上止步不前,甚至遭遇失业的风险。

(二) 自我认知的主要维度

自我认知是进行职业生涯规划的第一步,也是职业选择的根本前提。通常从兴趣爱好、性格特点、能力素养和价值观念四个维度来探索自我的职业倾向。自我认知的维度(见图6-3)。

1. 兴趣维度——喜欢做什么

(1) 兴趣与职业发展的关系。从兴趣的产生和发展来看，一般要经历有趣、乐趣、志趣三个阶段。有趣，是出于对某一事物的好奇，随着对这一事物的逐渐地熟悉和新奇感的消失而消失，是兴趣发展的低级阶段。乐

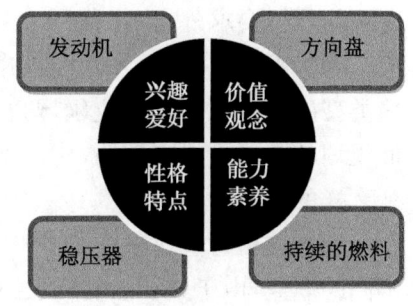

图 6-3　自我认知的维度

趣是在兴趣定向发展的基础上形成的，是兴趣发展的中级阶段，这一阶段的兴趣变得专一、深入。志趣是兴趣发展的高级阶段，当乐趣同个人的社会责任感、理想、奋斗目标等结合起来时，兴趣就变成了志趣。志趣具有社会性、自觉性和方向性，是成就的根本动力，是成功的重要保证。

(2) 兴趣对职业发展的影响。第一，兴趣是职业生涯选择的重要依据，是强大的精神力量。可以使人集中精力去获得所喜欢的知识，启迪智慧并创造性地开展工作。当一个人对某种职业发生兴趣时，他就能发挥整个身心的积极性，就能积极地感知和关注该职业知识、动态，并且积极思考，大胆探索，就能情绪高涨、想象丰富，就能增强记忆效果，增强克服困难的意志。第二，兴趣可以提高工作效率，充分发挥才能。个人对工作有兴趣时，枯燥的工作会变得丰富多彩、趣味无穷。因为兴趣可以调动人的全部精力，促进能力的发挥，兴趣和能力的合理结合会大大提高工作效率。第三，兴趣是保证职业稳定、职场成功的重要因素。对工作感兴趣，就愿意钻研，就会出成就，这正是兴趣的作用所在。

2. 性格维度——适合做什么

性格是在后天的成长环境和教育环境中，逐渐形成的、比较稳定的，对人、对事、对自己的独特的行为方式和个性倾向。但是，性格并非全部是别人能看清楚、自己也很明白的，有些性格不但不容易看清楚，有时候还有迷惑性，容易让人以为是另一种性格，性格具有复杂性和独特性。

(1) 性格与职业发展的关系。许多职业的确对性格有着特定的要求，要选择某一职业就必须具备这一职业所要求的性格特征。比如，律师这一职业就需要有逻辑思维严密、喜欢独立思考的性格；而财会、统计、档案一类的职业则需要有相对严谨、踏实的性格；绘画、导演、演艺等职业则必须是具有热情奔放、跳跃思维的性格。可以说，从事任何一种职业都需要与之匹配的职业性格，相符的职业性格有助于更好地完成工作。当然除了少数职业对性格类型有着近乎

苛刻的严格要求外,大多数职业并不一定过分强调性格与职业之间的严格对应。因为不同的性格类型可能在同一个职业领域发挥出不同的作用,而同一性格类型的人在不同的职业领域也可能会出现各具特色的表现。性格特征与生涯规划的关系是很密切的,所以要规划你的职业生涯,需要先了解你自己具有什么样的性格特征。

(2)性格对职业发展的影响。第一,性格影响着一个人对职业的适应性。不同的职业,由于其社会责任、工作形式、工作内容、工作方式、服务对象和手段各不相同,因此对从业者的性格也有不同要求。例如,从事幼儿园教师的工作,需要耐心、热情、活泼好动、喜欢孩子,最好还能保持一颗童心,喜欢文艺;而会计则要求细致、耐心、性格沉稳、能坐得住、做事有条理性。如果职业要求的性格和自己的性格不同甚至有很大冲突,那么即使顺利入职,也会觉得工作是一种折磨,没有成就感可言,更别说取得成就了。第二,认识性格有利于个人发展。认识自己的性格,有助于认清自己的优势和不足,提高自己的修养,克服自己的弱点,从而扬长补短,使自己不断完善,不断走向优秀。

3. 价值观念维度——最看重什么

当下对职业价值观的研究尚未形成统一的定义。研究者们根据自己的研究结果从不同角度对职业价值观进行了界定,我们可以这样理解职业价值观:第一,职业价值观是一个人对各种职业价值的基本认识和基本态度,是人们在选择职业时的一种内心尺度,反映的是人的需要与社会职业属性之间的关系,它支配着人的择业心态、行为以及信念和理解等。第二,职业价值观在对各种职业的认知过程中起着"过滤器"的作用,它使个体的择业行为带有一定的选择性和指向性,既是判断职业的性质、确定个人在职业活动中的责任、态度及行为方向的"定向器",又是抉择职业行为方式并进行制动的"调节器"。第三,作为价值观的重要成分之一,职业价值观是一种复杂的心理现象,表现出内涵的丰富性、层次的多样性和个体体验的差异性等特点。职业价值观都是在一定的社会历史条件下形成的,具有鲜明的时代特征,随着社会的发展而变化。即使在相同的社会条件下,每个人的职业价值观也具有显著的差异性。

4. 能力维度——擅长做什么

能力是指能迅速和准确地完成某种活动所必须具备的个性心理特征。

(1)能力与职业发展的关系。能力是完成一定社会生活和社会生产活动的本领。正所谓"尺有所短,寸有所长",每个人所具备的能力也不尽相同,在进行职业选择时,要从自身的能力出发,充分考虑到自身能力与职业是否相匹配。第一,能力是职业选择的现实基础。职业能力是个体客观具备的,是其进行职业选择的现实基础,是一个人能否进入职业的先决条件,是能否胜任职业工作的主观条件。无论从事什么职业总要有一定的能力作保证。没有任何能力,根本谈不上进入工作岗位,也就无所谓职业生涯可言。人在其一生之中,要从事各种各样的社会生活和社会生产活动,必须具备多种能力与之相适应。第二,能力与职业选择相匹配。不同的个体之间存在能力的差别,不同的职业也有不同的能力要求,进行职业选择时,要充分考虑能力与职业的匹配。一方面,应当注意一般能力与职业之间的关系,一般能力是多数职业共同的基本要求,具有通用性,因此进行职业选择前应首先具备一般能力;另一方面,应当注意特殊能力与职业的关系,特殊能力所满足的职业要求具有一定的特殊性,其适用的领域或范围要求的专业性较强,因此要完成职业的工作任务,除了必备一般能力之外,还少不了特殊能力。

(2)能力对职业发展的影响。第一,能力是就业的关键。个人要想谋求理想的职业,立足于岗位工作,并在职业岗位上做出成绩,不仅要具有一定的科学文化知识和思想道德素质,还要具备良好的职业能力。第二,能力推动职业生涯快速发展。具有较强的能力,不但是成功就业的敲门砖,还是保职升职的有力保证;反之,如果能力不足,即使暂时获得了岗位,也会因不能胜任而遭到淘汰。具有较好的职业能力,会让自己在工作时游刃有余,获得较强的工作愉悦感和成就感。

【案例 6-3】

聚焦问题 找到兴趣

小林,男,24 岁,国内某知名大学车辆工程专业硕士研究生在读。在大学期间,小林曾担任班级班长,2012 年 7 月大学毕业,2012 年 7 月至 2014 年 7 月留校担任辅导员,2014 年 9 月起在本校攻读硕士研究生。

小林从小生长在哈尔滨。父母均是国企职工,都一直期盼他能有一份稳定的工作。同时,父母从小教育他对工作要负责任,对老人要孝顺。当然,父母安分守己的教育思想也让他缺乏追求理想的勇气。车辆工程是他喜欢的专业,与人打交道的管理工作也是他喜欢做的事情。他认为如果自己喜欢某件事,就一定会全心全意地用心做好并成功完成它。

小林说自己过去一直想到汽车研发行业做一名工程师,将自己的设计理念融入汽车生产当中。而两年高校辅导员工作也给他带来了许多快乐。父母认为学校的工作环境、稳定性、社会地位都不错,希望他毕业后能够继续选择留校。做老师还是做工程师呢?还在读研一的小林,一下子不知道如何选择了,很是苦恼。

二、提升自我的能力与技巧

你通过探索兴趣爱好、性格特点、能力素养和价值观念,是否开始对自己将来希望从事的职业有了更加清晰的认识呢?在生涯探索的路途中,我们已经确定了探索的方向,接下来就是铺就一条通往远方梦想的星光大道的时刻了。构建梦想需要我们从自身特质和兴趣出发,而成就梦想则需要我们具备实现理想所需的相关技能。接下来,我们就谈谈关于生涯技能的话题。生涯技能是什么?一般而言,生涯技能包括以下几层含义。

(一) 专业技能——定位你的生涯目标

想象一下未来的自己在从事什么职业,也许你希望成为一个威风凛凛的警官,或者是一位救死扶伤的医生,现在的你也许早已经锁定了自己的职业目标并全力向前冲刺,你也可能正苦于选项太多而不知如何取舍。无论怎样,实现职业目标必须以能力为基础。警官需要良好的心理素质和敏锐的身手,医生需要大量的医学知识和临床经验,只有积累了相关的知识和能力,才可能进入这些领域发展。其实,每个职业都有其特定的技能,如会计师的会计知识,建筑师的设计和绘图能力,销售人员的沟通表达能力、产品知识和销售技巧等。

1. 挖掘你的专业技能

专业技能是如何获得的呢?你也许会认为,专业技能需要系统的学习、完成相关科目的考试、获得相关领域的资格证书才能获得。尽管许多专业知识确实需要通过参加专业的培训才能获得,但也有许多能力不需要特别培养,也许它们早已经是你掌握、熟悉并擅长的了,它们正是你从小到大日积月累的特长。职业生涯的成功需要许多技能的推动。以会计生涯为例,成为一名优秀的会计师,需要熟练老道的会计专业知识和技术,同时也需要与人沟通合作的能力,如人际交往能力、合作能力。我们将与会计行业相关的知识和技术称为专业技能,把职场人士所需的社会交往能力称为通用技能。

2. 培养你的专业技能

一些学生所面临的问题是对一份职业定位有明显的兴趣,却没有从事这份职业所需要的相关技能,这是大学生求职过程中经常遇到的难题,可见在实现理想目标的道路上技能是多么的重要。下面就分享一些值得参考和借鉴的经验,作为大学生培养自身专业技能的实用法则。

（1）了解职业目标所需技能，锁定自己的技能培养目标。培养技能的前提就是要发现自己需要哪些技能，所以了解梦想职业所需的技能将成为技能发展的第一步。

（2）掌握技能要学会从零开始并坚持下去。技能的掌握并非一朝一夕的事情，有才能的人如果没有坚持不懈的努力，那么其掌握技能的能力未必能够超过资质一般却坚持不懈的人。

（3）掌握技能之余，也要努力获得相关职业的资格认定。掌握技能是入行的必备本领，但许多行业也为入职者设定了硬性门槛，如司法考试、普通话水平测试、注册会计师全国统一考试等，这些考试是进入理想职业的必过大关，所以除了拥有相关技能的真本事外，掌握相关的应试技巧，将相关考试顺利通过也是十分重要的。关于资格证书的相关内容可以参考本书第三章。

（4）创造属于自己的最优技能组合，不要盲从别人。许多人因自己不是科班出身而感到自卑，觉得专业对口的学生似乎就有很大的优势，所以拼命地想要成为该专业的学生，并立志一定要转到相关专业，完成一次正规的学历教育。还有许多学生会在面试环节向面试官极力解释自己和专业对口学生的专业背景相差无二。其实，是不是该专业出身，有没有接受正统的学历教育并不是最重要的，实现同一个职业梦想有许多条途径可以走，但更重要的是，要坚信并且热爱你自己选择的路，不要半途而废。

3. 锁定你的职业目标

了解了专业技能，我们就来谈一谈职业目标定位的问题。选择职业目标，可以结合自身优势，找到已经具备的专业技能，然后再匹配职业选择，选择那些可以充分发挥自己优势技能的职业，轻松愉快地获得职场上的发展。但同样，心怀梦想却还不具备相关技能的学生，只要愿意吃苦，愿意坚持不懈地追求和培养自己的技能，也可以顺利地实现自己的梦想。

（二）探索技能——准备你的生涯路径

许多大学生都会有这样的困惑，一直以来自己的学业表现都称不上优秀，大学里也是成绩平平，拿着这样一份成绩单，怎么才能获得用人单位的青睐呢？也有不少成绩优秀的学生有这样的担心，听说毕业找工作，除了成绩外还考察许多其他素质，一直专注于学习的自己，着实有一些紧张。到底在学业之外还需要培养哪些技能呢？关于学业能力与工作中要具备的技能之间的联系众说纷纭。毋庸置疑，学业成绩反映了学生一部分的素质和生涯能力，但也有不少用人单位认为只会死读书的学生进入职场后表现并不尽如人意。因此在大学里如果仅仅做一个分数至上的好学生，恐怕还不能获得理想的职业。

1. 多元智能理论

如何才能全面认识与测量个体能力呢？早在30多年前，美国哈佛大学教育研究院发展心理学教授霍华德·加德纳博士就开始了一连串的实验和研究，他的研究成果发表在1983年出版的《心智的架构》一书中，并以"多元智能理论"来概括。他发现并肯定了人类的"智慧"不受认知所限，不受文化地域所限，就像是所有人的共通语言，人类都具有多元智能。加德纳将这些智能总结为以下八项：

(1) 言语/语言智力。言语/语言智力是指人对语言的掌握和灵活运用的能力，表现为个人能顺利而有效地利用语言描述事件、表达思想并与他人交流。诗人拥有真正的语言智力，演说家、律师等都是语言智力高的人。

(2) 逻辑/数理智力。逻辑/数理智力是指对逻辑结构关系的理解、推理、思维表达能力，主要表现为个人对事物间各种关系如类比、对比、因果和逻辑等关系的敏感以及通过数理进行运算和逻辑推理等。科学家、数学家或逻辑学家就是这类智力高的人。

(3) 视觉/空间智力。视觉/空间智力是指对色彩、形状、空间位置等要素的准确感受和表达的能力，表现为个人对线条、形状、结构、色彩和空间关系的敏感以及通过图形将它们表现出来的能力。如海员和飞机导航员控制着巨大的空间世界，棋手和雕刻家所具有的表现空间世界的能力。空间智力可用于艺术或科学中，如果一个人空间智力高且倾向于艺术，就可能成为一名画家、雕刻家或建筑师。

(4) 音乐/节奏智力。音乐/节奏智力是指个人感受、辨别、记忆、表达音乐的能力，表现为个人对节奏、音调、音色和旋律的敏感以及通过作曲、演奏、歌唱等形式来表达自己的思想或情感。在作曲家、歌唱家、演奏家等人身上表现得特别明显。

(5) 身体/运动智力。身体/运动智力是指人的身体的协调、平衡能力和运动的力量、速度、灵活性等，表现为用身体表达思想、情感的能力和动手的能力，最典型的例子就是从事体操或表演艺术的人。

(6) 人际交往智力。人际交往智力是指对他人的表情、说话、手势动作的敏感程度以及对此作有效反应的能力，表现为个人觉察、体验他人的情绪、情感并作适当的反应。对于教师、临床医生、推销员或政治家来说，这种智力尤为重要。

(7) 自我反省智力。自我反省智力是指个体认识、洞察和反省自身的能力，表现为个人能较好地意识和评价自己的动机、情绪、个性等，并且有意识地运用这些信息去调适自己生活的能力。这种智力在哲学家、小说家等人身上有比较突出的表现。

（8）自然观察智力。自然观察智力是指人们辨别生物（植物和动物）以及对自然世界（云朵、石头等形状）的其他特征敏感的能力。这种智力在过去人类进化过程中显然是很有价值的，如狩猎、采集和种植等，同时这种智力在植物学家和厨师身上有重要的体现。

2. 多元智能的评量与评价

那么对于身处大学的你来说，应该怎样增进在过去教育中不曾锻炼的能力，以更好地适应求职需要呢？你可以先对自己的各项智能做一个自我评量，了解一下哪一种智能是你的强项，哪几种智能你又不是那么在行。加德纳强调，每个人都有多元智能，且每个人自身的优势智能组合都是独特的，即便是两个特长相同的人，他们的优势也许体现在同一个维度上，但具体表现形式也会不同，如同样在语言智能上突出的人也会各有所长，一些人更擅长口语表达，一些人更擅长书面表达；同样写作能力优秀的人擅长的文风、文体、笔调也是不同的。因此，从某种意义上来说每个人的优势智能都是无可替代的。只要你能清晰地认识自我，准确把握自己的优劣势，然后从自身出发找到可以发挥你所长的职业和工种，你就完成了一次成功的生涯规划和职业定位。

（三）适应性技能——助你成为职场达人

生涯技能除帮助我们完成生涯规划，进入理想工作岗位外，也是我们顺利适应职场环境的好帮手。当你结束学生生涯，进入职场，开始成为一个职场新人时，你经历的不仅仅是角色的变迁，更是在经历整个生活模式的改变。你准备好应对它们了吗？

1. 适应性技能的内涵

适应性技能可以给我们帮上大忙。适应性技能是指个人于生涯工作中适应物理环境、发展人际关系与适应组织文化的能力。常见的适应性技能包括沟通协调、倾听、互助合作、创新挑战、面对压力、认真学习、健康保养等方面的能力。生涯适应能力对每个人获得生涯成功是至关重要的，许多研究都表明，适应性技能是成就职场成功的最核心的技能之一。有研究者认为，学生为进入职场做准备的最核心因素就是其生涯适应性技能的发展。

2. 学习经验决定生涯成功

每个人的职业梦想、人生目标都会随着年龄、环境、地点的改变而变化，因此生涯规划从来不是一成不变的，需要因时因境去调整。进行生涯转换是不可避免的，每一个人都会经历。此刻的你，有没有想过在生命的下一个转弯处发生职业转变，你会如何去应对呢？你又如何去培养和锻炼自己的生涯适应性技能呢？关于这一点，著名的生涯咨询心理学家克伦伯兹曾指出，不断增进拓展自己的学习经验是生涯发展的核心目标。他的生涯决定社会学习理论指出，每个人独特的学习经验在决定生涯方向时扮演着重要的角色。从小到大，我们每个人都会或多或少对各项未知事物一一体验，从跌跌撞撞地学步，到咿咿呀呀学语，直至父母、学校培养我们学习的各项文化课和文体特长。这些学习经历在每个人的生命中都不计其数，有些成功的经历发展为我们的技能、爱好或特长，有些失败的经历可能影响我们的主观感受。我们更倾向于选择那些有成功学习经验的技能进行培养，而排斥或忽略带给我们失败体验的技能，这样学习经验就影响了我们的生涯选择。

可惜事事并非一帆风顺，在人生的转弯处，无论是周遭的环境或是我们内心世界的波澜都可能带给我们意想不到的惊喜和转变，我们都会经历职业转型不得不跳出自己游刃有余的工作去迎接新的挑战。克伦伯兹的理论告诉我们，人生中的新挑战或是因为我们缺乏相关的学习经验，或是因为我们过去不愉快的学习经验阻碍了我们去克服困难、攻克目标的信心。在人生的风浪中时刻扮演一个积极无畏的学习者，则是生涯成功的关键，积极尝试和努力，相信你终会胜任新角色和新任务。

第三节 开启生涯规划之旅

一、职业生涯规划的基本方法

一个人的职业道路，是在既定的计划下一步一步前进，还是充满了偶然、不可预知？如果你希望自己拥有如李开复一样的人生，首先就要学会像他一样，知道自己内心的需要，知道自己想要的生活，这样才能让你走在自己想走的道路上。职业规划，就是帮助你找到生活中的位置，对自己负责，努力成为最好的自己。那么，如何能够做好自己的职业规划呢？

【案例 6-4】

做己所爱　爱己所做

2008 年 8 月 17 日，北京奥运会女子 3 米跳板跳水决赛在国家游泳中心"水立方"进行。"跳水皇后"郭晶晶以总分 415.35 分的高分成功卫冕。

作为国内现役运动员的代表,郭晶晶是跳水"梦之队"的领军人物,曾多次获得世界冠军。然而,辉煌的背后是她一步步走过的荆棘之路。5 岁练跳水,15 岁首次参加奥运会一无所获,1998 年参加世锦赛,仅获女子 3 米跳板亚军,在之后的几年赛事中,她始终与奥运冠军失之交臂,其中包括悉尼奥运会 3 米跳板单人、双人亚军。巨大的压力、残酷的现实,并没有让她意志消沉、打退堂鼓。相反,基于对跳水运动的喜爱,她以坚韧的毅力和不服输的信心,坚持着更为艰苦的训练。2004 年,她终于从雅典奥运会拿回 2 枚金牌。此后,早可以光荣引退的她,在 2008 年奥运会上又收获 2 枚沉甸甸的金牌,演绎了一出完美的落幕。

作为一名老运动员,郭晶晶承受着长年伤痛的困扰,在一次次大型比赛中取得了辉煌骄人的战绩,是什么让她征战赛场多年却依然保持着良好的成绩?她成功的背后又有什么经历和特质?是什么动力在一路支撑着她?

郭晶晶说:"因为喜欢,才会投入,才会愿意付出。"

成功的背后是一路走过的荆棘之路,我们寻找她动力的源泉,可以看到对跳水的发自内心的热爱是支持着她战胜种种艰辛、勇往直前的中流砥柱。她说,"正因为自己真心喜欢,才会投入,才会始终愿意坚持付出。"

(一)我可以成为什么样的人——了解职业规划基本形态

制定明确目标的前提是知己知彼。舒伯在生涯理论中谈到,每个人都会因其选择的不同而拥有独特的生涯形态,好的生涯形态,使事业获得成功;不好的生涯形态,使事业一事无成。与其让大学生们在迷茫的状态下,创造性地预设一个"完美的自己",不如先告诉他们不同的生涯形态会带领人们走向哪种不同的生活和道路。日本生涯专家高桥宪行将人的生涯形态做了归纳与概括,不同的生涯形态将人们分成如下十八类不同的人生际遇。

(1)超级巨星型。知名度极高,一举一动常常在无形之中牵动许多人的利益,乃是众所周知的知名人士。

(2)卓越精英型。品行端正,知识丰富,具有敏锐的观察力,常常适时化险为夷,扭转乾坤。

(3)劳碌命型。安分守己,过着朝九晚五的安定生活。

(4)得过且过型。缺乏理想、抱负,很少为工作奋斗和拼搏,凡事只求过得去即可。

(5)捉襟见肘型。机会来了不知把握,机会走了又怨天尤人,自暴自弃。

(6)祸从口出型。喜欢批评,常在语言中将过错推卸给别人,喜欢标新立异,又常常提出一些根本无法实现的计划。

(7) 中兴二代型。继承可观家产,又能兢兢业业发扬光大。

(8) 出外磨练型。将第二代接班人送到外公司去工作,从基层做起,靠自己的能力、关系发展自己,磨练成长。

(9) 家道中落型。面对困境时,常常束手无策,欲振乏力。

(10) 游龙翻身型。能充分运用人生的蛰伏期,深刻思考自己的未来,并重新规划自己,终至飞跃。

(11) 转业成功型。面对生涯困境,能迈开步伐,解脱束缚,另谋出路,闯出一番天地。

(12) 一飞冲天型。智力与经营才华出众,又有冲劲,遇到赏识者提供必要的资源,就能一跃而起。

(13) 强力搭档型。有幸遇知音,志趣相投,能力互补的强力搭档配合下,开创成功的生涯。

(14) 福星高照型。相当幸运,往往随着时势的推移,在风云际会中成就美好的事业前程。

(15) 暴起暴落型。人生多舛,起伏不定,崛起、衰败往往均在一夕之间。

(16) 随波逐流型。目标不够明确,策略不够坚定,行动也常三心二意,因而随波逐流,难有创新。

(17) 强者落日型。能够呼风唤雨,才能出众,但常因人生的际遇,虎落平阳,以至了度残生。

(18) 一技在身型。专精于某一领域,专心钻研,始终不懈,显得特别踏实。

(二) 我该怎么做——把握职业生涯规划的原则及步骤

1. 职业生涯规划的原则

虽然职业生涯规划是一种个人行为,个人有权利按照自己的想法规划自身的职业生涯。但是,职业生涯规划毕竟不是一种凭空杜撰的职业畅想,而必须根据主客观条件对职业成长道路做出科学预见,为个人未来的职业生活描绘出通向成功的行动路线。所以,职业生涯规划应该因人而异,同时也应该遵循一些通行有效的基本原则,才能保证规划的科学性和有效性。

(1) 前瞻性原则。前瞻性原则是指要有预见能力,能判断准即将到来的形势或即将发生的事件,并进行相关职业路径策划。当然,这种预见能力必须建立在对自我和环境的认识和理解之上,"沙上建塔"和"纸上谈兵"式的预见,只会给未来的职业发展带来误导。

(2) 一致性原则。进行职业生涯规划的过程中,要考虑每个阶段的分目标与总目标是否一致？目标与措施是否一致？

（3）全程性原则。拟定生涯规划时必须考虑到生涯发展的整个历程，做全程的考虑。

（4）实用性原则。实现生涯目标的途径很多，在做规划时必须要考虑到自己的特质、社会环境、组织环境以及其他相关的因素，而不能照搬别人的规划或路径。

（5）激励性原则。拟定的生涯目标要符合自己的性格、兴趣和价值取向，要体现阶段性的提高，能够对自己产生内在的激励作用。按照既定的目标踏实进取，在分目标不断实现的过程中体验满足感和成就感。

2. 职业生涯规划的步骤

具体而言，一个系统的职业生涯规划应包括觉知与承诺、自我探索、职业探索、职业决策、制订行动计划与措施及实施、评估与反馈六个步骤。

（1）觉知与承诺。这个阶段是了解职业生涯规划的定义、内涵及意义。当你对自己的人生有所思考，并愿意花时间来规划自己的生涯时，你就已经开始生涯觉醒了，这是进行职业生涯设计的关键，也是生涯设计最重要的一点。

（2）自我探索。自我探索就是对自己做全面分析，通过自我分析，认识自己、了解自己。因为只有认识自己，才能对自己职业做出正确的选择，才能选定适合自己发展的生涯路线，才能对自己的生涯目标做出最佳抉择。因此，自我评价是生涯设计的重要步骤之一。通常自我探索包括自己的兴趣、特长、性格、学识、协调能力、活动能力等。

（3）职业探索。职业探索主要是了解市场与用人单位等因素。尤其是近年来，经济高速发展，科学技术突飞猛进，"互联网＋"已经席卷全球，市场竞争越来越激烈，人才需求的标准也越来越高，这些对大学生的发展产生了很大的影响。因此，在做职业生涯规划时，大学生要主动进行职业探索，了解外在的世界，包括了解职业的特性、所需的能力、就业渠道、工作内容、工作发展前景、职业的薪资待遇、晋升发展机会以及获取以上信息的方法等。

（4）职业决策。这是职业生涯规划的核心内容，也是最难的一步。在自我探索与职业探索基础上，以自己的最佳才能、最优性格、最大兴趣、最有利的环境等条件为依据，用有效的决策方法确立自己职业生涯的短期目标、中期目标、长期目标和人生目标。

（5）制定行动计划与措施及实施。在确定了职业生涯目标后，行动便成了关键的环节。没有达成目标的行动，目标就难以实现，也就谈不上事业的成功。这里所指的行动，是指落实目标的具体措施，主要包括工作、训练、教育等方面的措施。例如,为达成目标,在工作方面,你计划采取什么措施,提高你的工作效率?在业务素质方面,你计划学习哪些知识,掌握哪些技能,提高你的业务能力?在潜能开发方面,采取什么措施开发你的潜能?都要有具体的计划与明确的措施,并且这些计划要具体,以便于定时检查。

(6)评估与反馈。俗话说:计划赶不上变化。影响职业生涯的因素诸多,有的变化因素是可以预测的,而有的则难以预测。在此状况下,要使职业生涯规划行之有效,就需要不断地对职业生涯规划进行评估与修订。所以说,职业生涯规划是一个循环的过程,需要一辈子来探索。

3. 职业生涯规划的决策与调整

经过概念认知、能力学习、自我探索和对工作世界的探索,大学生在设定目标和开展职业生涯规划的时候,还将面临在职业决策中所存在的挑战和困难,这里我们将通过一些常用的应对方法,帮助大学生审视自己在重大问题上常用的决策风格,树立信心为自己承担责任。根据已经设立好的目标和职业生涯规划方案,不断细化和检验自己的生涯发展计划并付诸行动中去。

(1)决策风格。决策是一件不容易的事情,同时它又是一件无法回避的事情。从我们早晨醒来到夜晚入睡,都在不断地作决定:如何安排这一天的时间,穿什么衣服,吃什么食物,读什么书,与什么人交往等。当你清晨听到闹钟响起,考虑是继续睡下去还是立即起床的时候,你已经在作选择。你的生活充满了成百上千对日常琐事的决定。通常一个决定对你越重要,决策也就越困难。挑选一双鞋要比挑选一个职业容易。可见,决策是不可避免,不断发生又有点难度的人类活动。

(2)职业决策中的挑战。第一,决策的风险与责任。包括:确定无疑的决定,即所有的选择及其结果都是明白的决定;有一定风险的决定,这时有多种选择,每种选择的后果虽然不完全确定,但个人在一定程度上知道可能会有什么样的选择和结果;不确定的决定。第二,决策的复杂性。决策具有一定的复杂性——有诸多因素可能会影响到我们的决策。第三,职业决策中的阻碍。职业阻碍就是任何使人难以实现某一职业目标的障碍或挑战。它分为外部阻碍和内部阻碍两种。外部阻碍则来自外界,是我们难以控制的,如就业中存在的重男轻女现象。内部阻碍就是那些存在于我们自身的障碍,通常我们对之有较大的控制力,如焦虑、拖拉等。

4. 应对职业决策中的挑战

在进行重大决策时,为了减少风险,尽可能充分地考虑到决策所涉及的多方面因素。我们推荐使用计划型决策,它由沟通—分析—综合—评估—执行五个步骤组成,其英文缩写为 CASVE 循环(见图 6-4)。

(1) 沟通。个人发现理想与现状有差距,意识到问题的存在,这一步是决策的开始。

(2) 分析。将问题的各个组成部分相互联系起来,对现状进行评估,了解自己和自己可能的选择,对所有的信息进行分析。

(3) 综合。在分析的基础上,个人形成可能的解决方法并进一步收集相关信息,确认自己的选择。

(4) 评估。从可行性和满意度两方面评估信息,并按评估结果对所有选择进行排列,得出最终的选择。

(5) 执行。根据自己最终的选择制定计划,采取行动。

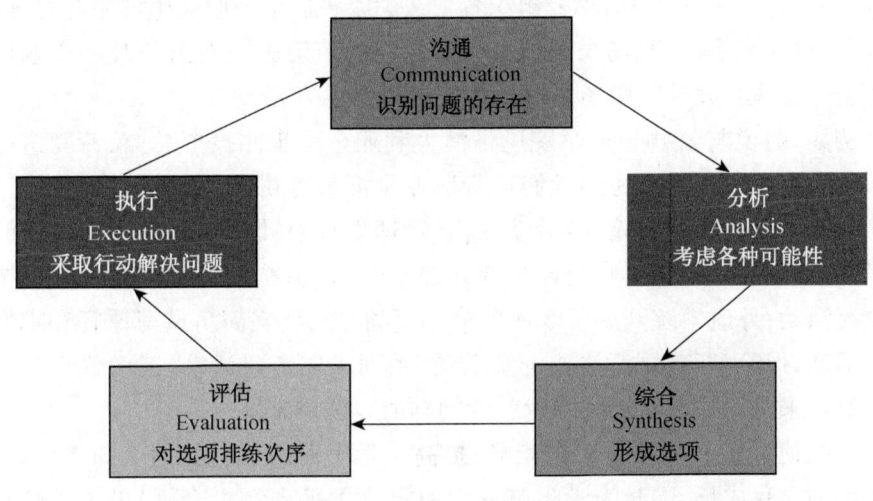

图 6-4　CASVE 循环

需要注意的是,决策是一个循环的过程,也就是说,在行动之后,还需要对自己的决定及其结果进行评估,由此可能进入新一轮的决策过程。如果你认真地进行了自我探索和对工作世界的探索,也采用了上述决策方法和工具,却仍然感到混乱或难以决策,那么你可能需要更多认知上的调节。必要时,你可以求助于职业咨询师。解决了内心深层次的困扰之后,你将更有能力来处理职业决策方面的问题。

二、我校大学生职业生涯规划指导

(一) 情况介绍

我校高度重视学生的职业生涯规划指导,学校根据不同年级、不同专业学生的要求,将学校诚信教育与职业生涯教育有机结合,进一步提升职业生涯教育第一课堂和第二课堂的建设水平。

在第一课堂建设中,学校将"就业与创业指导"必修课程覆盖到全校,通过多年来的努力完成教学计划修订、师资力量筛选、教学课程排课,对授课教师进行职业生涯教育师资培训,截至2017年,每学期有5 000余名学生接受职业规划课程指导。

在第二课堂建设中,学校通过开展"职业生涯活动月"、全校性职业生涯赛事、"名企走访"等主题品牌活动,从校、院两级层面开展职业指导、求职服务等系列活动。学校举办"职场风云挑战大赛",参加上海市大学生"求职之星"校园大赛,带领学生开展了立信会计师事务所、星展银行等多家知名企业的"名企走访"活动。每年4月、5月,学校组织各二级学院积极申报职业生涯服务月项目,现有"简自我风采,历职场未来——如何让你的简历脱颖而出""我和企业面对面""金融实践开放日""职场N次方"等约50个主题活动。

例如,财税与公共管理学院邀请澳大利亚金融集团投资总监、特聘讲师和学校人力资源管理专家为同学们进行职业生涯教育讲座;金融学院开展了"大学生职业胜任力实训实验班"活动;信息管理学院设计并开展了"拨开重雾"系列职业生涯探索主题活动;会计学院开展主题为"引航未来,会意人生"的毕业生交流活动;外语学院开展了职业启蒙、求职能力、英文简历撰写比赛和求职训练营活动;保险学院举办了"波士堂活动"系列求职考研活动;工商管理学院为同学们带来关于工商管理类专业就业问题的专题讲座等。

学校通过职业生涯教育与指导,提高了学生对职业世界的认知水平,促进了学生的自我成长,同时为学生就业实习提供了平台和机会,促进了学校毕业生就业率和就业质量的提升。

本章思考

1. 利用职业生涯规划的"5W"法为自己设计职业生涯规划。职业生涯规划的"5W"法便是一种被许多人士成功应用的方法。这是一种归零思考的模式:即从问自己是谁开始,如果能够成功回答完五个问题,你就有最后答案了。

1) 5个"W"是

——What are you?(我是谁?)

——What will I do?(我想做什么?)

——What can I do?(我会做什么?)

——What does the situation allow me to do?(环境支持或允许我做

什么?)

—What is the plan of my career and life?（我的职业与生活规划是什么?）

2) 回答要点与步骤

先取出 5 张白纸、1 支铅笔、1 块橡皮。在每张白纸的最上边分别写上上述 5 个问题。然后静下心来排除干扰,按照顺序,独立地仔细思考每一个问题。

(1) 第一个问题"我是谁"。回答的要点是面对自己,真实地写出每一个想到的答案,写完了再想想有没有遗漏,认为确实没有了,按重要性进行排序。

(2) 第二个问题"我想做什么"。可将思绪回溯到孩童时代,从人生初次萌生第一个想干什么的念头开始,然后随年龄的增长,回忆自己真心向往、想干的事,并一一记录下来,写完后再想想有无遗漏,确实没有了,就认真地进行排序。

(3) 第三个问题"我会做什么"。把自己确实已证明的能力和自认为还可以开发出来的潜能都一一列出来,认为没有遗漏了,就认真地进行排序。

(4) 第四个问题"环境支持或允许我做什么"。回答则要稍作环境分析,有本单位、本市、本省(区)、本国和其他国家,自小向大。只要认为自己有可能借助的环境都应在考虑范畴之内。在这些环境中,认真想想自己可能获得什么支持和允许,想明白后一一写下来,再以重要性排序。

(5) 第五个问题"我的职业与生活规划是什么"。回答时请先把前四张纸和第五张纸一字排开,认真比较第一至第四张纸上的答案,将内容相同或相近的答案用一条横线连起来,你会得到几条连线,而不与其他连线相交的,又处于最上面的线,就是你最应该去做的事情。你的职业生涯就应该以此为方向。

你要在此方向上以 3 年为周期,提出近期、中期与远期的目标,然后在近期的目标中提出今年的目标,将今年的目标分解为每季度目标、每月目标、每周目标和每日目标。这样,你每天睡前就可以对照自己的目标进行反省,总结当日成绩与失误、经验与教训,修正明天的目标与方法,第二天醒过来后稍加温习就可以投入行动了,经过日积月累,没有不能实现的职业生涯规划。

表 6-2 "5W"职业规划表

我的"5W"职业规划表
思考一下大学结束后,你是选择创业、就业、考研还是出国深造?用"5W"法分析一下自己的情况。

(1) 我是谁？

优势_____

不足_____

(2) 我想做什么？

① _____

② _____

(3) 我会做什么？

① _____

② _____

(4) 环境支持或允许我做什么？

支持_____

限制_____

(5) 我的职业与生活规划是什么？

_____

_____

2. 根据多元智能理论关于八项智能的解释与介绍对自身优劣势作评估，你可以按照"优""中""差"三个类别将你自身的智能重新整理写在自身优劣势评估表(见表6-3)。

表6-3　自身优劣势评估表

优
中
差

第七章
投身社会实践

不闻不若闻之,闻之不若见之,见之不若知之,知之不若行之。

——荀子

第一节 社会实践概述

大学生社会实践是指在校大学生利用课程安排、课余时间、寒暑假等时间有目的、有组织地深入社会,参与社会政治、经济和文化等活动,从而认识社会、接受教育、增长才干的一系列教育活动的总称。

一、大学生社会实践的要求和意义

(一)大学生社会实践的总体要求

以马克思列宁主义、毛泽东思想、邓小平理论、"三个代表"重要思想、科学发展观、习近平新时代中国特色社会主义思想为指导,全面贯彻党的教育方针,遵循大学生成长成才规律和高等教育规律,以了解社会、服务社会为主要内容,以形式多样的活动为载体,以稳定的实践基地为依托,以建立长效机制为保障,学校引导大学生走出校门、深入基层、深入群众、深入实际,开展教学实践、专业实习、军事训练、社会调查、志愿服务与公益活动、科技创新和勤工助学等,在实践中受教育、长才干、做贡献,树立正确的世界观、人生观和价值观,努力成长为中国特色社会主义事业的建设者和接班人。

(二)大学生社会实践的意义

社会实践是大学生思想政治教育的重要环节,对于促进大学生感受中国特色社会主义的伟大实践,加深对中国特色社会主义理论体系的理解和对党的路线方针政策的认识,坚定在中国共产党领导下走中国特色社会主义道路、实现中华民族伟大复兴的共同理想和信念,了解社会、认识国情,增长才干、锻炼毅力、培养品格,增强历史使命感和社会责任感具有不可替代的重要作用。社会实践作为学校人才培养的重要环节,是大学生成长成才的必由之路,对于提升大学生的学习能力、适应能力、沟通协调能力、理论联系实际的能力、解决问题的能力,养成吃苦耐劳、坚忍不拔、无私奉献的优秀品质,对增强大学生的发现力、创造力和成就感具有重要的作用。

二、大学生社会实践的内容及其作用

(一)大学生社会实践的内容

1. 专业践习活动

专业践习活动包括教学实践和专业实习活动,是课堂教学的重要组成部分和巩固理论教学成果的重要环节。大学生在参与专业践习的过程中,能够深刻体会到蕴含在各门课程中反映人类文明成果、弘扬民族精神、表现思想道德情操、体现科学精神、揭示事物本质规律的内容,有利于培养大学生的创新精神和实践能力。

2. 军事训练

军事训练指普通高等学校组织的学生军事技能训练和军事理论课教学以及与学生军事训练有关的其他活动。高校把军事课作为必修课,纳入学校整体教学计划,使大学生在军事训练中提高思想政治觉悟,增强国防观念和国家安全意识,培养爱国主义、集体主义、社会主义和革命英雄主义精神,加强组织纪律观念,发扬艰苦奋斗、吃苦耐劳作风。

3. 社会调查活动

大学生围绕社会经济发展的重要问题开展调查研究,提出解决问题的意见或建议,这能够帮助大学生正确认识社会现象,掌握科学研究方法,提高分析问题和解决问题的能力,有助于学生更好地把握事物的本质和规律。大学生在校期间每人每学期至少要开展一次社会调查,完成一篇有较高质量的社会调查报告。

"红色之旅"学习参观是社会调查的一种重要形式。大学生到革命纪念地、改革开放前沿和经济社会发展成效显著的地方学习参观,能够了解中国革命、建设和改革开放的历史和成就,增强大学生对党的认识和感情,增强大学生对中国特色社会主义的热爱,激发大学生全面建成小康社会、实现中华民族伟大复兴中国梦的责任感。

4. 志愿服务与公益活动

大学生参加志愿服务、环境保护等公益活动,能够引导大学生运用所学知识和技能服务人民、奉献社会,培养为人民服务的道德观,弘扬社会主义道德风尚。近年来开展的"志愿服务西部计划""贫困地区支教计划""青春红丝带志愿行动",是社会服务的新领域、新载体、新形式,带动和吸引了一大批学生参与到志愿服务中来。

5. 科技创新活动

科技创新活动包括学科知识竞赛和科技发明等活动。学科知识竞赛是一种提高创新精神和实践能力的群众性科技活动。科技发明包括大学生在社会实践中参与的技术改良、工艺革新、先进实用技术传播等实践活动。这些科技创新活动能够培养大学生良好的学术道德,弘扬求真务实、开拓创新的科学精神,鼓励大学生开展创业实践,提高创业技能,为社会经济发展献计出力。

6. 勤工助学活动

勤工助学活动指在校大学生利用课余时间通过自己的劳动,促进德智体美全面发展,增长才干,并通过兼职或假期工作的报酬以改善学习和生活条件的行为。大学生参加勤工助学,不仅能够获得合理的经济收入,还能够增加对社会和国情的了解,在活动中培养自立自强、勤俭节约的精神。

我们认为大学校园是社会的重要组成部分。在校园内,学生能认识社会,能深入基层,也能接受教育、增长才干。从广义上看,大学生担任学生干部、参与社团管理、在校园内从事勤工助学和志愿服务、参与教师的科研项目、参与校园文化活动都可以列入社会实践的范畴。

(二)大学生社会实践的作用

1. 能够帮助大学生增强社会责任感和使命感

大学生生活在象牙塔里,对国情、民情缺乏直接的接触和了解,虽然当前的网络和自媒体比较发达,但不走进社会,永远不能了解社会的复杂程度和真实情况。大学生积极参加社会实践活动,可以亲身感受国家改革开放的伟大成就和艰辛发展历程,会对我国当前社会主义初级阶段的基本国情、主要矛盾的变化有更深刻的理解和认识。大学生通过社会实践活动,会更加懂得知识的价值和学习的重要性,激发他们爱国热情和学习动力,大大增强他们勇于吃苦、甘于奉献的社会责任感,更好地服务社会、报效祖国,为实现伟大复兴的中国梦贡献力量。

2. 能够增强学生的创新能力和合作意识

实践出真知,学生在实践过程,在所学专业知识和学习积累的基础上,将自己的新思考和新认识融入实际,会产生新的思想火花和创造力。社会实践活动比课堂教学和校园生活更新鲜、更自由,学生们的积极性被充分调动起来,兴趣高涨,思维也空前活跃起来。我国目前大学生多为独生子女。独生子女的自主意识强、合作意识比较弱。社会实践活动为锻炼大学生的协作意识提供了很好的平台。社会实践活动一般都是以团队形式,至少3人以上来开展,从申报项目、开展实践活动、完成结项报告,都需要大家明确分工、各司其职、相互配合,才能最终完成一项社会实践活动。实践成果是大家共同的心血和集体智慧的结晶,有利于增强大学生的协作精神和团队合作意识。

3. 能够完善大学生的个人品质和素养

人的道德品质要在实践过程中才能体现,大学生深入社会、了解社会,有利于发展、完善人格和品质。社会实践活动很多是志愿服务活动,需要具有一定的吃苦耐劳精神和奉献精神,学生们通过在艰苦的环境中经受锻炼,会对其人生观、价值观有重要的提升作用。在与那些平凡而伟大的人民群众交往中,大学生的"娇""骄"二气会得到克服;在实践的困难和危险面前,大学生的牺牲精神和坚强品质会得到培养和提高,在参与实践的过程中会逐渐养成坚韧、顽强的优良品质,养成务实的学习态度和生活作风,不断提高综合素养。

三、处理好学习与社会实践的关系

面对未来激烈的人才竞争,很多大学生都会引发这样的思考:在大学4年的成长过程中,究竟该重知识还是重能力?究竟该重学习还是重实践?如何处理好学习和社会实践的关系问题,深深地困扰着当代的大学生。大学生要学会处理学习与社会实践的关系。

1. 要明确学习和社会实践是统一的

作为一名大学生要明白,大学不仅仅是一个学习的场所,更是一个自我完善的练兵场。学习是为了更好地提高能力,同时社会实践过程也是一个学习的过程。如果4年的时间仅仅和高中一样用于学习,那大学就失去了很多本该存在的意义。学生参加社会实践锻炼本身就是一个学习的过程,是分析问题、解决问题、提高能力的过程,有利于完善自己的知识结构,求得良好的学习方法,促进专业知识的学习。因此,学习与参加社会实践是统一的,在大学期间抽出一定的时间从事一些社会实践锻炼,是有其现实意义的,也是学习的重要内容和载体。

2. 要分清专业学习和社会实践的主次性

社会实践是一种学习,但是对于大学生而言专业学习还是第一要务,是立身之本。实践锻炼和专业学习的矛盾集中表现在对时间的支配上,这需要根据自己的实际情况去摸索,科学地安排时间,找到一个专业学习和社会实践的平衡点。大学生要遵循专业学习的基本规律,提高学习的效率,在确保不耽误学习的前提下或在学有余力的情况下,积极参加社会实践活动。如果参与社会实践和专业学习在时间上发生了不可调和的矛盾,或者已经影响到学习了,就必须下决心做出取舍,重新安排参与实践锻炼的时间,安心回到课堂学习中去。

3. 要协调学习与社会实践的关系

专业学习和实践能力提升对于大学生而言都非常重要,因此需要协调好学习和社会实践的关系。首先,要树立明确的目标,做好4年的大学规划,同时根据各年级的任务和特点,制定切实可行的具体计划,并且严格按照计划来组织实施;其次,要合理安排时间,掌握科学的时间管理方法,对所做事情按照轻重缓急进行排序,重要且紧急的必须立刻做,争取不浪费有限的时间;最后,还要注意提高效率,学习的时候不要想着活动,实践锻炼的时候也不要怕浪费时间,把两者的效率提高了,你就会发现两者是可以协调的,甚至可以相互促进。大学生在成长的过程中应当不畏艰难,在实践中不断磨练、不断充实。关于时间管理的相关知识和技巧可以参考本书第五章相关内容。

【拓展阅读 7-1】

实践贯通:"做过才真正明白"

李开复,1961年12月3日生于中国台湾,1998年出任微软亚洲研究院首任院长,后调任微软全球副总裁,负责 Net 方面的研发工作,在服务器软件、Windows、Office 里面都有着李开复团队开发出的技术。2005—2009年李开复出任谷歌公司全球副总裁兼大中华区总裁。2009年9月谷歌公司在中国北京创立创新工场,李开复出任董事长兼首席执行官,致力于帮助中国青年成功创业。李开复在繁忙的工作之余,十分关注中国青年特别是大学生的成长,每年在高校做数十场演讲,并给中国学生发了7封公开信,这里选载他《大学4年应该这么度过》一文中的部分内容,以期对学生有所启发。

上高中时,许多学生会向老师提出"为什么?有什么用?"的问题,通常,老师给出的答案都是"不准问"。进入大学后,这些问题的答案应该是"不准不问"。在大学里,同学们应该懂得每一个学科的知识、理论、方法与具体的实践、应用应该结合起来,尤其是工科的学生更是如此。

有一句关于实践的谚语是这样说的:"我听到的会忘掉,我看到的能记住,我做过的才真正明白。"

无论学习何种专业、何种课程,如果能在学习中努力实践,做到融会贯通,我们就可以更深入地理解知识体系,可以牢牢记住学过的知识。因此,我建议同学们多选些与实践相关的专业课。实践时,最好是几个同学合作,这样,既可以经过实践理解专业知识,也可以学会如何与人合作,培养团队精神。如果有机会在老师手下做些实际的项目,或者走出校门打工,只要不影响课业,这些做法都是值得鼓励的。外出打工或者做项目时,不要只看重薪酬待遇(除非生活上确实有困难),有时候,即便待遇不满意,但有许多培训和实践的机会,我们也值得一试。

以计算机专业为例,实践经验对于软件开发来说是必不可少的。微软公司希望应聘程序员的大学毕业生最好有 10 万行的编程经验。理由很简单:实践性的技术要在实践中提高。计算机归根结底是一门实践的学问,不动手是永远也学不会的。因此,最重要的不是在笔试中考高分,而是实践能力。但是,在与中国学生的交流过程中,我很惊讶地发现,中国某些学校计算机系的学生到了大三还不会编程。这些大学里的教学方法和课程的确需要更新。如果你不巧是在这样的学校中就读,那你就应该从打工、自学或上网的过程中寻求学习和实践的机会。在网上可以找到许多实践项目。例如,有一批爱好编程的学生建立了一个讨论软件技术的网站(www.Diyinside.Com),在其中共享他们的知识和实践经验,并成功举办了很多次活动(如在各大高校举办校园技术教育会议),还出版了帮助学生提高技术、解答疑难方面的图书,该网站有多位成员获得了"微软最有价值的专家"的称号。

第二节 校内社会实践

一、积极参加团学组织

(一)共青团学生会组织

1. 共青团

共青团是中国共产主义青年团的简称,是中国共产党领导的先进青年的群团组织,是广大青年在实践中学习中国特色社会主义和共产主义的学校,是中国共产党的助手和后备军。

共青团在新时代的基本任务是：高举中国特色社会主义伟大旗帜，以习近平新时代中国特色社会主义思想为指导，坚定不移地贯彻党在社会主义初级阶段的基本路线，以经济建设为中心，坚持四项基本原则，坚持改革开放，切实保持和增强政治性、先进性、群众性，把培养社会主义建设者和接班人作为根本任务，把巩固和扩大党执政的青年群众基础作为政治责任，把围绕中心、服务大局作为工作主线，用社会主义核心价值体系教育青年，在建设中国特色社会主义的伟大实践中，造就有理想、有道德、有文化、有纪律的青年，努力为党输送新鲜血液，为国家培养青年建设人才，团结带领广大青年，自力更生，艰苦创业，积极推动社会主义经济建设、政治建设、文化建设、社会建设、生态文明建设，踊跃投身全面建成小康社会、全面深化改革、全面依法治国、全面从严治党实践，为实现"两个一百年"奋斗目标、实现中华民族伟大复兴的中国梦贡献智慧和力量。

青年团中央委员会受中国共产党中央委员会领导，团的地方组织和基层组织受同级党的委员会领导，同时受团的上级组织领导。共青团的全国领导机关，是团的全国代表大会和它产生的中央委员会。地方各级团的领导机关，是同级团的代表大会和它产生的团的委员会，团的各级委员会向同级代表大会负责并报告工作。

高校共青团是团的基层组织的组成部分，一般设立校院班三级组织，分别为校团委、学院团委（分团委、团总支）、班级团支部。各级团委除了领导下级团组织，还在党的领导下指导同级学生会和学生社团。

2017年，共青团中央、教育部联合印发《高校共青团改革实施方案》①，在共青团改革大局中推进高校共青团改革创新，构建党领导下的"一心双环"团学组织格局，具体就是在高校党委领导下，以团委为核心和枢纽，以学生会组织为学生自我服务、自我管理、自我教育、自我监督的主体组织，以学生社团及相关学生组织为外围延伸手臂。改进团组织对学生会组织的指导，推动学生会组织深化改革，依法依章程独立自主开展工作；高校的各级学生会组织，由同级团委归口指导。高校团委履行对学生社团的主要管理职能，支持引导学生社团规范发展；学生会组织配合团组织加强对学生社团的引导、服务和联系，校级学生会组织须明确1名主席团成员负责学生社团工作。校级团委应设立专门机构，指导和管理学生社团工作；已成立校级学生社团联合会的，其主要负责人须由校级

---

① 共青团中央、教育部关于印发《高校共青团改革实施方案》的通知，中青联发〔2016〕18号。

学生会组织负责学生社团工作的学生兼任。

2. 学生会

高校学生会组织是学生自我教育、自我管理、自我服务、自我监督的主体组织，是高校党政联系广大同学的主要桥梁和纽带，是尊重学生主体地位、完善学校内部治理结构的重要方面。学生会是学生自己的群众组织，凡是在籍在册的学生，承认学生会组织章程，不分民族、性别、宗教信仰均为学生会会员。学生会组织要坚持以学生为本，坚持为了同学、代表同学、服务同学、依靠同学，从同学中来、到同学中去。

学生会在党组织的领导和团组织的指导帮助下，依照法律、学校规章制度和各自的章程，独立自主地开展工作。学生会组织"学校、院（系）、班级"三级联动，校级组织对院（系）级组织、院（系）级组织对班委会具有指导、联系和帮助职责。

学生会的基本任务：①遵循和贯彻党的教育方针，组织同学开展学习、文体、社会实践、志愿服务、创新创业创优等多种活动，促进同学全面发展；②维护校规校纪，倡导良好的校风、学风，促进同学之间、同学与教职员工之间的团结，协助学校建设良好的教学秩序和学习、生活环境；③组织同学开展有益于成长成才的自我服务活动，协助学校解决同学在学习和生活中遇到的实际问题；④沟通学校党政与广大同学的联系，通过学校各种正常渠道，反映同学的建议、意见和要求，参与涉及学生的学校事务的民主管理，维护同学的正当权益；⑤引导和支持学生社团健康发展，配合团组织加强对学生社团的管理和服务；⑥规范学生干部的产生和配备，强化学生干部的群众意识、责任意识和奉献意识，以实际行动做广大同学的表率。

校级学生会组织须设立主席团，由主席1名、副主席4～6名组成，有分校区的高校可酌情增加副主席人数；聘任秘书长1名，由团委专职干部兼任；学生会组织各职能部门副职原则上不超过2名。不得设置主席助理、部长助理等岗位。各级学生会组织可视需要设置负责港澳台学生、留学生工作的部门或机构，加强对港澳台学生、来华留学生的联系与服务。

【案例7-1】

正确处理学习和学生干部工作的关系

学生何某，大学入学前成绩优秀，大一开始担任班长，同时加入学院学生会自律管理委员会等学生组织，工作积极性、主动性很高。他把大部分的时间和精力都用在管理班级和参与各项活动上,有时上课也想着组织活动的事,甚至经常为了"工作"而不去上课,经常请假,课余时间也没有充分利用,忽视了自己课程知识的学习,造成学习成绩下降,任课教师对其印象也不好,第一学期期末考试就挂科了。由于挂科,奖学金、优秀学生干部等荣誉都没有评上,第二学期他的工作积极性明显下降,学习也没有提升,开始慢慢消沉,制定的学习计划几乎落空,成绩下滑十分严重,甚至出现补考和重修。

　　这个案例中的何同学,就是没有处理好学生工作与学习的关系。进入大学后,很多同学通过自己的实力成功地当选了学生干部,当怀着期待和向往工作一段时间后,有的学生干部总是找不到学习和工作之间的平衡点。由于个人同时扮演着不同的角色,就必然会产生"角色冲突"的问题。学生干部的角色冲突主要表现在角色内冲突,产生冲突的原因是学生干部不能同时满足众多角色伙伴的期待引起的。学生干部的角色期待不仅来自老师和同学,还来自自我期待。他们一方面要完成老师交代的任务,管理班级和开展课外活动;另一方面他们需要花费大量的时间在学业上,处理不当就会产生这样那样的问题和心理困惑,有时真的进退两难,感到身心疲惫。

(二) 共青团学生会组织的功能

1. 辅助学校育人的功能

　　共青团学生会组织(简称团学组织)担负着团结教育和引导广大学生的使命,团学组织首要的任务就是开展各项学习教育活动,引领同学们学习宣传党的最新理论成果,贯彻执行党的教育方针政策,始终在思想上与党中央保持一致。团学组织作为学校各项工作在学生中的直接组织者、执行者,是加强学生思想教育的重要组织和熔炉,扮演着重要的育人角色,发挥着辅助学校育人的重要功能。

2. 维护学生权益的功能

　　团学组织会从维护学生权益的角度出发,加强学校与学生的沟通,发挥好桥梁和纽带作用。一般来说,学生组织对群体权益的维护功能,在统一的学生大型组织中较为明显。团学组织对学生群体权益的维护,实践上也是对自身整体利益的维护。

3. 满足学生需要的功能

　　团学组织为学生成员在班级、宿舍之外提供了满足成长成才的新平台和新载体。团学组织通过组织各类学习活动和实践活动,举办丰富多样的比赛竞赛,满足学生的需求,还能培养学生的管理、协调能力以及开拓创新和无私奉献精神。

(三) 积极参加团学组织

1. 选择参加一个团学组织

团学组织从团委到学生会，从校级到院级，有很多的组织，每个组织都有不同的职责。对于一个刚进入大学的新生，加入一个团学组织是更快地了解和适应大学，更好地锻炼提升自我的有利机会。在这里汇聚了不同学院、不同年级、不同专业志同道合的学生，同学们可以更便捷地了解到从学习到生活、从校园文化和具体事务各方面的信息，可以锻炼提升自己的人际交往、组织协调等各方面的能力。但是，我们也不建议因为喜欢团学组织的工作而加入多个团学组织，毕竟同学们还要处理好学业和团学工作的关系。

2. 要把握好工作的主次关系

从事团学组织工作，必须要学会分清主次、抓住重点、兼顾其他，紧张而有序地工作，这是很重要的工作方法。高校团学工作虽然繁重而复杂，但又有其自身规律，如每个学期都有工作计划、工作重点，每个时期有相关的主题和活动，如果学生干部不分清主次，"眉毛胡子一把抓"，结果"捡了芝麻丢了西瓜"，该做的工作反而没有做好。因此一定要紧紧围绕工作重心，结合本学院本部门的特点，拟出系统的工作思路，协调个别与一般、局部与整体的关系，做到主次分明、突出重点，这样才能起到事半功倍的作用。

3. 善于协调好人际关系

协调好人际关系是团学干部非常重要的一项能力。在部门内部，要有集体荣誉感和使命感，齐心协力、相互支持和配合，做到分工不分家；还要善于和业务联系部门保持密切联系，互通信息、交流经验，使工作思路更开阔；对于同学们，更要交朋友，强化服务意识，虚心接受他们的合理意见和批评，为同学们排忧解难。

【拓展阅读 7-2】

我校团委、学生会简介

学校团委是在学校党委的领导下，担负着团结教育和引导广大团员青年学生的群团组织。其下属五个部门分别为：行政中心、组织发展中心、新闻传媒中心、科创中心、社会实践中心，每个中心下设2～4个部门。

校学生会是代表学生的群众组织，在校党委领导和校团委指导下，依靠学生独立自主地开展工作。其宗旨是：学习宣传贯彻执行党的教育方针政策，全心全意为同学的全面发展服务,下设秘书处、学生权益中心、文体中心、公共关系中心、传媒中心、学习发展中心。

各二级学院设有院级的分团委和院级学生会组织,团委和学生会设有相关的部门。

学校依据《高校共青团改革实施方案》《上海共青团改革实施方案》,出台了《上海立信会计金融学院共青团改革实施方案》(简称《方案》)。《方案》提出了切实加强和改进我校共青团各项工作和建设的具体举措。《方案》提出改革完善共青团工作领导体制和运行机制,成立共青团工作指导委员会,加强与校内相关部门和学院的工作协调;成立共青团工作咨询委员会,在校内外聘请党政领导、专家学者、杰出校友等群体经常性关心共青团工作并担任基层团组织导师。

二、理性选择学生社团

学生社团是指经过学校批准,由在校学生基于共同的兴趣、爱好而自愿组成,由学校登记注册,以实现成员的共同志愿为目标,并按照其章程开展活动的协会、学会、研究会、联合会、联谊会及文学(诗)社等学生组织。随着大学生追求全面发展、提高自身素质的愿望逐步增强,高校的社团活动逐渐为更多的大学生所接受并积极参与。越来越多的大学生参加了各种不同类型的社团组织和活动,成为他们课余学习、活动、交流的重要组成部分。

(一) 学生社团组织及分类

学生社团的组织和活动实际上是一种校园文化群体的组织与活动,它是校园文化中不可忽视的一个方面。各种类型的学生社团、丰富多彩的活动有力地推动了校园文化的发展。社团通过组织各种活动,对学生综合素质的提高起到了积极的作用。

目前高校学生社团种类比较多,概括起来大致可分为四类:第一类是理论学习型社团。这类社团以研究、传播、践行马克思列宁主义、毛泽东思想、邓小平理论、"三个代表"重要思想、科学发展观、习近平新时代中国特色社会主义思想为己任,如邓小平理论研究会、中国特色社会主义理论研究会、青年马克思主义研究会等。第二类是学术研究和科技创新型社团。这类社团以研习专业知识、提升学术水平,培养学生科技创新能力为主要目标,如数学建模协会、科学技术协会、青年经济学会、电子商务学会等。第三类是兴趣爱好型社团。这类社团以文娱、体育、艺术等方面的活动为主要内容,如文学社、书画协会、汉服社、街舞社、大学生心理协会等。第四类是公益型社团。这类社团是指提供志愿服务、投身社会公益的组织,如环境保护协会等。

【案例7-2】

大学生应该有选择地加入学生社团[①]

黄同学,个性比较开朗,入学军训刚一结束,身边的师兄师姐和同乡等人就源源不断来游说小黄加入学生社团。社团招员工作结束后,小黄发现自己竟然参加了3个不同的学生社团,还有自己班级的职务。逐渐的,小黄发现自己过得很累,每天除了上课,就是参加学生社团活动,结果弄得自己进实验室都没时间。每天晚上回到宿舍,小黄都哀叹时间怎么过得这么快,当天该干的事情又没能完成,只能不断熬夜去弥补。没睡好,第二天的课上得也是恍恍惚惚,老师讲了啥内容一点都听不明白。时间就这样一天一天过去,转眼快到期末考试了,小黄一看自己平时课程压根儿就啥都没学,怎么办呢?

孟同学,性格比较外向,篮球打得不错,在军训期间就开始留意学校的社团情况。为了锻炼自己的能力,小孟也有意向想参加一些学生社团。通过向老师和学长询问,小孟了解到学校有一支学生篮球队,正巧也需要招聘新成员,于是小孟就赶紧找到篮球协会提出申请。经过几轮的面试和复试环节,小孟顺利成为篮协的一名球员。在不影响学习的情况下,小孟刻苦练球,很快就成了主力阵容的球员,还经常代表学校参加比赛。现在,小孟担任了篮球队的队长职务,身边有一群朋友,自己的专业学习也变得更加主动。

姜同学,入学后想要竞选班委,但因自己准备不充分而没有被同学选上,就变得有点垂头丧气。可是过了几天,眼看着寝室其他同学参加学生社团组织,各种活动那是风生水起,心里痒痒的小姜就也想参加个学生社团。可是大多数学生社团组织的招聘工作已经结束,于是,不加思考的小姜就匆匆忙忙加入学生户外滑板协会。小姜根本就不喜欢玩滑板,也没有兴趣玩这个。加入协会后,小姜只参加过几次活动,就懒得去了,电话也不接、短信也不回。社团的其他同学对小姜很不满,最后小姜和大家闹得不欢而散。

上面三个案例反映了学生们面对社团的三种真实情况,黄同学是过多参加学生社团带来的苦恼,孟同学是参加学生社团带来了快乐,姜同学是参加自己不喜欢的社团产生的问题。

如何选择适合自己的学生社团,让自己的学习能力和实践能力真正得到锻

---

① 陈旭华.大学生应该有选择性地加入学生社团[N].新浪网,2016-05-09.

炼和发展？要回答这个问题，我们先要学会有所选择和有所舍弃。当我们不知道何去何从的时候，多问自己几个为什么，加入学生社团不是为了凑热闹，而是因为其能真正帮助自己成长。在众多的学生社团面前，不能凭着感觉走，要结合自己所学的专业和兴趣爱好，去甄别、去筛选。如果真的遇到让自己无法判断的困境，也可以主动咨询辅导员、导师，向老师寻求帮助。

（二）学生社团的特点

学生社团组织具有以下几个特点。

1. 兴趣目标的一致性

社团本身就是学生基于共同的兴趣、爱好而自愿组成的组织，参加社团的学生在兴趣、爱好、特长、观念等方面具有许多一致性的地方或者说是志同道合，这种兴趣的一致性使学生在社团活动中表现出极高的热情和主动性，从而使社团表现出蓬勃的生机和活力，进而不断吸引有共同志趣的学生加入进来，从而保证社团能够得到传承和发展。学生个体兴趣的一致性会使社团活动的目标在总体趋势上具有共同性、一致性，从而又进一步把社团成员凝聚和黏合在一起。同时社团目标的趋同性又为个体成员施展能力、提高综合素质、进行思想政治教育提供了条件。

2. 内部氛围的民主性

社团组织是学生自发的组织，社团内部成员之间彼此是宽松、活泼、畅所欲言、平等相处的良好氛围。社团主要负责人绝大多数通过民主选举产生，章程通过民主讨论制定，重大活动征得大多数人同意。社团内部氛围的民主性有助于培养组织成员的团队意识和协作精神，有助于提高组织成员现代人际关系和公共关系的能力，有助于组织成员更好地"自我教育、自我管理、自我完善、自我发展"[1]。

3. 活动内容的丰富性

由于学生社团是根据某种需要而结合起来的群众组织，社团活动内容会因为学生需求的多样而呈现出丰富性。有的社团是理论学习型社团，通过举行相关的学习活动，吸引对政治理论颇感兴趣、关心社会发展与进步的同学参与进来，以不断寻求理想、信念、道德、人生道路和人的社会价值等方面的正确答案。有的社团是学术研究型社团，通过举办各种学术讲座吸引学生追求知识，不断

---

[1] 张漪.上海高校学生社团发展研究——兼论美国高校学生社团的经验启示[M].上海:交通大学出版社,2005.

扩大自己的知识面,了解其他专业学科的情况。有的社团是文体类社团,通过开展丰富的课余文艺活动,缓解学生紧张学习带来的疲劳。大学生通过组织社团活动锻炼自己的才干,培养自己各方面的能力,为毕业后适应社会生活做准备。

(三)社团活动与学生成才

学生社团虽然规模大小不一,活动内容和形式各异,但它们的作用却是相同的。

1. 学生社团活动促进了第一课堂的学习

跨专业、跨学科、多层次、多内容的社团活动一定程度上打破了原有的院系班体系,加快了信息的传递,加速了不同学科之间的交叉、相互渗透,开阔了同学们的视野,培养了同学们获取、分析、利用信息的能力,丰富了学生学习的内容和载体,促进了第一课堂的学习。

2. 学生社团活动为同学们走进社会、接触社会提供了多种途径

社团活动的内容丰富、形式多样,从校内到校外,使越来越多不满足于课堂教学的学生将较多注意力转向课外,把社团活动当作了解社会的重要途径。学生们在社团活动中增加了与社会接触的机会,在与各类人群交往的过程中进一步认识社会、锻炼自我。

3. 学生社团活动锻炼和培养了学生的组织管理能力和社交能力

在社团活动中同学们需要自我管理、维护社团内部的团结、决定组织发展方向、平衡组织与外部的关系等,同学们的组织管理能力得到了很大的提高;社团成员打破了年级、班级、专业、年龄的界限,扩大了同学们的社交范围,能够较好地锻炼和提高社交能力。

4. 学生社团活动是提高大学生综合素质的良好形式

社团作为大学生自我教育、自我管理、自我服务的一种很好的形式,越来越受到广大学生的欢迎,对大学生各种素质和能力的提高具有越来越重要的作用。

(四)理性选择和参加学生社团

各个大学校园里都活跃着很多社团组织。每当到了秋高气爽的季节,又一群大一的新生走进校园,社团组织也开始了新一轮的招新。面对各种各样令人眼花缭乱的社团组织,新生们该如何做出自己的选择呢。

1. 要参加感兴趣的社团

兴趣是最好的动力,也是最好的理由。不要盲从,也不要去跟风,选择你自己所感兴趣的学生社团,让自己的特长或优势能够得到最大限度的展示和发

挥。不是所有的学生社团都需要加入,也不是每个学生社团都适合自己,要预先制定好加入学生社团活动的发展目标,让自己在学生社团活动中丰富阅历和认识。在加入学生社团之前,一定要详细了解这个学生社团,看看自己是否能够真的在其中得到锻炼和成长。

2. 要寻找志同道合的朋友

三人行必有我师,择其善者而从之,其不善者而改之。加入学生社团在于,能够让自己与一群志同道合的人在一起,共同体验和分享成长的快乐。学生社团给予我们的不仅有风风火火的活动,还应有肝胆相照的知己和朋友,让自己的成长能够充满正能量。如果一个学生社团,成员在一起就是聚会、会餐或外出游乐,大家根本没有思想的交流,也没有学习上的提升,那这样的学生社团没有任何加入的意义。

3. 要合理适度助力自己成长

学生社团是一个学生组织,在学生社团中要注意工作的方式方法,不能什么社团和活动都参加,要有所选择参加那些有助于提升自己综合能力的学生社团。既要量体裁衣,也要注意量力而行,学会取和舍。人的精力是有限的,社团是我们学习之余锻炼提升的地方,但不要把太多的精力投入社团活动,以免影响学习时间。如果由于加入的学生社团过多,让自己无暇顾及,这个时候我们应该理性去思考,不能硬撑,要及时去调整自己的选择。

【拓展阅读 7-3】

学校团学组织的招新和面试

校院两级的团学组织一般会在新生进校期间或者十一假期过后不久开始招新,此时的你一定会觉得新鲜而茫然,下面为你介绍一下如何加入这些组织的小技巧。

1. 关注招新的信息

在你进校后招新的信息会铺天盖地席卷而来,但是如果你不关注的话也是没有任何意义的。一般招新会通过线上线下两种方式,线上是要关注相关组织的网站或者微信公众号,线下会有各种摆摊和宣传,你要多去留意和搜集信息。

2. 做好相关准备

对于各级组织和部门,在搜集相关信息的基础上,进一步对比分析,了解不同组织、部门的作用、功能,及时请教学长学姐是帮你了解情况的有效渠道;其次要明确自己的兴趣,目标要相对集中而确定,不要什么组织和部门都想尝试;

最后可以做点准备,书面或者口头的,不打无准备之仗。

3. 积极报名和参加面试

(1) 报名。可以添加部门的迎新群,线上填写报名表;线下摆摊处或现场报名,切记要选择自己喜欢的组织和部门。

(2) 面试。面试时间会有具体通知,面试官基本上是部门负责人,也是学长学姐,所以不用紧张。通常面试题目包括以下内容:①对自己的评价;②对自身特长的描述;③对自身特点的展示;④对加入部门的看法;⑤能够安排好自身学习与参与社团活动关系等。

(3) 注意事项:①注重时间观念;②突出自身特点;③牢记安全事宜;④科学合理选择。

三、严格进行军事训练

《中华人民共和国国防法》《中华人民共和国教育法》《中华人民共和国兵役法》《中华人民共和国国防教育法》指出,各高校都应开展大学生军事训练,军训是学生接受国防教育的基本形式,是培养"四有"人才的一项重要措施,是培养和储备我军后备兵员及预备役军官,壮大国防力量的重要手段,是大学生爱国主义教育和国家安全观教育的重要形式。

(一) 大学生军训的重要意义

1. 促进大学生综合素质的发展

军训往往是大学的第一课,军训作为一门课程,有着自己的规律和特点。通过严格的内务管理以及严格的训练要求,大学生能养成良好的个人行为习惯以及吃苦耐劳的作风,进而树立起他们强烈的纪律意识;可以培养勇敢顽强、坚忍不拔、吃苦耐劳、不怕困难的精神;还可以培养团结友爱、互相帮助的集体主义精神,锻炼和增强学生的体魄,促进德智体美全面发展。组织大学生进行军训,能够让学生逐步适应大学生活,加快他们角色转换过程,为他们今后更好地度过大学生活打下坚实的基础。

2. 加强对大学生的爱国主义教育和国家安全观教育

爱国主义教育是大学生思想政治教育的重点,也是社会主义核心价值观的重要内容。21世纪的大学生肩负着振兴中华、实现中华民族伟大复兴的重任,也肩负着维护总体国家安全观的使命。长期的和平环境使部分青年国防观念淡薄,开展军事训练,进行爱国主义和人民军队光荣传统的教育,让大学生亲身体验军事生活,对于进一步激发他们的爱国热情,增强建设祖国、保卫祖国的责任感,筑起国防观念的大堤,为建设中国特色的社会主义事业努力学习,更好地担负起历史所赋予的使命是非常有益的。

3. 有利于加强我国军队的现代化建设

自在高校征集新兵政策出台以来,国家每年都会开展大学生征兵入伍工作,选拔部分综合素质好的大学生进入部队,发挥他们在部队建设中的重要作用。征集在校大学生入伍,是新形势下提高兵员素质、加强国防和军队现代化建设、增强部队战斗力的重大举措,具有重要的现实意义和深远的历史意义。大学生的军事训练成为学生了解部队生活、了解军人的重要机会,为动员更多大学生征兵入伍奠定了基础,同时也成为大学生日后走向部队的第一课,可以大大提升军队素养有利于加强军队的现代化建设。

(二)军训主要内容和评比表彰

1. 军训内容

(1)军事技能训练。军事技能训练主要内容有:队列训练、条令条例教育、自我防卫训练、消防逃生演练等。

(2)军事理论教学。军事理论教学主要内容有:中国国防、军事思想、国际战略环境、军事高技术、信息化战争等。

2. 评比表彰

为鼓励先进,我校在学生军事训练中开展了先进个人和先进连队的评比。

(1)先进个人。对考核优秀者授予"军训标兵"称号,颁发荣誉证书。评选"优秀教官"若干名,获得者颁发荣誉证书并给予一定奖励。评选"优秀指导员"若干名,获得者颁发荣誉证书并给予一定奖励。

(2)先进集体。先进集体评定以连为单位,评出军训标兵连、军容军纪优胜连、内务卫生优胜连、文体活动优胜连等若干名,获奖者颁发奖状。

(三)严肃认真参加军训

1. 要端正态度,统一认识

刚刚跨入大学校园,有些同学在思想、生活各方面可能还没有完全适应,就马上进行艰苦的军事训练,体力和意志都会受到严峻的挑战。作为新时代大学生,必须要认识到军训既是一项紧张、艰苦的政治任务,又要看到它能使你在跨进大学校门后,尽快适应大学生活,培养吃苦精神,锻炼强健体魄,养成艰苦奋斗作风,为日后的学习奠定良好的基础。

2. 要服从命令,团结协作

同学们要以军人的姿态来塑造自己,以军人的标准来要求自己,以军人的精神来激励自己,一切行动听从指挥,严格遵守军训纪律和作息时间,尊重教官,友爱同学,在军训中做到雷厉风行、令行禁止,坚决杜绝自由散漫、无组织、无纪律的现象发生。同时,同学们必须虚心学习、善于学习,自觉地融入集体、服从集体,建立起彼此间兄弟姐妹般的关爱和友情。

3. 要全力投入,顽强拼搏

军训时间虽然不长,但涉及面广、训练科目多、强度大,还要进行队列、内务、海报、军歌等方面的评比。同学们要以获得军训优秀为目标,全力投入、争分夺秒,各项评比都力争做到最好,把青春和激情挥洒在训练场上,用自己的辛勤汗水奏响大学生活的第一曲乐章。

【拓展阅读7-4】

军训须知

（1）军训是国家教育部、原总参谋部、原总政治部规定的大学生必修课,学生应以饱满的政治热情,积极的学习态度投身到军事训练中。

（2）军训期间严格遵守作息时间,所有训练、军事理论课及集体活动均以连队为单位进行,参训学生须服从命令,听从指挥。

（3）严格请假制度,不得迟到、早退,任何未经准假擅自离队或缺席军训者,一律按校规做旷课处理,学生请假一般病假由卫生所开具病假单,指导员同意休假,学生请事假一般不予同意。

（4）参训学生应保持仪表整洁,男生不得留长发、胡须,女生不得抹口红、戴戒指、项链。

（5）要发扬勤俭节约、艰苦朴素的优良传统,注意节约水电,寝室禁止饮酒,一经发现严肃处理。

（6）为确保军训期间参训同学的身体健康,预防因天气过热而导致中暑,参训同学须注意做好相应的防暑降温工作,按照军训作息时间安排学习生活,不得擅自出行。军训期间如果感到身体不适,要向指导员或连长报告,及时到校医院（卫生所）就诊。注意保证睡眠时间不少于7小时,注意适时多饮水,不要在非训练时间过量运动或在烈日下长时间活动,可适量配置防晒霜等物品,以防晒伤。

四、踊跃参加校园文化活动

大学校园文化是指在学校历史发展中形成的反映着师生在生活方式、价值趋向、思维方式和行为规范上有别于其他社会群体的一种团体意识、精神氛围。

校园文化活动是大学文化建设的重要组成部分,作为第一课堂的补充、延伸和拓展,在培养学生的综合素质,特别是对于陶冶学生情操、培养健全人格、促进学生健康成长和全面成才方面有着不可替代的作用。

(一) 校园文化活动的主要作用

1. 价值导向作用

校园文化活动蕴含着一个学校的价值理念和价值导向,这是在长期办学的实践过程中凝结而成的。它深刻地影响着学生的思想品德、行为规范和生活方式,潜移默化地指导和影响学生的行为规范,具有水滴石穿的力量。校园文化活动引导学生把个人行为引导到集体目标上来,正确认识和处理个人与集体的关系,为学生提供了行为依据。可以说,校园文化活动在一定程度上为学生规定了一种目标模式。

2. 精神激励作用

学校每年都会开展相关学生评奖评优和树立典型活动,这些在校园中凸现出来的学生榜样是在校园中涌现出来的正面典型。他们集中地反映出学生的精神风貌、价值观念、思想道德素质和生活行为方式。这些校园榜样最贴近学生们的生活,其激励的力量是无穷的。它既是校园精神的生动体现,又是校园文化的形象教材。它所产生的"共生效应"和"魅力效应",是推动校园文化全面发展的动力和源泉。

3. 力量凝聚作用

在校园文化活动中形成的优良学校文化特别是良好的校风,能激发学生对学校目标、准则的认同感和作为学校一员的使命感、自豪感、归属感,形成强大的凝聚力和向心力,对于学生具有很大的同化力、促进力和约束力,能使每个学生都在和谐、融洽的人际关系中,最大限度地挖掘内在潜力。这种高凝聚力主要表现为:集体与个人的关系休戚与共,集体对个人有很强的吸引力,个人对集体有很强的认同感。

(二) 大学生主题教育活动

在大学生中开展主题鲜明、内容新颖、形式得当的主题教育,能使学生在自觉参与中得到熏陶和启发,能事倍功半地达到育人的目的。另外,又因主题教育活动是把学生视为教育活动的发动者、参与者,让学生在实践中发展,在体验中成长的一项寓教于乐的活动,在激发学生的主动性、创造性,培养学生的行动能力和实践能力等方面效果尚佳。主题教育活动的内容和形式有很多。

1. 以思想引领为主题的主旋律教育

主旋律教育要坚持马克思主义的指导地位,遵循青年学生成长和思想教育引导的客观规律,注重充分利用"五四青年节"等重要时间节点和节日开展形式多样、内容丰富的青年活动。在大学生中开展社会主义核心价值观、文明校园创建、爱国主义、革命文化和社会主义先进文化等主题教育活动,坚持不懈地传播党的方针政策,旗帜鲜明地开展宣传教育活动,教育引导广大团员青年坚定"四个自信",增进对党的政治认同、思想认同和情感认同。

2. 以促进学习为主题的学风教育

学风教育贯彻于大学生学习的始终,是主题教育的重要内容之一。开展评奖评优活动,每学期开展各类奖学金、荣誉称号的评选,将品学兼优的学生评选出来,并进行表彰奖励,通过表彰先进的方式以激发更多学生的学习热情;开展各类经验交流活动,安排成绩优秀的学生、考取研究生的同学、取得重大奖项的同学作经验分享和事迹介绍,营造良好的学习氛围;开展诚信考试动员活动,每到考试季进行诚信考试动员,签订诚信考试承诺书,要求学生们诚信考试、诚信做人。

(三)大学生文体活动

学校文体活动是素质教育的重要组成部分。文体活动是高校育人的重要载体,对青年学生提高人文艺术修养和身心健康成长具有不可替代的积极作用。

1. 文艺活动

文艺活动是当代高校对大学生进行人文艺术教育的重要手段,对大学生成长成才起着积极作用。文艺活动通过丰富多彩的内容和喜闻乐见的组织形式,使大学生的思想道德素质、人文艺术素养得以不断提升,为学生们陶冶情操、展现自我提供了平台。

大学校园的文艺活动是各个层面、多种形式的,丰富多彩、充满朝气,受到学生们的欢迎和喜爱。校级层面既包括围绕一定主题开展的大型文艺活动,如建国65周年文艺演出、90周年校庆书画展等,也包括职能部门和校级学生组织举办的诸多文艺活动,如校园十佳歌手大赛、辩论赛、"一站到底"、诗词大会等;学院层面的有迎新晚会、新生风采大赛等活动;学生社团组织的"百团大战"、社团之夜、社团文化艺术节等活动。

2. 体育活动

培养身心健康、体魄强健、意志坚强、充满活力的一代新人,是一个国家具有旺盛生命力的体现,是社会文明进步的标志,也是实现中华民族伟大复兴的必然要求。体育活动对促进学生身心健康全面发展具有重要意义,能增进身体健康,使疲劳的身体得到积极的休息,使人精力充沛地投入学习、工作。体育活动可以陶冶情操,保持健康的心态,充分发挥个体的积极性、创造性和主动性,从而提高自信心和价值观,使个性在融洽的氛围中获得健康、和谐的发展。体育活动中的集体项目与竞赛活动还可以培养人的团结、协作及集体主义精神。

为贯彻落实《教育部 国家体育总局 共青团中央关于开展全国亿万学生阳光体育运动的通知》《中共上海市委 上海市人民政府关于切实提高青少年学生身心健康水平实施学生健康促进工程的通知》精神,学校以"健康第一""为了每一个学生的终身发展"为指导思想,开展贯穿全年的阳光体育大联赛,包括篮球、三人制篮球、排球、足球、乒乓球、网球、羽毛球、跆拳道、毽球、健美操(啦啦操)、拔河、冬季长跑等竞技项目,吸引学生走向操场,走进大自然,走到阳光下,在运动中享受快乐。学校每年举行一届校运动会,分为竞技项目和趣味项目。校运动会是一场师生体育运动的盛会,有利于增强学生们健身意识,锻炼学生们的体魄,在体育运动中促进身心健康。

(四)大学生科技创新活动

大学生科技创新活动是指大学生在学校的组织和引导下,在教师的指导下,利用课余时间开展的学术科技活动,其本质是一种创新的科技实践活动。科技创新活动是培养大学生创新能力、创新意识的有效途径,也是实施素质教育的良好平台。大学生科技创新活动既包括学科竞赛、综合竞赛、专业竞赛,也包括科创讲座、各层次的科技创新训练计划,还包括学生参与教师的科研项目等活动。

1. "挑战杯"竞赛

"挑战杯"全国大学生课外学术科技作品竞赛(以下简称"'挑战杯'竞赛")是由共青团中央、中国科协、教育部、全国学联和地方政府共同主办,国内著名大学、新闻媒体联合发起的一项具有导向性、示范性和群众性的全国竞赛活动。"挑战杯"竞赛包括大学生课外学术科技作品竞赛(俗称"大挑")和大学生创业计划竞赛(俗称"小挑")两项赛事,比赛两年举办一届,两项比赛交叉轮流举行。"挑战杯"竞赛一般分为校级选拔赛、省级复赛和全国决赛三级。

2. 全国大学生数学建模竞赛

全国大学生数学建模竞赛(简称竞赛)是全国高校规模最大的课外科技活动之一。竞赛每年9月(一般在中旬某个周五至下周一共3天,72小时)举行,竞赛面向全国大专院校的学生,不分专业(但竞赛分本科、专科两组,本科组竞赛所有大学生均可参加,专科组竞赛只有专科生可以参加)。

竞赛宗旨为创新意识、团队精神、重在参与、公平竞争。竞赛不要求参赛者预先掌握深入的专门知识,只需要学过高等学校的数学课程。竞赛题目一般来源于工程技术和管理科学等方面经过适当简化加工的实际问题,题目有较大的灵活性,供参赛者发挥其创造能力。参赛者需要根据题目要求,完成一篇包括模型的假设、建立和求解,计算方法的设计和计算机实现、结果的分析和检验,模型的改进等方面的论文。竞赛评奖以假设的合理性、建模的创造性、结果的正确性和文字表达的清晰程度为主要标准。

3. 大学生创新创业训练计划

大学生创新创业训练计划内容包括创新训练项目、创业训练项目和创业实践项目三类。

(1) 创新训练项目。学生个人或团队在导师指导下,自主完成创新性研究项目设计、研究条件准备和项目实施、研究报告撰写、成果(学术)交流等工作。

(2) 创业训练项目。学生团队在导师指导下,每个学生扮演一个或多个具体的角色,通过编制商业计划书、开展可行性研究、模拟企业运行、参加企业实践、撰写创业报告等工作。

(3) 创业实践项目。学生团队在学校导师和企业导师共同指导下,采用前期创新训练项目(或创新性实验)的成果,提出一项具有市场前景的创新性产品或者服务,以此为基础开展创业实践活动。

如果你对学生科创非常感兴趣,建议继续阅读本书第九章的相关内容。

第三节 校外社会实践

一、大学生假期社会实践

大学生假期社会实践是在校大学生利用暑假、寒假时间,步入社会进行社会接触,了解社会,提高个人能力,触发创作灵感,完成课题研究,发挥自己的聪明才智,对社会做出贡献的活动。因为暑期的时间相对比较长,所以大学生假期社会实践一般以暑假为主。

大学生暑期社会实践一般采取集中与分散相结合的组织形式。集中是指学校相关部门、院系组队开展的实践活动,分"校级重点实践活动"和"院系特色实践活动",一般以项目为主,是暑期社会实践的主体。分散是指学生个人或多人自选地点和时间开展的实践活动,即"个人自主实践活动"。

(一) 大学生暑期社会实践项目的组织与实施

大学生暑期社会实践项目一般都是针对相关活动主题或者某一社会领域内的具体问题来设计方案的,方案设计完成后需要有计划、有步骤地实施实践活动。大学生暑期社会实践项目的实施一般可以分为以下四个步骤进行。

1. 申报阶段

大学生暑期社会实践项目普遍实行项目化管理、申报制度,申请团队必须认真填写社会实践活动项目申报表,经审核合格后予以立项。具体申报程序如下:一是项目申报团队确定活动内容和主题;二是院系团委、学生或个人填写社会实践活动项目申请表,然后根据选题指南,按各自程序进行项目申报工作;三是学校相关部门组织评审,确认目标明确、条件具备的项目予以立项。

2. 培训动员阶段

大学生暑期社会实践项目开展前的培训动员工作对于整个实践活动的顺利开展也起着至关重要的作用。培训的内容主要有:社会实践活动的工作目标、工作内容和工作重点,以及实践团队如何设计实践项目;实践研究的基本方法、文明礼仪常识、医疗急救常识、应急管理技能、社会实践新闻报道和图片采集方法等。通过动员进一步统一思想、明确任务,进行合理分工和周密安排。

3. 实施阶段

大学生暑期社会实践项目的实施要非常具体扎实。申报团队和参加社会实践的同学,按照学校、学院的要求和自身项目的实际,根据项目的设计和要求,到城市、农村开展相关的调研、访谈,开展相关的支教帮扶活动,收集好录音、问卷、照片等调研第一手资料。大学生在实践过程中要注意发挥自身专业知识优势,在实践中不断提升自我。

4. 总结阶段

大学生暑期社会实践项目的总结更加重要。参与实践的同学要做好基础材料的梳理和汇总工作,在此基础上撰写调研报告以及相关的活动总结。实践成果可以以实践报告、书面汇报、队员日记、图片记录等形式进行总结。对于做得非常有成效的社会实践成果可以申报市级的相关评选。组织单位也可以申报大学生暑期社会实践先进单位。

(二) 大学生暑期社会实践重大项目

1. 全国"三下乡"社会实践活动

1997年起,共青团中央会同中共中央宣传部、教育部、全国学联共同组织开展了大、中、专学生志愿者暑期文化、科技、卫生"三下乡"社会实践活动。文化下乡包括：图书、报刊下乡，送戏下乡，电影、电视下乡，开展群众性文化活动；科技下乡包括：科技人员下乡，科技信息下乡，开展科普活动；卫生下乡包括：医务人员下乡，扶持乡村卫生组织，培训农村卫生人员，参与和推动当地合作医疗事业发展。在这项活动中，每年暑期，数以百万计的青年学生以志愿者的身份组成实践服务团队，深入农村特别是贫困落后和欠发达地区，开展文化、科技、卫生服务。为了突出发挥高学历青年学生的知识技能优势，从2000年开始，这项活动增加了一个深化性的子项目：百支博士团"三下乡"志愿服务行动。

2. 上海市"知行杯"大学生社会实践大赛

上海市"知行杯"大学生社会实践大赛是由共青团上海市委、市委宣传部、市文明办、市教卫工作党委、市教委和市学联共同组织的社会实践竞赛活动品牌。该项竞赛于2009年创设，倡导"知行合一"的教育理念，每年选取当前城市管理和社会建设领域的挑战问题，鼓励大学生在学术专家和委办局专家的指导下，积极开展社会问题调查，在调查研究基础上进行公益项目设计并推广服务项目，"知行合一，奉献社会"。

二、专业实习实践活动

专业实习实践活动是指校外的教学实践和专业实习活动。其是巩固已学理论知识、掌握基本的专业实践知识和操作技能、培养动手和交际能力的主要途径，使学生巩固已学专业知识，通过理论联系实际，培养分析问题和解决问题的能力的一项活动。

（一）专业实习实践活动的作用

1. 有利于加强理论与实践相结合

学生通过参观、学习企业的生产流程和文化，有利于加深对现代企业现状的了解，加深对企业管理活动的感性认识，并通过学习调研活动，锻炼分析实际问题的能力，培养认真、严谨的工作作风，为就业和将来的工作提供一些宝贵的实践经验。

2. 有利于大学生的知识水平提高

专业实习实践活动是一个把书本上的理论知识运用于实践的好机会。学生通过实习不仅能够加深对已掌握知识的理解，还能够解决困惑许久的一些似懂非懂的知识。实践是帮助理解的最好老师。专业实习实践活动不仅提高了大学生专业知识水平，还让大学生学到了很多书本上没有的东西。

3. 有利于提高大学生的综合素质

专业实习实践活动能强化大学生的责任意识和团队合作意识,提高大学生人际交往能力,培养大学生良好的组织协调能力。有的实习还能培养大学生良好的领导能力,培养大学生实际业务操作能力,甚至是提高学生计算机和办公软件使用能力,这些都有利于提高大学生的综合素质。

4. 是链接学校和社会的桥梁

大学生可能具有扎实的理论功底,但实践和理论有一定差距,而专业实习实践活动能够缩小差距,使学生进一步了解实践,顺利实现从学校到社会的过渡,这是教学必需、重要的环节和有意义的做法,当代大学生应该把握和珍惜每一次实习机会。

(二) 如何做好专业实习实践活动

1. 要学习好专业理论知识

专业实习实践活动是在学习了一定专业理论知识、具备相关专业素养的基础上开展的一项教学实践活动,所以前提就是要学习好相关专业理论知识,对专业理论知识具有较好的掌握。虽然专业实习实践活动对于提高专业理论知识水平具有很大的帮助,但如果专业理论知识学得不扎实,专业实习就会显得非常吃力,直接影响实习效果。

2. 要加强对实习单位的了解

专业实习实践单位有的是学校、学院安排的产学研基地单位,有的是学生根据专业的要求自己联系的单位,在开始实习实践前,同学们应该先尝试了解一下工作单位的情况。很多时候专业实习实践还关系到今后的就业,所以早点对实习单位有所了解就显得非常重要。如果你计划从事本专业相关的行业,还要提前对整个行业的概况以及行业内的企业情况做个了解。

3. 要有良好的工作心态

专业实习实践活动一般会从最基础的工作做起,如订机票,为同事准备出差申请,做一些数据、文件整理的工作等,这样的工作固然枯燥无味,但实习往往就是从这些简单枯燥的工作开始,由浅入深。对于参加专业实习实践的学生来讲,一定要做好心理准备,踏踏实实做事,不要觉得简单就不重视,就敷衍,这样不仅会影响工作质量,而且会给人以没有耐心、工作态度不认真的印象,甚至会影响今后的发展。

4. 要善于在实习实践中总结提高

专业实习实践活动是学习和实践专业知识的一次非常重要和难得的机会。

作为大学生,要充分利用好实习时间,积极向带教老师学习,主动承担力所能及的事情,不怕苦、不怕累,还要勤思善问、敏而好学,善于在实习中不断加以总结提高,将专业知识通过实践加以检验,并通过实践进一步完善自己的知识理论体系,提高专业素养。

三、志愿者服务活动

志愿者服务活动是由具有一定思想觉悟、热心社会公益事业的在校大学生利用课余时间,结合自己的专业知识、技能、资源和善心为他人、为社区、为社会提供非营利性、非职业化援助的行为。在大学中,志愿者服务活动一般是由校团委规划、指导、监督,具体活动由下属的志愿者组织负责,包括校青年志愿者协会和各二级学院青年志愿者协会。

(一) 志愿者服务活动的意义

1. 志愿者服务活动是引导大学生开展社会实践的有效载体

志愿者服务活动,既包括常规活动,也包括专项活动,还包括自主实践活动,具有很强的实践性和可操作性,是实践育人的重要渠道。志愿者服务活动给青年大学生的社会实践提供了有效的载体,从而为大学生的道德教育和个人全面成长提供了一条有益的渠道。

2. 志愿者服务活动是对大学生开展道德教育的有效载体

志愿者服务精神的基本内容是"奉献、友爱、互助、进步"。这一精神传承了中华民族扶贫济困、助人为乐的传统美德,借鉴了人类文明的先进成果,适应了市场经济条件下道德建设的方针原则和核心内容,与建立和谐社会相适应的社会主义道德建设体系的要求相一致。

3. 志愿者服务活动是对大学生开展公民精神教育的有效载体

公民精神就是尽公民的责任和义务,回报和贡献社会的理念。志愿服务所体现的是一种自愿的、不为报酬而参与推动人类社会发展、进步的精神,是公民参与社会生活的一种非常重要的方式,是公民精神的精髓。它体现了现代社会公共管理的发展趋势,对于构建和谐社会具有重要的意义。

(二) 志愿者服务项目的类型

1. 中国青年志愿者行动

中国青年志愿者行动是伴随着我国建立社会主义市场经济体制的进程而诞生的,在党中央的亲切关怀下,这项活动发展十分迅速,在服务社会、教育青年、促进发展等方面发挥了积极作用,成为动员广大青年参与群众性精神文明建设的载体。志愿服务正在成为新的社会风尚，越来越多的青年及社会各界群众加入志愿者的行列。中国青年志愿者行动已经作为我国新时期一项重要的群众性社会主义精神文明创建活动、一项重要的道德实践载体，被正式写入了中共十四届六中全会决议和《公民道德建设实施纲要》。近15年来，中国青年志愿者行动的服务领域不断扩大，在农村扶贫开发、城市社区建设、环境保护、大型活动、抢险救灾、社会公益等领域形成了一批重点服务项目。

2. 大学生志愿服务西部计划

大学生志愿服务西部计划是共青团中央、教育部等部委根据国务院常务会议、《国务院办公厅关于做好2003年普通高等学校毕业生就业工作的通知》和2003年全国高校毕业生就业工作电视电话会议精神的要求而实施的。这项计划从2003年开始，按照公开招募、自愿报名、组织选拔、集中派遣的方式，每年招募一定数量的普通高等学校应届毕业生，到西部贫困县的乡镇从事为期1～2年的教育、卫生、农技、扶贫以及青年中心建设和管理等方面的志愿服务工作。志愿者服务期满后，鼓励其扎根基层，或者自主择业和流动就业。

3. 各类大型活动志愿者服务

为各类大型活动提供志愿服务，是志愿者活动项目之一，如国际马拉松志愿者服务、大学生艺术展演、上海世博会、"青年志愿者与春运同行"活动等。

四、勤工助学

勤工助学是指学生在学校的组织下利用课余时间，通过自己劳动获得合法报酬，用于改善学习和生活条件的社会实践活动。校内有勤工助学的岗位，同学们可以根据个人实际情况进行申报，利用业余时间开展勤工助学，也可以利用寒暑假实践积极开展校外勤工助学。随着国家教育体制和素质教育的全面铺开，勤工助学已成为高等院校学生实践活动的重要环节，它不仅可以帮助经济困难学生顺利完成学业，而且能够帮助同学们走向社会、提高工作能力。

（一）勤工助学对学生的影响

1. 有利于培养大学生自立意识和能力

一方面，绝大多数学生在参加勤工助学后会认识到工作的艰辛，体会到父母培养自己的不易，开始树立起独立自主的意识，并尝试通过自己的劳动和努力为父母分忧；另一方面，在勤工助学过程中，同学们的实践能力、人际交往能力等多方面能力得到增强，为今后更好地独立工作和生活打下了坚实的基础。

2. 有利于同学们将来更好地走向社会

在与社会的接触中,同学们开始了解社会、认识社会,开始接触和了解用人单位的需求,为以后走入社会奠定了基础。同时,同学们在勤工助学的过程中能够尝试着发现自己的价值,以便今后在社会中寻找到自己合适的位置。

3. 有利于培养学生良好的习惯

培根说过:"习惯真是一种顽强而巨大的力量,它可以主宰人生。"通过勤工助学,同学们的时间观念和纪律观念得到加强,一些散漫拖拉的毛病逐渐消失,取而代之的是守时、保质保量完成工作和善于学习等良好习惯的养成,这些可能影响他们的一生。

(二) 勤工助学的主要途径

大学生勤工助学的途径主要有以下四种方式:

(1) 经过学校社(学)团组织与商家洽谈参加勤工助学。

(2) 通过社会中介机构的帮助,获得"家教"的工作。

(3) 通过学校勤工助学部门的安排而获得一份工作。

(4) 通过招聘广告或他人的介绍,直接与用人单位联系而成为"打工一族"。

(三) 正确对待和参加勤工助学

当代大学生生存意识明显增强,适当地追求合理的经济利益是可以接受的,但勤工助学的目的要端正,如果功利化的心态过于严重便会扭曲大学生的人格,腐蚀大学生的心灵,影响大学生对生活的态度,不利于大学生的健康成长。同时,不把赚钱作为首要目的,也有助于大学生在勤工助学中坦然地面对各种困难和问题,实现个人价值和社会价值的统一。

1. 应选择合适的能真正锻炼自己的工作

勤工助学要尽可能找与专业相近或自己感兴趣的工作,这样才能缩短自己能力与社会需求的差距,才能促使自己不断努力进取,提高专业知识和技能。

2. 坚持适度原则,正确处理好勤工助学与学习的关系

其实,做到勤工助学与学习两不误是完全可以的,关键在于坚持适度原则,把握好分寸,安排、协调好学习和工作的时间。大学生还是应以学业为主,为勤工助学而荒废了学业就本末倒置、得不偿失。

3. 加强自我保护意识

对于社会上形形色色的求职陷阱,涉世不深的大学生稍不注意就会上当受骗。由于大学生利用业余时间打工已成为大学校园里的一个普遍现象,不少中

介公司以此为"契机",明目张胆地进行欺诈活动,所以大学生在勤工助学的时候一定要加强自我保护,自身安全是第一位的。

本章思考

1. 通过本章学习,你是否全面了解了大学生社会实践包括的内容和具体要求?

2. 你是否能够在积极参与校内外社会实践的同时合理分配好自身精力?将学习与实践有机结合起来互相促进?

第八章
强化安全意识

人生就像弈棋,一步失误,全盘皆输。

——弗洛伊德

第一节 培养大学生安全意识

一、大学生安全概念

马斯洛[①]认为:"整个有机体是一个追求安全的机制,人的感受器官、效应器官、智能和其他能量主要是寻求安全的工具。"只有保障了人身安全,人们才会有精力去追求更好的事物,由此可见安全教育、安全意识的重要性。

安全是指没有危险、不受威胁、不出事故。大学生安全有广义和狭义之分。广义上的大学生安全,是指涉及大学生身心的一切安全内容;狭义上的大学生安全,是指大学生个人的人身、财产安全得以保障。大学生安全具体表现为:第一,身体不受攻击;第二,在精神、人格和心理方面保持健康状态,不受威胁或伤害;第三,在个人财产方面不被偷盗、抢劫和诈骗。

作为大一新生的你,是否在开学之初就听到过"小金未和父母、老师商量,付费参加不正规培训机构退款无门""小李为了在短时间内购置最新最潮的酷鞋而身陷校外连还贷,幸而辅导员及时发现才未酿成大祸"等令人闻之生畏的负面新闻?这些事件归纳起来,一

---

① 亚伯拉罕·马斯洛(Abraham Harold Maslow,1908—1970)出生于纽约市布鲁克林区。美国社会心理学家、人格理论家和比较心理学家,人本主义心理学的主要发起者和理论家,心理学第三势力的领导人。

般可分为三类。

1. 人身侵害类事件

这类事件往往突发性强,造成的直接性伤害较大。由于大学生接受的是高等教育,从小在父母、老师的保护下长大,涉世不深,对社会上的人和事的认识不够全面、客观,以至于不能很好地保护自己,很可能置自己于危险中,不仅精神上受到摧残,人身也可能受到极大的伤害。

2. 心理问题类事件

这类事件容易造成严重的次生性伤害,对本人及身边同学都存在潜在风险。大学生虽然已是成人的年龄,但多数人的心理年龄都小于实际的年龄,抗风险、抗压力能力比较弱,有的学生与班里同学处理不好关系而跳楼自杀,最引人深思的案例有"复旦投毒案""马加爵事件"等,这些施害者都是由于没有及时解决自己的心理问题,一时冲动而犯了不可弥补的错误。

3. 财产诈骗类事件

这类事件随着当今社会科技发展迅速,由于网络的隐蔽性,滋生了一大批网络骗子。网购受骗、电话诈骗、借贷催债等侵害财产安全的案件也日益增多,大学生成为受害最大的人群,"徐玉玉事件"的持续发酵,充分暴露出大学生维权意识和维权能力不足。财产诈骗类事件因大学生群体对于互联网的使用习惯一跃成为当下离大学生最近、影响力最大的安全陷阱之一。

在以上三类主要安全事件中,作为大学生的你应当如何做好防范工作,担起保护自己、提醒他人的责任呢?

二、提高大学生安全意识的重要意义

(一)大学生安全意识的概念

要想弄清楚大学生安全意识的重要性,就必须先知道大学生安全意识的概念。安全意识就是人们头脑中建立起来的生产、生活必须安全的观念,也就是人们在生产、生活活动中,对各种各样有可能对自己或他人造成伤害的外在环境条件的一种戒备和警觉的心理状态,具体包括对安全的认识、内心体验和保护安全的行为方式等。人的安全意识对于人的主观行为具有能动作用,安全意识对人们顺利进行生产和生活具有调节作用,如大家都知道高速公路拦车是一件很危险的事,所以大家不会轻易去冒险。同时现实生产、生活也影响着人们安全意识的养成,如在某个偏僻的街道常发生抢劫的事情,那么人们就会形成一种安全认识,出行尽可能避开这些地方。

(二) 提高大学生安全意识的意义

随着校内外生活空间不断扩展,大学生除了参与校内正常学习、生活,还需要走出学校参加社会实践。就目前涉及高校大学生的各种安全事故来看,缺乏必要的安全知识、自我保护能力不足和安全意识不高是引发各类安全问题关键因素。大学生加强安全教育,增强安全意识和自我防范能力,已迫在眉睫、刻不容缓。

1. 提高大学生安全意识,是维护国家安全和利益的需要

从国家面临的安全环境来看,当前我国面临的环境复杂多变,安全形势不容乐观,主要表现为境外敌对势力通过各种方式和途径分化、西化中国,一方面以公开或秘密的方式,传播西方的政治和经济模式、价值观念以及腐朽的生活方式;另一方面采取金钱收买、物质利诱等手段,或打着学术交流、参观访问等幌子,刺探、套取、收买我国家和单位秘密。大学生对国家安全还停留在军事、战争、国防、领土等传统的、局部的认识上,而对于文化、科技、金融、信息等安全内容认识尚且不足,国家安全意识相对薄弱。因此,加强大学生国家安全教育,全方位理解国家安全有助于端正大学生思想认识,增强国家安全意识。

2. 提高大学生安全意识,是高校治安形势的需要

随着高校管理方式社会化,办学形式多样化,学生结构复杂化,校园与社会相互交叉、相互渗透,校园治安形势日趋复杂严峻。其主要表现为:一是校园环境日趋社会化、复杂化。社会上的一些不法之徒,时常窜入高校进行盗窃、抢劫、诈骗、行凶等流氓犯罪活动,影响学校的安全稳定。二是大量外来人员涌入,给学校治安管理带来了巨大冲击。三是校区多而分散,交通安全存在较大的隐患。目前我国高校多校区办学呈逐步上升趋势,由于校区分散,校区之间人员流动性增大,安全事故风险增加。在社会治安形势严峻、周边治安环境复杂、校园治安形势不容乐观的情况下,提高大学生的安全意识,可以有效地减少和避免各种安全问题,维护高校安全和稳定。

3. 提高大学生安全意识,是提高学生自我防范、自我保护能力的需要

当前,在大学生自我防范意识和自我保护能力方面,主要存在以下几个方面问题:一是缺乏社会经验。由于缺乏社会经验,自我防范能力就相对比较弱,如缺乏保管自己的贵重物品、现金的经验,易于发生财物被盗;缺乏人际交往中的经验,容易上当受骗。二是缺乏安全防范意识。例如,人离不锁门、贵重物品不加妥善保管、随意丢放,导致钱物失窃;有的学生违反宿舍安全管理规定,在宿舍内乱接乱拉电线、违章使用电器等,造成各种安全事故。三是缺乏对社会

消极因素的抵御能力。面对"一切向钱看"的利己主义、享乐主义等思潮,对那些涉世不深、阅历不广的青年大学生来说极具诱惑力。一部分学生经不起诱惑,不惜以身涉险,触犯法律,酿成恶果。针对上述问题,应当进一步加强大学生安全教育,提高大学生安全意识,有效预防犯罪,引导大学生自我保护,促进大学生健康全面成长。

三、大学生安全意识分类

聚焦高校校内外学习和生活,关于大学生安全意识大体可以归纳为以下几类:生命安全意识、财产安全意识、社交安全意识、网络安全意识、交通安全意识、消防安全意识等。

(一)生命安全意识

生命安全意识是指个人对于自身生命、健康、行动等没有危险,不受到威胁的警觉心理状态。生命安全是人们赖以生存、活动的重要条件,是其他一切安全之根本。一般地,治安的恶化、变质的食品、自然或人为灾害等危及我们的人身安全,稍有不慎,就会造成不幸,给家庭造成痛苦,给社会造成负担。侵犯人身安全的一般包括抢劫、杀人、故意伤害等。近年来,高校刑事案件和意外安全事件频发,如果大学生缺乏生命安全意识和自我保护意识,遇到事情缺乏警惕性或法律意识不强,可能就会遭遇不法侵害或意外伤害。

(二)财产安全意识

财产安全意识是个体关于自身及相关财物安全的警觉心理状态。大学生财产安全意识是指大学生在校读书期间对于自身及其财物安全的一种理性警觉。大学生学业的完成,不仅需要大学生辛勤的奋斗,还需要大量的钱、财、物来满足学习和生活的需要。因此,大学生只有妥善保管好自己的钱、财、物,切实保证财产安全,才能解除学生和学生家长的后顾之忧,为其学习和生活创造良好的条件。对于偷盗、诈骗、扒窃等问题,除了依靠社会力量和法律武器以外,还需要大学生提高自身财产安全意识,提高警惕,加强防范。

(三)社交安全意识

社交安全意识是指个体在人际交往方面,防止不受到伤害和欺骗的心理警觉。马克思曾指出,人的本质"是一切社会关系的总和"[1]。凡有人群的地方,就必有社会交往。人际交往是青年大学生成长过程中必不可少的一部分,学习和掌握一些社会交往方面的知识与理论及方法,对于他们的健康成长具有重要的

---

[1] 马克思,恩格斯.马克思恩格斯选集:第1卷[M].北京:人民出版社,2012年.

意义。当前社会上一些不法分子利用大学生缺乏社会经验、思想单纯、暧昧虚荣、急功近利、贪图享乐等心理和性格弱点,采取投其所好的伎俩,从而对大学生进行网络欺骗和交往欺骗,需要大学生提高社交安全意识。

(四) 网络安全意识

网络安全意识是指主体在使用互联网学习、生产和生活的过程中,避免自身受到伤害、欺骗或威胁的意识。随着互联网的普及和发展,网络已经成为现代社会生产和生活的基本方式。网络在给人们生活带来便利的同时,也形成了巨大的风险隐患,如网络诈骗、淫秽、暴力、赌博、攻击党和政府、宣扬邪教等不良内容。大学生们好奇心强,容易接受新观念,但又涉世不深,缺乏必要的辨别能力,容易受到各种不良信息的侵袭,甚至是走向违法犯罪的道路。网上交友和购物等新型生活方式的出现,也为不法犯罪分子提供了新的犯罪手段。他们以网络交友、交易为幌子,进行着盗窃、诈骗、敲诈、绑架等违法犯罪活动。

(五) 交通安全意识

交通安全意识是指个体在日常出行过程中,规范自身行为,遵守交通法律、法规,避免自身受到伤害的心理防范。大学生交通安全具体是指大学生在校园内外道路上遵守《中华人民共和国道路交通安全法》和其他道路交通法规、规章,骑自行车、驾驶汽车,没有危险,不受威胁,不出事故。大学生要做到交通安全,最重要的就是严格遵守国家的交通安全法规,掌握一定的交通安全知识,增强交通安全意识,避免交通违章,减少交通事故。

(六) 消防安全意识

消防安全意识是指个体在日常生产、生活中避免因不规范行为或因素引发的人为灾害的安全防范意识。目前,由于不同高校住宿条件不尽相同,管理办法也各式各样。由于大学缺乏必要的日常用电和消防常识而引发的校园消防安全事故频发。例如,手机、电脑等充电设备长时间带电引发火情、违规使用"热得快"导致火灾时有发生。提高大学生日常消防安全意识,有利于校园安全稳定和大学生人身和财产安全。

四、提高大学生安全意识的路径

(一) 改善教育方法,增强安全教育有效性

大学生安全教育应建立"以课堂教育为主渠道,以各种宣传阵地为载体,以丰富的活动为重要支撑"的教育方法体系,采用多样化、现代化的方法,切实增

强教育效果。课堂教学主要以系统的讲授为主,结合答疑、研讨等方式,具有科学性、思想性、系统性等特点,便于学生掌握系统的安全知识,提高自我保护能力。同时,高校充分利用广播、电视、网络等媒体以及橱窗、校刊、校报、张贴安全警示牌、图片展等进行安全教育,特点是形象直观,印象深刻。而丰富多彩的活动,如党团组织活动、安全知识讲座、参观、安全演练、主题活动等,特点是寓教于乐,使安全知识和信息通过潜移默化的方式深入学生思想[①]。

(二)完善教育模式,提升安全教育全面性

针对大学生个人生活经历不足,法律知识欠缺的实际情况,安全教育要实行理论学习和实践活动、技能培训相结合的教育模式,以全方位提升学生的安全意识。具体来讲,在教学中我们可以在对大学生开展必要安全理论教育的同时,辅之以各种社会实践活动,使学生在实践过程中,深化对安全理论知识的认识。同时在这个过程中我们还有必要加强对安全技能的传授,使学生可以根据具体的安全事件掌握不同的安全防御技能,进而使学生在遇到危险时通过自身安全知识、经验、技能等综合运用提升自身的反应、防御能力,保障自身安全。

为切实提升学生的安全防范意识和能力,高校要与消防、公安等部门合作,组织学生进行安全防火、逃生演练以及电信、网络诈骗情景再现等活动,以使学生能够切实地感受到危险时刻存在于我们周围,只有真正提升自身的安全防御意识才能够有效躲避安全风险。

(三)优化教育内容,丰富安全教育多样性

结合安全教育内容的特殊性,首先,我们可以依托高校思想政治教育培育学生的安全意识,从而借助思政教育文化育人、思想育人的作用,为学生营造良好的学习环境。其次,为了有效地防御网络不良信息对大学生的侵害,高校应在加强网络安全系统建设的情况下,利用网络的宣传作用对涉及学生个人人身、财产等安全的一系列因素进行网络宣传,以此提升学生的网络安全意识。最后,结合实际案例对学生开展安全意识教育,以对学生起到一定的警示作用。与安全教材相比,案例更为真实、形象且直指人心,对学生而言具有极强的说服力。我们可以选取一些具有代表性的案例,并结合其中涉及的法律问题对学生进行具有针对性的教育。在提升学生安全意识的同时也对其自身的行为起到一定的警示作用[②]。

---

① 韦庆辛.新时期加强和改进大学生安全教育的实践与探索[J].中国安全科学学报,2009,19(02).
② 鄢巍.浅谈大学生安全意识的培养[J].当代教育实践与教学研究,2018(02).

【案例 8-1】

网购诈骗①

2013年4月,四川大学商学院大一学生A同学在淘宝上购物后,收到QQ消息的加好友提示,便同意将其加为好友。对方自称是"店家",声称货物有瑕疵,需核实信息以便退款,A同学不假思索地配合"店家"。首先,收到"验证是否为本人操作"的验证码(其本质是淘宝账号的修改密码验证码),得到验证码后的"店家"即修改了A同学的账号密码(导致A同学不能登录淘宝账号),同时掌握了其用户信息,并通过所得到的信息,取得A同学的信任;其次,A同学在"店家"的引诱下输入了银行账号,并在支付宝的备注里输入了银行密码,当"店家"询问其卡上余额时,A同学微有纳闷,但仍未怀疑;当收到银行的验证信息"尾号为××的卡将支出××元"时,A同学略有迟疑,在反问对方未成功和压力式"逼问"下,A同学一烦躁便将验证码脱口而出;最后,A同学银行卡被扣除800元,仅剩20多块零头。

第二节 树立大学生法治观念

一、加强大学生法治观念的重要意义

大学生法治观念是大学生法律素质的核心。作为新时代中国特色社会主义事业的建设者和接班人,大学生法治观念和法治素养关系着依法治国基本方略和建设法治国家宏伟目标的顺利实现。加强大学生法治观念的培育,能够为我国未来法治工作打下坚实的基础,对于增强全民法律意识、建设社会主义法治社会有着非常重要的意义。

(一)加强大学生法治观念教育是依法治国的必然需求

依法治国是我国的基本方略,依法治国、建设社会主义法治国家是我国现阶段的治国方针,要求做到有法可依、有法必依、执法必严、违法必究,通过法治方式管理国家事务,保证国家各项活动纳入法治轨道,建设社会主义法治社会,实现社会主义的法治化、民主化,实现社会主义和谐社会,实现伟大的中国梦。加强大学生法治观念教育是依法治国的必然要求,只有加强大学生法治观念教育,提高大学生思想政治觉悟,才能够帮助大学生树立正确的世界观、人生观和

---

① 骑兵.大学生网络购物受骗案例分析[N].新浪博客,2014-08-27.

价值观,从而促使大学生进入社会以后能够正确处理好国家、集体、个人三者之间的关系。

(二) 加强大学生法治观念教育是社会主义精神文明建设的必然需求

社会主义精神文明建设包括社会主义法治建设的基本要求。只有加强法治建设才能够实现全民素质的整体提高,才能够实现精神文明建设的目标,提高全民的法律意识,从而促进社会和谐发展。精神文明建设需要法治建设的支持,党和国家明确提出加强法治教育,提高全民的道德水平和法律素养。加强大学生法治观念教育能有效提升大学生精神文化水平,提升大学生的法律素养和道德素养。

(三) 加强大学生法治观念教育也是国际交流与合作的必然要求

改革开放以来,我国和其他国家的贸易往来越来越频繁,国与国之间的经济往来和文化交流也越来越广泛。适应经济全球化、一体化的发展需求,促进国际间的交流与合作,已经成为我国对外开放的主要趋势。这就需要高素质的人才参与国际交往和经济活动中,这些人才必须懂得国际法律,通过合法途径进行国际贸易,从而获取合法的经济效益。如果缺乏国际法的相关知识,将直接影响国际贸易往来。因此,必须加强大学生的法治观念教育,提高大学生的法律素养,培养更多复合型人才,促进国际贸易往来,促进国家经济发展[1]。

二、影响大学生法治观念的主要因素

当前,一些在校大学生的法治观念薄弱,法治观念教育亟待加强。大学生法治观念缺乏主要表现为:一是法律知识欠缺;二是法律意识不强,大学生对于身边发生的相关法律事件敏感度低,反映出大学生的法律意识不够强;三是法律运用能力不足。当代大学生在日常生活中运用法律的能力也较为缺乏,不能够做到"知行合一"。大学生法治观念淡薄的原因可归纳为以下几点。

(一) 中国传统世俗观念的影响

正如勒内·达维德[2]所言:"立法者可以大笔一挥,取消某种制度,但不可能在短时间内改变人们千百年来形成的习惯和看法。"传统的"德主法辅"的仁治观、"以言代法"的等级观、"以讼为耻"的避讼观和"重义轻利"的义务本位观都在很大程度上阻碍了大学生法治观念的形成,个别学生甚至认为人情凌驾于法

---

[1] 李哲漫.让法治精神滋养大学生成长[J].人民论坛,2017(31).
[2] 勒内·达维德(Rene David,1906—1990),是当代法国著名的比较法学家。

律之上。

(二) 高校对法治教育重视程度不够

当前,非法学专业的法治教育只作为思想政治教育进行传授,而思想政治教育一般针对的是世界观、人生观、价值观以及政治立场的教育,这样就造成非法学专业的大学生获得的法律基础知识教育较少。同时,由于在高校的教育大纲中,法治教育归属于德育教育内容,这就导致法治教育在大学生教育中常被忽视,不利于我国社会主义法治社会的全面建设。

(三) 大学生功利心愈发显著

随着商品经济的发展,一些大学生的价值目标也变得有些急功近利。非法律专业的学生学习法律相关课程在评奖评优、保送研究生、就业等方面无用武之地,所以大学生不愿深入学习法律知识,更遑论在实践中运用。

(四) 法治教育课程安排不合理

首先,非法学专业的法治教育课程安排不够合理。多数高校对于非法学专业的法治教育只是对"思想道德修养和法律基础"进行讲解,而对于一些专业性法律知识的讲解较少,导致法治教育的科学性、专业性不强。

其次,法治教育的课程内容单一,不能够满足大学生的需求。在大学生的法治教育课程中,对于各项基本法律的知识点讲解较少,学生无法深入了解更多的法律知识;所传授的课程也只是停留在法律相关概念的层面,对于深层次的法律内涵、特征、性质、作用等涉及较少。

最后,法治教育缺乏实践教学。大多数的学校注重对学生的课堂教育,能够给学生灌输法律意识,但这种传统的教育方法缺乏实践教学,不能够真正培养学生的法律观念和素养。目前大学生犯罪事件屡屡发生,其原因之一就是缺乏法律实践,不能够将法律知识运用到现实生活中。

三、大学生法治观念培养

法治教育在法治观念养成中有重要地位和作用,提高学生认识,丰富教育方式方法,完善大学生法治教育可从以下几方面开展工作。

(一) 提高对法治教育的重视程度

首先,要树立正确的素质教育理念。随着市场竞争日益激烈,企业对于人才的需要已经不仅仅是专业知识的需求,而是更注重复合型人才的需求。这就要求大学生必须全面发展,不仅要掌握专业技能,还要具备良好的法律素养,提高自身的文化素质。对于学校而言,要加强对大学生法治教育的重视程度,转变传统的教育方法,调整教育模式,增设法治教育课程,有效提高学生的法治观念,培养大学生法律素养,将法治教育从德育教育体系中独立出来,提高全体教育工作者和学生的重视程度。其次,要树立"知行合一"的教育理念。加强大学生对法治运行基本理论与实务的理解。一方面,增加大学生法律知识教育;另一方面,大学生法治教育,应融立法、执法、司法、守法等法治运行理论与实务于一体,帮助大学生理解全面推进依法治国的基本要求。最后,在大学生法治教育过程中,应该注重学生的主观能动性,坚持"以学生为主体"的法治教育,通过法治教育课程,树立学生的法律意识,营造良好的教学氛围,将法治理念融入教学中,注重学生的情感培养和道德培养,以实现良好的法治教育教学效果,促进学生的全面素质培养,适应社会发展的需求。

(二) 提升法治教育科学性和时效性

1. 完善法治教育课程体系

一般大学生法治教育课程主要侧重对法条的解读,课程内容枯燥乏味,缺乏对学生的吸引力,不能激发学生学习兴趣和积极性,导致教育效果不佳。因此,授课内容应该适当增加一些大学生步入社会后可能遇到的法律问题,以激发大学生的学习兴趣,使其能够将所学法律知识运用到今后的工作、生活中,促进大学生在社会中树立正确的人生观、价值观,做遵纪守法的"四有"青年,建设社会主义和谐社会。

2. 丰富法治教育的教学方法

授课内容应该融入一些社会实践内容,让学生能够积极地参与法律实践的教学活动中,将所学的法律知识运用到实际生活中,提高法律的实践意义,增强大学生的法律意识,取得教学效果。

3. 注重案例教育

现如今,大学生犯罪越来越受到社会各界的关注,在对大学生进行法治教育的过程中,应该在课程内容中设置案例分析,结合社会中一些大学生犯罪的案件进行分析和讨论,并对社会中一些法律现象进行探讨,分析案件中的违法行为和犯罪行为,从而培养大学生正确的世界观、人生观、价值观,对大学生进行心理疏导,避免出现极端心理,造成不可挽回的错误。

(三) 加强法治教育体系建设

1. 加强教师队伍建设

只有提高教师的教育水平和文化素质,才能够有效提高法治教育的效果。对教师进行专业的法律课程培训,定期举行法治教育研讨会,对教育过程中的法律问题进行相互交流,促进教师的整体法律素质和教学水平。与此同时,应该积极引进具有丰富法治教育工作经验的教师,并加强教师与其他法学院校教师的交流与互动,提高整体的师资水平。

2. 完善法治教育管理体系

对大学生法治教育的成果进行科学合理的评估,对教育成果进行监督、管理,并将法治教育作为学校教育考核的主要内容。对于教师而言,要对教师的教学方式、教育情况及时跟进,提高教师的教学水平;对于学生而言,要对法治教育课程进行课程考核与评估,通过考试的形式,检验学生的学习效果,提高学生的重视程度。

(四) 引导大学生树立正确的价值目标

大学生正确价值目标的树立,需要家庭、社会和学校的共同努力。家长要从自身做起,严格要求自己,为孩子树立起"勿以恶小而为之"的行为准则。执法部门要严格执法,做好宣传,在全社会形成尊重法律的良好风尚。高校应当加强诚信教育,建立制度规范,通过社团活动、科创活动、教学活动鼓励大学生守法用法,对大学生的行为进行规范和引导,让大学生在理论学习和实践中树立起正确的价值目标。

国外对学生的法治教育展开比较早,也比较严格,对我国的法治教育具有一定的借鉴意义。如美国法制教育课程化,从小就接受法制教育,并且强调将法律运用到日常生活中;注重社会参与,邀请法律人士,针对著名案例进行讲解模拟,并且鼓励学生走入社区,面对真实情景。新加坡在法制教育方面,一方面,加强公民与道德教育课程,培养公民的爱国、效忠等意识;另一方面,从小学开始,新加坡就有各种法治教育课程。

【案例 8-2】

大学生犯罪案例[①]

2003 年五六月份,某大学连续发生了多起盗窃案件。随着几位同学的现金、手机、随身听、CD 机的相继"失踪",原本充满琅琅读书声的教室渐渐被一种不安和猜疑所笼罩。6 月 5 日,几名学生走进空荡的教室时,发现有人竟然正试图把手伸进别人的书包,企图盗窃,这个人就是 21 岁的大学生周某。经调查,周某 1 个月间先后盗窃同学随身听、钱物 6 起,总价值 6 000 余元。2003 年 6 月

---

① 迭名. 大学生犯罪案例分析[N]. 百度文库,2015-04-21.

19日,当同学们正在进行紧张的期末复习时,周某被公安机关以盗窃罪拘捕。根据师生反映,这已不是他第一次作案。2001年9月,周某刚入学的第一个月,就私自拿走了同寝室一位同学放在寝室内的太平洋卡,并取走了其中的1800元钱。事后,周某主动承认了错误,退还了1800元钱。但考虑到周某家庭贫困的现实情况,而且他的认错态度也较好,学校决定给予周某一次改过的机会:把原来立即开除学籍的处分改为留校察看1年。事后据周某自己交代此次犯险,原因跟第一次一样:因为家庭窘迫,没钱生活,所以一时冲动,把手伸向了同学。他拿走同学的手机和随身听等物品,只是希望卖点儿钱,作自己的生活费。虽然知道自己错了,可又没有勇气承认,直到被当场抓获。

第三节 大学生自我保护与维权意识的培养

一、大学生自我保护

随着我国高等教育事业的蓬勃发展和高校改革的不断深化,大学校园的安全工作面临新的考验。如何增强大学生安全防范意识,提高大学生自我保护能力,对于创建平安校园、维护社会稳定显得尤为重要。大学生如何增强自我保护能力可以从以下几个方面考虑。

(一) 要加强防范能力

对于新入学的大学生来说,大学校园是一个全新的生活环境。远离了父母,远离了昔日的师长同学,来到一个完全陌生的生活环境,这使他们既怀念昔日的亲情、友谊,又渴望新的友谊。这种特殊的生活环境增加了大学生对人际交往的需求。在人际交往的过程当中,自我保护意识是指在对他人要真诚,要自尊、自爱的同时,要看清所交往对象的真面目。大学生的经历大多是从学校到学校,社会经验不多,思想较为单纯,对社会的阴暗面和复杂性知之甚少,因此,大学生对自身安全关注不够,缺乏必要的自我保护意识。要做一个善于自我保护的有心人。

(二) 要增强法律意识

当今世界政治风云变幻,国际竞争日趋激烈,科学技术发展迅速,而在飞速发展的社会中,良好的法律意识是每个人都必须具备的,由于没有足够的法律意识,缺乏法律知识,有的学生是在无意中触犯了法律,对同学间的纠纷不能采取正确的方法解决,往往采取一些过激的,甚至愚昧的方式,最终酿成了严重的后果;有的则是当学生的合法权益受到侵害时,却不懂得如何用法律来保护自己。

(三) 要提高应变能力

特别是女生。女生大都身单力薄,在社会上是弱势群体,很容易成为不法分子伤害的对象。当遇到歹徒侵害时,女大学生往往孤立无援,而对方身强力壮,人多势众,这时若一味硬拼,不仅难以脱离险境,而且会危及生命安全,最好的方法是在有限的条件下,与之周旋,用智慧摆脱坏人,避免不法伤害[①]。

二、大学生校园维权

大学生维权主要指大学生个人或一些社会组织,在大学生合法权益受到侵害时,依据我国相关法律法规,通过一定的法定程序或方法,借助司法或其他力量来维护大学生合法权益的行为。从广义上讲,它包括大学生作为教育法律关系外的一方与其他法律主体发生的维权和大学生作为教育法律关系中的一方与学校、教师、学生之间发生的维权。

(一) 大学生遭受侵权的表现

结合大学生日常学习生活,大学生遭受侵权的问题主要表现为以下三个方面:

(1) 消费侵权。由于大部分大学生属于没有任何收入的纯消费群体,因此他们在购买商品时定位往往不会太高,许多商家以低价为诱饵,向其推销假冒伪劣产品,而大学生往往贪图便宜,把许多质量低劣,售后无保障的产品买了回去。其结果是,很多产品的使用不仅没有达到预期效果,反而给其身心造成伤害。除此之外,随着网络技术的发展,善于接受新事物的大学生也成为网购群体的主力军。网购虽然具有方便快捷,价格低廉等优势,但也存在许多缺陷,尤其在我国,网购属于新兴事物,相关立法尚不完善,侵犯消费者权益的情况比比皆是,而大学生作为网购主力军,也深受其害。

(2) 兼职侵权。为积累社会经验,减轻家庭负担,很多大学生会在大学期间寻找兼职。他们希望通过兼职可以将课堂所学转化为实践能力,从而提升自己的综合素质。然而现实却向我们展示,大学生在兼职过程中常常成为权益受到侵害的弱势群体。常见的情况包括遭遇非法中介诈骗,非法缴纳押金、费用,非法扣押证件不退,工资低于法定最低工资,以及超时工作、拖欠和克扣工资等。

---

① 迭名.论大学生的自我保护和安全意识[N].百度文库,2016-11-28.

（3）同学侵权。除了上述侵权现象外，大学生所遭遇的来自同学间的侵权也时有发生：小到同学之间因为摩擦而恶语相向、侮辱诽谤别人等侵犯同学名誉权的行为，出于好奇翻看别人短信、聊天记录等侵犯别人隐私权的行为；大到因爱生恨、求爱无果进而骚扰对方，甚至造成对方人身损害等侵犯别人人身权的行为。引起全国轰动的马加爵案就是侵犯同学合法权益最激烈的表现。

（二）大学生校园维权特点

随着我国法治建设和法治教育的不断加强，虽然大学生的维权意识逐渐觉醒，维权活动从无到有并逐渐发展，但从整体而言，现状并不容乐观。主要呈现以下特点：

（1）大学生群体较其他社会群体的维权起步较晚，规范性较差。

（2）就大学生整体而言，维权意识还比较淡薄。一方面，许多学生并不确切地知道自己享有哪些具体权利，因此当自己的权利受到侵害时，也不懂得用法律武器来维护自己的权利；另一方面，即使一些学生意识到自己的正当权益受到损害，绝大多数迫于压力，最终向损害方妥协或能忍则忍，维权不了了之。

（3）学生在实际维权中，缺乏相应的社会支持。

总之，大学生整体维权意识还较为淡薄，维权活动尚不普遍。然而，从社会的发展来看，大学生维权意识逐渐增强，维权活动的开展，应是社会进步的表现，它反映了我国法制建设的进步。

三、大学生维权的法律依据

聚焦大学生维权问题，首先我们要对大学生享有的权利有一个清晰的认识，大学生基本权利大致可分为两个方面。

（一）作为公民所享有的宪法规定的基本权利及其他法律规定的权利

（1）平等权。平等权是指大学生作为公民平等地享有不受任何差别对待，要求国家同等保护的权利。

（2）政治权利和自由。政治权利和自由包括选举权与被选举权、言论、出版、集会、结社、游行、示威自由。

（3）监督权。监督权包括批评建议权、申诉、控告、检举权等。

（4）宗教信仰自由。宗教信仰自由是指大学生都有按照自己的意愿信仰与不信仰宗教的自由。

（5）人身自由。人身自由包括人身自由不受侵犯，人格尊严不受侵犯，住宅不受侵犯，通信自由和通信秘密受法律保护等基本权利。

(二）作为受教育主体在教育教学过程中所享有的权利

（1）参加教育教学活动权。这是大学生作为受教育者的一项最基本的权利。它是指大学生享有参加教育教学计划安排的各种教育教学设施、设备、图书资料的权利。这项权利是大学生接受教育和完成学习任务的主要途径。

（2）大学生享有按照国家有关规定获得奖学金、贷学金、助学金的权利。它是《宪法》规定的公民享有获得物质帮助权在大学生身上的具体体现。这项权利能帮助家庭贫困的学生完成学业。这是学生的一项权利，凡符合规定条件的大学生都有权申请，学校和教师不得拒绝。

（3）获得公正评价权。这是指大学生在教育教学过程中，享有要求教师、学校对自己的学业成绩和品行进行公正评价并客观真实地记录在成绩档案中，在完成相应的学业后获得相应的学业证书、学位证书的权利。

（4）申诉、起诉权。这是指大学生享有对学校给予的处分不服而向有关部门提出申诉，对学校、教师侵犯其人身权、财产权等合法权益的行为，提出申诉或依法提起诉讼的权利。

（5）其他权利。这是指《中华人民共和国教育法》允许大学生享有的其他法律法规规定的权利。

四、大学生维权的合法途径

（一）普通维权

大学生作为国家公民享有公民应该享有的基本权益，当其基本权益受到侵害时，作为公民有权维护。

（1）自卫。自卫是指大学生的合法权益受到侵害或者威胁时，为了维护自己的权益，依靠自己的力量而实施的合法行为，如正当防卫与紧急避险。

（2）协商、和解。协商、和解是指被侵权的大学生依法自行与侵权人相互沟通、交流，从而达成维护合法权益的方案与共识。协商、和解是被侵权人救济自己权益常用的方法，但协商和解必须遵循一个重要原则——合法原则。即此种侵权行为能不能协商与和解，用何种方式进行协商与和解以及协商与和解的结果都必须合乎法律规定。

（3）调解与仲裁。调解是指双方或多方当事人就争议的实体权利、义务，在人民法院、人民调解委员会及有关组织主持下，自愿进行协商，通过教育疏导，促成各方达成协议、解决纠纷的办法。仲裁是指大学生根据他们之间订立的仲裁协议，自愿将其争议提交由非司法机构的仲裁员组成的仲裁庭进行裁判，并受该裁判约束的一种制度。仲裁活动和法院的审判活动一样，关乎当事人的实体权益,是解决民事争议的方式之一。

（4）诉讼。诉讼俗称打官司,是指国家审判机关即人民法院,依照法律规定,在当事人和其他诉讼参与人的参加下,依法解决讼争的活动。

（二）特殊权益维护

大学生因具有大学生的身份而享有特殊权益,当特殊权益受到侵害时,该如何维权呢?

（1）陈述和申辩。陈述和申辩是指大学生在学校作出对自己的处分决定前,如果对将要作出的处分决定所依据的程序、事实或定性不服可以向学校相关部门和机关进行陈述和申辩。

（2）申诉。申诉是指受教育者对学校给予的处分不服或者对学校、教师侵犯其人身权、财产权等合法权益时,向学校或教育行政主管部门申诉理由,请求重新处理的制度。

（3）诉讼。诉讼是指大学生人身权、财产权等合法权益受到学校、教师侵害时,依法定程序向法院提出的请求救济的制度。这是大学生合法权益救济的最终途径。

五、大学生自我保护与维权面临的主要困境

从大学生遭遇侵权的表现可以体现出大学生权利观念淡薄,自我防范意识差,维权渠道不畅通,无法可依等特点,而这些特点恰恰反映出大学生维权的障碍所在。学生维权的主要障碍体现在以下几个方面。

（一）大学生权利观念淡薄,自我防范意识和维权能力差

无论是相关的调查结果还是现实中的观察,都可以发现,大学生虽然顶着高学历的帽子,但由于缺乏社会经验等因素,其权利观念、维权能力并不一定比普通社会人员强,有些方面甚至表现更弱。这些缺陷严重阻碍了大学生维权的步伐。当自身权益遭受侵害时,部分大学生全然不知,甚至习以为常,缺乏基本的权利观念。即使知道自己的权益受到侵害,有些同学连一些基本的维权常识都不清楚,也没打过消费者投诉举报专线电话"12315",更没听过仲裁委员会,普遍缺乏维权能力。

（二）维权机构不健全或未发挥应有职能,维权渠道不畅通

维权机构是帮助学生实现权利,维护学生合法权益的机构或组织,内容包括给学生提供建议、法律援助或者直接以机构名义替学生维权。目前团学组织也设有学生维权机构,正在发挥着越来越重要的作用,但其组织构架还需健全,专业指导还需要加强。

（三）相关政策及其法律法规亟待完善，维权缺乏法律依据

通过对相关法律法规的研究与查询，可以发现我国法律对于大学生兼职尚无具体可循的法律条款，也就是说对于此类问题的解决缺乏有效的途径。《中华人民共和国劳动法》（简称《劳动法》）规定，满18周岁、低于退休年龄的，与中华人民共和国境内企业、个体经济组织形成劳动关系的劳动者，均适用于《劳动法》。但实际上，1994年颁布的《关于〈劳动法〉若干条文的说明》中并没有把大学生列入范畴，2008年颁布实施的《中华人民共和国劳动合同法》（简称《劳动合同法》）也只针对"劳动者"，未专门设立针对兼职大学生的保护条款。大学生兼职不属于《劳动法》和《劳动合同法》的调整对象，处理此类案件，目前只能根据《中华人民共和国民法通则》和《中华人民共和国民事诉讼法》的相关法律来处理。法律的缺失给许多不法雇主侵害大学生合法权益以可乘之机，更使大学生维权无法可依。

（四）高校管理模式和治校理念不够先进，维权氛围缺失

由于长期受传统教育思想的影响，部分学校并未按照教育改革的要求来管理学校，对于新时期因学生角色的转变而带来的相应权利的发展变化认知不足。在过去，高校与学生的法律关系是单一的行政法律关系，而教育改革后演变成行政与民事法律关系并存的状态。学生作为受教育者应享有更多的民事权利，并且作为教育事业中的最重要的主体，学生更应该参与到学校的管理中去。从法律上讲，学校与学生是两个平等的民事主体，当学生权益受到侵害时，有权按照法律规定和学校规章制度，通过合理渠道主张自己的权益，但学生维权意识不够，往往很难及时有效维护自身权益。

六、大学生自我保护与维权的途径和方法

针对大学生维权的主要障碍，将从以下几方面提出大学生自我保护与维权的出路，以期改善大学生的维权状况。

（一）学生自身要树立权利观念，增强维权意识和能力

"外因通过内因起作用"，要增强大学生维权意识，维护大学生的合法权益，关键还在于大学生自身。首先，大学生应树立权利观念，提高自我防范和维权能力；其次，应熟悉基本的维权途径，掌握常用的维权方法。具体到日常的学习生活中，大学生要积极学习有关维护自身合法权益的法律常识，增强依法维权的意识和能力。同时，还应加强防范意识，争取防患于未然。在与学校发生冲突时，应努力采取合理协商的方式向学校表明自己的诉求，切不可采取极端手段，酿成害人害己之恶果。网购时，应注意选择信誉好、经营正规的网店，网络

支付时注意密码的保护,警惕钓鱼软件盗取密码。如果不幸遇到网络诈骗,要注意保护好证据,然后向有关机构申诉。如在淘宝上买东西,聊天记录就是重要证据。

(二) 学校要树立科学治校理念,引导学生组织协助维权

面对屡见不鲜的学校侵权,我们需要从两方面入手。首先,学校应该深化体制改革,落实依法治校的理念,规范和引导学生正确维权,建立大学生申诉制度,以更高效地解决问题。正如刘易斯·科塞①在《社会冲突理论》中所言,社会冲突可以起到安全阀的作用,缓解和释放社会压力及敌对情绪,增强群体内部团结与整合。其次,学校应加强大学生维权组织建设。维权组织的作用不仅仅在于大学生遭到侵权时,协助其维权,更应该在平时多组织对大学生进行维权宣传教育的活动,促进其维权意识的增强和维权能力的提升。学校共青团组织也应当调整职能,转变观念,加大维权机构建设,积极为学生服务,反映大学生意愿,保护大学生合法权益。

(三) 国家应完善相关法律法规,并采取措施保证规章制度落到实处

由于不受《劳动法》保护,大学生打工兼职的权益保护是一个长期存在的问题。也由于我国与网购相关的法律、法规没有跟上互联网迅猛发展的步伐,法律漏洞大量存在,为各种网络侵权提供了可乘之机。这一切问题的解决需要国家相关部门完善法律法规,填补法律空白,从而使大学生的维权有法可依。并且,在重视立法的同时,还应关注法律法规的实施,要真正发挥法律对于保护大学生权益的作用,做到令行禁止,而不能使其流于形式。可喜的是,目前我国已逐渐将高校规章制度纳入司法审查的范围,这对于促进高校规章制度的合理性具有非常大的意义。

(四) 政府机构和社会组织应积极维权,做大学生维权的助力军

为维护大学生的合法权益,政府机构和社会组织应积极发挥自身职能,为大学生提供力所能及的帮助。首先,加大宣传力度,经常组织校园活动,帮助缺乏社会经验的大学生了解维权机构,熟悉维权的方式与途径,进而为有各类困难的同学提供援助,包括有些同学经济困难,面对严重的侵犯自身权益的事件,由于考虑到诉讼成本望而却步;有些同学虽然经济比较充裕,但由于缺乏维权知识,不知从何下手等。其次,还应动员非正式社会组织、团体和广大民众的力量,共同防范和监督日常生活中有可能损害大学生权益的情况,为维护大学生的合法权益创设一个良好的环境。

---

① 刘易斯·科塞(Lewis Coser, 1913—2003),社会学家。

大学生的维权问题不仅是关乎其个人发展的重要问题,也是关系到国家的建设和未来的重大问题,提高大学生的维权意识,保护大学生的合法权益免受侵害,任重而道远。

【案例8-3】

公 平 交 易 权①

　　2008年年初,某大学生消费者冯某在烟台市杨柳居酒店胜利路分店就餐时,工作人员没有向消费者讲清楚可以选择收费与免费的餐具,收取了消费者餐具费12元。冯某将此事投诉到烟台市消费者协会,杨柳居酒店胜利路分店的负责同志得知此事后,立即到消费者协会向消费者赔礼道歉,退回了多收的12元餐具费,并且补偿了由此而产生的其他的合理费用。

本章思考

1. 通过本章学习,你是否具备了感知和认识身边安全隐患的基本能力?

2. 你是否构建了个人安全防范网络?当突发危险来临的时候,你是否知道应该如何应对让损失降到最低?

---

① 佚名.大学生消费权益案例及分析[N].百度文库,2016-06-26.

第九章
培养双创能力

> 创业者光有激情和创新是不够的,它需要很好的体系、制度、团队以及良好的盈利模式。
>
> ——马云

第一节 创新创业概述

近年来,在党中央、国务院的高度重视下,我国掀起了"大众创业、万众创新"的热情,大学生也积极参与到创新创业的热潮中。创新是一个国家兴旺发达的不竭动力,也是社会进步的灵魂,它是从根本上打开增长之锁的钥匙,是用以改善民生、推动经济社会发展的重要途径。大学生提高创新创业的能力,不仅能培养解决问题的能力,更能为将来的发展拓展道路。

一、认识创新创业的基本概念及其重要性

创新是指在现有的思维模式上,提出有别于常规或常人思路的见解为导向,利用现有的知识和物质,在特定的环境中,本着理想化需要或为满足社会需求而改进或创造新的条件,并能获得一定有益效果的行为。

创业是创业者对自己拥有的资源或通过努力对能够拥有的资源进行优化整合,从而创造出更大经济或社会价值的过程。创业是一种劳动方式,是一种需要创业者运营、组织、运用服务、技术、器物作业的思考、推理和判断的行为。

创新创业是基于技术、产品、服务、商业模式等方面的某一点或几点创新而进行的创业活动。这既不同于单纯的创新,也不同于传统意义上的创业。如果以一种评判标准来进行衡量,可以说能够给

资源带来新价值的活动可以视为创新；在某一方面或者某几个方面进行创新并进而创业的活动，才可以称之为创新创业；反之，没有在任何方面进行创新的创业就属于传统创业。明晰创新创业的基本概念，有助于对其重要性的理解和把握。

（一）做好创新创业工作，是落实国家战略的重要举措

面对全球新一轮科技革命与产业变革的重大机遇和挑战，在经济发展新常态下增速换挡、结构调整、新业态不断涌现等新情况下，要实现"两个一百年"奋斗目标的历史任务，实施创新驱动发展战略，根本靠创新、关键是人才、基础在教育。从国家战略高度来看，能够培养造就一支"大众创业、万众创新"的强大生力军，可以为实现我国经济发展提供创新型人才支撑的有力抓手，是一项功在当代、利在千秋的伟大事业。

（二）加强创新创业教育，是减轻高等学校毕业生就业压力的有效途径

伴随着产业结构不断进行的调整，目前很多传统行业能够吸引、吸纳的大学毕业生已大大减少。从解决学生的就业问题这个角度考量，培养学生创新创业能力也非常有必要。当今社会互联网经济发展迅速、各种新业态不断涌现，培养具有企业家精神和创新创业能力的人才，通过这些人才将新知识、新技术转化为现实生产力，逐步实现我国经济产业结构由中低端向中高端发展，由此带来更多高水平创新型人才需求，从而推动经济社会发展和高校毕业生更高质量就业，进而形成良性循环。从这个角度说，加强创新创业工作是解决"就业难"问题的重要举措，同时也是破除我国大学生就业"低薪高就""学用落差""有业不就"等现实困境的有效途径。

（三）大力推进创新创业工作，是我国高等教育自身改革发展的根本需要

发展创新创业教育已成为国际高等教育发展的新趋势。"创业教育"概念的正式提出，是在由联合国教科文组织、在北京举办的"面向21世纪国际教育发展趋势"研讨会上（1989年）。该会议上将创业技能和创业精神作为高等教育的基本目标，并提升到了与学术研究和职业教育同等重要的地位。在欧美等发达国家，创业教育深受重视。美国、英国、加拿大和澳大利亚等国家，都已经形成了一套相对成熟的创业教育与支持体系。

从国内情况来看，创新创业教育本身已经成为当下我国高等教育发展的鲜明时代特征。新形势新常态下，我国高等教育已经进入大力发展创新创业教育的新阶段。高校致力于把创新创业教育纳入人才培养全过程，科学安排理论课

程、实验实践训练以及创业实训活动,注重培养学生的创新精神、创业意识和创新创业能力,让创新创业成为学校办学、教师教学、学生求学的理性认知和自觉行动,从而撬动高等教育综合改革,有效提升高等教育整体质量。

二、启迪创新创业意识

(一)提升创新创业意识

当下,不少大学生对创新创业实践教育的重要性认识并不全面和清晰,表现为存在一种思维惯性:中学阶段的教育经历告诉他们,课堂上的东西是最重要的,老师教授的知识体系是最完整的,课本学习比社会活动更重要。然而,在大学阶段,如何在第一课堂之外,积极开辟自己的第二课堂,是大学生们必须掌握的重要能力。生活处处有新知,课余实践的锻炼多了,就会结合理论产生新的思考,再运用创新思考指导实践,实现"意识到实践,实践到意识,意识再到实践"往复循环的认识飞跃。因此,只有具备了提高自身能力的意识,大学生们才会在课余思考实践的问题,才能投身到课余实践中去。

(二)注重个人创新创业能力的培养

随着市场经济体制不断完善,人力资源的配置转化由市场来调节,就业问题主要通过大学生之间的竞争来解决,具有较强创新创业能力的大学生往往更受企业的青睐,这也就促进大学生在校期间更加注重个人创新创业能力的培养。因此,开展创新创业教育有利于培育大学生就业竞争力,有利于培养大学生创新创业能力,有助于提升大学生核心竞争力,并使学生在职业发展过程中具有可持续发展的能力。

(三)广泛参加实践活动,选择合适的创业实践方向

有了创新创业意识,广泛参与实践活动之后,大学生们会对自身的优势和劣势、兴趣和不足有较为充分的认识。大学生们可以结合自身兴趣和能力优势,选择创新创业相关的方向,在确定方向之后,钻研创新创业相关实践活动并进行深入探索。例如对某一行业感兴趣的大学生,可申请加入学校与相关企业联合设立的校企合作班;对专业实践有热情的大学生,可参加校院两级大学生校外实习基地。合理安排好校内学习和课余实践的时间分配后,在一个方向上积累了足够的经验,也可以通过申报校级及以上创新创业课题提升自己的综合能力、培养团队合作精神。

三、成为新时代创新性人才

中共十九大报告中提到,"创新是引领发展的第一动力",要"培养造就一大

批具有国际水平的战略科技人才、科技领军人才、青年科技人才和高水平创新团队。正所谓"苟日新,日日新,又日新"①,中国特色社会主义进入了新时代。创新是解决不平衡不充分矛盾的重要手段。新时代需要创新人才。作为新时代社会主义事业建设者和接班人的大学生们,应该努力培养时代需要的创新创业精神,并融入自己的学习、生活和实践中。

(1) 加强通识教育,完善人才培养体系。一直以来,我国高等教育以学科教育、专业学习为主,导致不少学生只掌握本专业知识,对其他专业知之甚少。但是人类的知识是一个整体,如学审计,不仅仅局限于审计专业知识,更需要懂得经济、管理、法律等相关知识。因此学校要加强通识教育,打破学科壁垒,培养通识人才,不断完善人才培养体系。

(2) 加强团队协作学习。一个人无法掌握整个知识链上的所有知识,而需要以协作学习小组为基本形式,调动一切积极因素,促成学生积极互动,主动探索,并以团体绩效和组员成绩有效结协作为整体评价体系的新的教育方法。

(3) 培育工匠精神。将学科精细化,引导学生学会定量分析、学会各类基础模型的运用和选择。

(4) 加强社会化教育和研究。教育学习不能局限于某个特定物理范围,学校的知识要与企业、市场、政府等社会信息结合贯通,要使知识有社会应用能力,满足社会需求。

(5) 持续化学习。在科学技术日新月异、飞速发展的时代,知识也在快速的、不断的更新,只有不断地学习才可不落后于时代发展的潮流。

【案例 9-1】

"前中后端"三层式学生课外科技创新教育体系

近年来,上海交通大学构建了"前中后端"三层式学生课外科技创新教育体系,建设了覆盖校内各主要学科方向的 50 个科技创新工作室。改组学生科学技术协会,资助全校共计 100 余项各类高水平科技竞赛,覆盖学生总计 4 万人次。这些工作的开展,为学生创新精神和实践能力的培养搭建了广阔的平台,更为学生科技创新成果的不断涌现打下了坚实的基础。

"前端土壤"由院系科创入门项目、学生科技类社团、院校两级学生科创工作室等组成。各院系打造的面向新生的科创入门项目,具有较低的准入门槛,

---

① 曾子.《礼记·大学》。

使新生能够更早地接触到科创项目，增加学生科创兴趣。学校拥有覆盖校内各主要学科方向的50个科技创新工作室，为学生提供固定场地、师资、设备、智力的支撑。所有工作室面向全校开放，学生可以进行跨学科的选择。学校还支持"绿色智能运载器俱乐部""智能车科技创新协会""未来建筑师协会"等60多个学生科技类社团的发展。有兴趣的学生从进入校门伊始，就能够找到与个人兴趣相结合的科创平台。

"中端载体"为"钱学森杯"、国内外高水平竞赛、创新试验计划以及学生科学技术协会等。上海交通大学连续多年组织校内学生参与"钱学森杯"大学生科技创新作品竞赛，"钱学森杯"竞赛有效整合校内各类科技竞赛、PRP、创新性实验计划等科技创新平台，现已成为校内集中展示学校学生科技创新教育各类成果的综合性品牌。学校积极组织科创团队参与"挑战杯"、ACM、iGEM、RoboCup等国内外大学生科技创新竞赛，鼓励支持专业教师深度参与学生科技作品选拔和培训，提升创新人才培养水平。2014年，通过改组学生科协，将学生科协委员打造成为校园内的"学生院士"。学生科协成为校内学生科创人才的聚集地，定期进行学生学术研究、科普教育，同时将学生科研成果反哺教学科研，促进其成果向产业方向发展。

"后端输出"是经过"前端"和"中端"的有效"孵化"而产出的成果，如论文、专利、技术授权产业化等。学校还对成效突出的学生科技创新工作室及其指导教师进行表彰和嘉奖，择优推荐参加校长奖、教书育人奖、学生工作特别贡献奖等荣誉称号的评选，发挥示范作用，形成长效机制。通过后端的产出和成果刺激前端的土壤，使之更加肥沃，由此形成科技创新良性循环的生态体系。

学校"前中后端"科技创新体系的构建，系统性地整合了校内外各方资源，将学生科技创新工作与教授实验室、社会企业的科研工作结合，学生不再为比赛而比赛，而是以科技创新项目为目标，长期、持续地为了同一个方向和目标进行研究。

第二节 培养创新思维

创新思维注重的是思维的过程。可以将创新思维视作一种智慧和能力，即通过它能够发现新知识，获取新知识，解决新问题，它是多种思维发展的结晶。创新思维不但能够揭示客观事物的本质特征及各种事物的内在联系，而且可以产生新颖、独特的见解和想法，提出创造性的见解。创新思维主要包含扩散性思维、集中性思维、逆向性思维三个要素。

一、扩散性思维

（一）扩散性思维的特点

心理学家认为，发散思维是创造性思维中最主要的组成部分之一，是测定创造力的主要标志之一。扩散性思维是指大脑在思维时呈现的一种扩散状态的思维模式，它表现为思维视野广阔，呈现出多维发散状。如"一题多解""一事多写""一物多用"等方式，即是发散思维能力的表现。

（1）流畅性。流畅性反映的是发散思维的速度和数量特征，是观念的自由发挥，指在尽可能短的时间内生成并表达出尽可能多的思维观念以及较快地适应、消化新的思想观念。

（2）变通性。变通性就是克服头脑中某种自己设置的僵化的思维框架，按照某一新的方向来思索问题的过程。变通性需要借助跨域转化、横向类比、触类旁通，使发散思维沿着不同的方面和方向扩散，表现出极其丰富的多面性和多样性。

（3）多感官性。发散性思维不仅需要运用视觉思维和听觉思维，而且也充分利用其他感官接收信息并进行加工。发散思维还与情感有密切关系。如果思维者能够想办法激发兴趣，产生激情，把信息情绪化赋予感情色彩，会提高发散思维的速度与效果。

（4）独特性。独特性指人们在发散思维中做出的，不同寻常的异于他人的新奇反应的能力。独特性是发散思维的最高目标。

（二）扩散性思维的形式

扩散性思维的形式多种多样，日常我们接触和运用较多的主要有如下几种：

（1）立体思维。立体思维即思考问题时，跳出点、线、面等一维二维的限制，进行多方位立体式思维。如利用屋顶花园进行立体绿化，增加绿化面积、减少占地改善环境。

（2）组合思维。组合思维又称"联接思维"或"合向思维"，是指从某一事物出发，以此为发散点，尽可能多地与另一（或一些）事物联结成具有新价值（或附加价值）的新事物的思维方式。如我们常接触的"含微量元素的食品"就是非常常见和典型的组合思维产物。

（3）纵向、横向思维。纵向思维是按逻辑推理的方法直上直下的收敛性思维。而横向思维是当纵向思维受挫时，从横向寻找问题答案。正像时间是一维的，空间是多维的一样，纵向思维与横向思维则代表了一维与多维的互补。

(三) 扩散性思维的作用

(1) 核心性作用。如果把想象比作是人脑创新活动的源泉,联想使源泉汇合,而发散思维就为这个源泉的流淌提供了广阔的通道。

(2) 基础性作用。创新思维的技巧性方法中,有许多都是与发散思维有密切关系的。

(3) 保障性作用。发散思维的主要功能就是为随后的收敛思维提供尽可能多的解题方案。这些方案不可能每一个都十分正确、有价值,但是一定要在数量上有足够的保证。

(四) 扩散性思维的训练方法

(1) 一般方法。一般方法包括:①材料发散法,即以某个样本尽可能多的"材料",以其为发散点,设想它的多种用途;②方法发散法,以某种方法为发散点,设想出利用方法的各种可能性;③因果发散法,以某个事物发展的结果为发散点,推测出造成该结果的各种原因,或者由原因推测出可能产生的各种结果;④组合发散法,以某事物为发散点,尽可能多地把它与别的事物进行组合成新事物;⑤形态发散法,以事物的形态为发散点,设想出利用某种形态的各种可能性;⑥功能发散法,从某事物的功能出发,构想出获得该功能的各种可能性;⑦结构发散法,以某事物的结构为发散点,设想出利用该结构的各种可能性。

(2) 假设推测法。假设的"问题"不论是任意选取的,还是有所限定的,所涉及的都应当是与事实相反的情况,是暂时不可能的或是现实不存在的事物对象和状态。由假设推测法得出的观念可能大多是不切实际的、荒谬的、不可行的,但这并不重要,重要的是有些观念在经过转换后,可以成为合理的有用的思想。

(3) 集体发散思维。发散思维不仅需要用上我们自己的全部大脑,有时候还需要用上我们身边的无限资源,集思广益。集体发散思维可以采取不同的形式,如我们常常戏称的"诸葛亮会"。在设计方面,通常采用"头脑风暴"法,即每个成员说出自己的想法,只要自己能说通了,就可以被大家认同,而且被采纳,最后总结出结论。

二、集中性思维

(一) 集中性思维的特点

集中思维又称求同思维或聚敛思维,就是从已知的种种信息中产生一个结论,从现成的众多材料中寻找一个答案。它是以某个思考对象为中心,尽可能运用已有的经验和知识,将各种信息重新进行组织,从不同的方面和角度,将思

维集中指向这个中心点,从而达到解决问题的目的。其特点如下:

(1) 封闭性。如果说发散思维的思考方向是以问题为原点指向四面八方的,具有开放性,那么,收敛思维则是把许多发散思维的结果由四面八方集合起来,选择一个合理的答案,具有封闭性。

(2) 连续性。发散思维的过程,是从一个设想到另一个设想时,可以没有任何联系,是一种跳跃式的思维方式,具有间断性。收敛思维的进行方式则相反,是一环扣一环的,具有较强的连续性。

(3) 求实性。发散思维所产生的众多设想或方案,一般来说多数都是不成熟的,也是不实际的,我们也不应对发散思维做这样的要求。对发散思维的结果,必须进行筛选,收敛思维就可以起这种筛选作用。被选择出来的设想或方案是按照实用的标准来决定的,应当是切实可行的。这样,收敛思维就表现了很强的求实性。

(二) 集中性思维的形式

(1) 目标确定。要先确定搜寻的目标,进行认真的观察并作出判断,找出其中关键的现象,围绕目标进行收敛思维。平时我们碰到的大量问题比较明确,很容易找到问题的关键,只要采用适当的方法,问题便能迎刃而解。但有时,一个问题并不是非常明确,很容易产生似是而非的感觉,使人们引入歧途。目标的确定越具体越有效,可以分为大的、小的、近期的、远期的。开始运用时,可以先选小的、近期的,熟练后再逐渐扩大。显然,目标不同,处理问题的方法也会不同。

(2) 求同思维。如果有一种现象在不同的场合反复发生,而在各场合中只有一个条件是相同的,那么这个条件就是这种现象的原因,寻找这个条件的思维方法就叫求同思维法。

(3) 聚焦法。聚焦法就是围绕问题进行反复思考,有时甚至停顿下来,使原有的思维浓缩、聚拢,形成思维的纵向深度和强大的穿透力,在解决问题的特定指向上思考,积累一定量的努力,顺利解决问题,最终达到质的飞跃。例如隐形飞机的制造就是一个多目标聚焦的结果。要制造一种使敌方雷达测不到、红外及热辐射仪追踪不到的飞机,就需要分别做到雷达隐身、红外隐身、可见光隐身、声波隐身等多个目标,每个目标中还有许多小目标,分别聚焦最终制成隐身飞机。

(三) 集中性思维的作用

如果说发散思维是由"一到多"的话,那么,集中思维则是由"多到一"。当然在集中到中心点的过程中也要注意吸收其他思维的优点和长处。集中思维的另一种情况是先进行发散思维,在发散思维的基础上再进行集中,越充分越好,从若干种方案中选出一种最佳方案,同时注意将其他方案中的优点补充进来,加以完善,围绕这个最佳方案进行创造。因此,集中性思维对于从众多可能性的结果中迅速做出判断、得出结论是最重要的。

(四) 集中性思维的训练方法

(1) 训练题。①请说出家中既发光又发热的东西,找出它们的共同点;②请写出海水与江水的共同之处,越多越好;③鸽子、蝴蝶、蜜蜂与苍蝇有什么相同之处?④铜、铁、铝、不锈钢等金属有什么共同的属性?

(2) 参考答案。①家里既发光又发热的东西是存在的,如白炽灯、日光灯、红外线取暖器……它们的共同点是:都用电;②都是水,都会蒸发,都可养鱼,都可造福人类;③会飞、吃东西……④传热、导电……

俗话说:"内行看门道,外行看热闹。"许多时候,人们在信息量的占有上并无多大差别,有些人却茫然无知,视若无睹,但有些人能从中看出问题,抓住机会。那么为什么会有这种差异呢?从思维的角度来分析,这是由于头脑的内在思维观察结构的不同造成的。收敛思维能力较强的人,其思维观察结构严谨细密,在占有相同的信息量的情况下,对信息的提取率比较高,这种大脑思维的内在差异使他比别人发现更多的问题。

三、逆向性思维

(一) 逆向思维法的特点

逆向思维也叫求异思维,它是对司空见惯的似乎已成定论的事物或观点反过来思考的一种思维方式。敢于"反其道而思之",让思维向对立面的方向发展,从问题的相反面深入地进行探索,树立新思想,创立新形象。那么,逆向思维的特点有哪些呢?

(1) 普遍性。逆向性思维在各种领域、各种活动中都有适用性,由于对立统一规律是普遍适用的,而对立统一的形式又是多种多样的,有一种对立统一的形式,相应地就有一种逆向思维的角度,所以,逆向思维也有无限多种形式。如性质上对立两极的转换:软与硬、高与低等;结构、位置上的互换、颠倒:上与下、左与右等;过程上的逆转:电转为磁或磁转为电、气态变液态或液态变气态等。不论哪种方式,只要从一个方面想到与之对立的另一方面,都是逆向思维。

(2) 新颖性。循规蹈矩的思维和按传统方式解决问题虽然简单,但容易使思路僵化刻板,摆脱不掉习惯的束缚,得到的往往是一些司空见惯的答案。其实,任何事物都具有多方面属性。由于受过去经验的影响,人们容易看到熟悉的一面,而对另一面却视而不见。逆向思维能克服这一障碍,往往是出人意料,给人以耳目一新的感觉。

(3) 批判性。逆向是与正向比较而言的,正向是指常规的、常识的、公认的或习惯的想法与做法。逆向思维则恰恰相反,是对传统、惯例、常识的反叛,是对常规的挑战。它能够克服思维定式,破除由经验和习惯造成的僵化的认识模式。

(二) 逆向思维的形式

(1) 原理逆向。原理逆向就是从事物原理的相反方向进行的思考。例如,制冷与制热、电动机与发电机、压缩机与鼓风机。

(2) 功能逆向。功能逆向就是按事物或产品现有的功能进行相反的思考。例如,保温瓶(保热)装冰(保冷)、风力灭火器。

(3) 属性逆向。属性逆向就是从事物属性的相反方向所进行的思考。例如,"空心"代替"实心"反向电视机。

(4) 程序或方向逆向。逆向或方向逆向就是颠倒已有事物的构成顺序、排列位置而进行的思考。例如,科学假设与实验验证居里夫人发现镭的过程。

(5) 观念逆向。观念逆向就是从观念的相反方向所进行的思考。例如,对失败的赞赏、从大而全到专门化等。

(三) 逆向思维法的作用

(1) 逆向思维法有利于我们将复杂问题简单化,提高对事物的认知深度,从而使办事效率和效果成倍提高。

(2) 逆向思维法有利于我们发现事物与现象的新特征、新关系,帮助我们从一个新的角度去认识客观事物。

(3) 逆向思维法有利于我们拓宽思路,产生创造性思维成果或创造性地解决问题,帮助我们突破固有模式,提升创新能力。

(四) 逆向思维法的训练方法

(1) 反转逆向思维。这种方法是指从已知事物的相反方向进行思考,产生出构思的途径。"事物的相反方方向"常常从事物的功能、结构、因果关系等三个方面作反向思维。例如,市场上出售的无烟煎鱼锅就是把原有煎鱼锅的热源由锅的下面安装到锅的上面,这是利用逆向思维,对结构进行反转思考的产物。

(2) 转换逆向思维。这是指在研究一问题时,由于解决该问题的手段受阻,而转换成另一种手段,或转换思考角度思考,以使问题顺利解决的思维方法。例如,历史上被传为佳话的司马光砸缸救落水儿童的故事,实质上就是一个用转换型逆向思维法的例子。司马光不能以传统的通过爬进缸中救人的手段解决问题,因而他就转换为另一手段,破缸救人,进而顺利地解决了问题。

(3) 缺点逆向思维。这是一种利用事物的缺点,将缺点变为可利用的东西,化被动为主动,化不利为有利的思维发明方法。这种方法并不以克服事物的缺点为目的,相反,它是将缺点化弊为利,找到解决方法。例如,金属腐蚀原本被视作一种坏事,但人们利用金属腐蚀原理进行金属粉末的生产,或进行电镀等其他用途,就是缺点逆用思维法的一种很好的应用。

第三节 我校创新创业教育体系

我校积极贯彻落实国家、上海市有关政策,坚持创新引领创业、创业带动就业,主动适应经济发展新常态,以提高人才培养质量为核心,以创新人才培养机制为重点,以完善条件和政策保障为支撑,强化创新创业教育,取得了显著成效,构建了"四位一体"的创新创业教育体系,打造了服务学生的创新创业教育实战平台[①]。

一、内容概况

我校创新创业教育的内容结合专业特色、依托教育资源,主要包括:

(1) 意识培养:启蒙学生的创新意识和创业精神。使学生了解创新型人才的素质要求,了解创业的概念、要素与特征等,使学生掌握开展创业活动所需要的基本知识。

(2) 能力提升:解析并培养学生的批判性思维、洞察力、决策力、组织协调能力与领导力等各项创新创业素质,使学生具备必要的创业能力。

(3) 环境认知:引导学生认知当今企业及行业环境,了解创业机会,把握创业风险,掌握商业模式开发的过程,设计策略及技巧等。

(4) 实践模拟:通过创业计划书撰写、模拟实践活动开展等,鼓励学生体验创业准备的各个环节,包括创业市场评估、创业融资、创办企业流程与风险管理等。

二、课程设置

大学生创新创业教育理念要转化为教育实践,需要依托有效课程载体。内容体系和课程互为支撑,内容体系为课程提供课程内容的支撑,课程体系为内容体系提供内容实现形式的支撑,两者共同作用,促进高校创新创业教育发展。

---

① 本部分内容来自上海立信会计金融学院创新创业学院等相关部门的材料。

课程体系是实现创新创业教育的关键,我校创新创业教育课程主要由以下三个层次构成:

(1) 面向全体学生,旨在培养大学生们的创新创业意识、激发学生创新创业动力的普及课程。

(2) 面向有较强创新、创业意愿和潜质的学生,旨在提高这些有较强创新创业意愿的同学的基本知识、技巧、技能的专门的系列专业课程。

(3) 培养学生创新创业实际运用能力的各类实践活动课程。以项目、活动为引导,教学与实践相结合,有针对性地加强对学生创业过程的指导。

三、国内教育实践对我校创新创业教育的借鉴意义

国内高校于20世纪末开始实施创新创业教育,清华大学是第一所将大学生创业计划竞赛引入亚洲的高校,该校于1998年举办首届清华大学创业计划大赛;教育部于2002年将清华大学、中国人民大学、北京航空航天大学等9所院校确定为开展创业教育的试点院校,意味着我国正式启动高校创业教育。借鉴国内高校的创新创业教育实践,我校将创新创业教育模式归纳为如下七种类型。

(一) 以"挑战杯"及创业设计类竞赛为载体的模式

从20世纪90年代末开始,清华大学、复旦大学等高校就开始借鉴国外大学的经验,形成了以学生创业计划竞赛为载体的创新创业教育。随着全国性的"挑战杯"竞赛影响力的不断扩大,借助"挑战杯"运用第二课堂的形式开展大学生创新创业教育成为高校最为普遍的开展创新创业教育的形式之一。

(二) 以大学生就业指导课为依托的模式

随着大学生就业市场化程度的提高,就业指导课程逐步发展为对大学生的职业发展指导和职业生涯指导。创业作为毕业生职业生涯设计的一个内容,指导毕业生创业和创业基本知识的讲授等就纳入了就业指导课程中。将创新创业教育融入就业指导课已成为各高校开展创新创业教育的另一主要形式。比如,自2008年起,上海对外经济贸易大学将创业教育纳入职业规划与发展培训课程,作为必修课程,同时还开设创业教育系列讲座,纳入选修课学分序列。

(三) 以大学生创业基地(园区)为平台的模式

这种类型在南方院校比较常见。例如,温州大学受区域文化中浓郁的重商理念的熏陶,成功构建了"学生创业工作室、学院创业中心、学校创业园"三级联动的创业实践平台。上海对外经济贸易大学设立了创业实践中心,自2005年创业中心成立以来,由学生先后建立约83家公司,其中14家为经工商行政部

门注册的实体公司。在"全真环境下"引导和推进大学生创业,学生必须按照国家工商、税务管理有关规定注册登记,所创办企业按照市场化运作,依法纳税,优胜劣汰,同时接受政府有关部门的监督管理。

(四) 成立专门组织机构为保证的模式

如北京航空航天大学的创业管理教育学院、西南民族大学的创新创业中心、浙江大学的研究生创新创业中心和未来企业家俱乐部。黑龙江大学还成立了创业领导小组、创业教育学院、创业教育中心、创业教育协调委员会、创业教育顾问团,确定了6个校级创业教育试点单位,全面推进创业教育。

(五) 以人才培养模式创新实验区为试点的模式

在一些高校出现了以人才培养模式创新试验区为试点,培养创新型人才的创新创业教育。在2008年国家级人才培养模式创新实验区项目中,有16个涉及创新创业教育的实验区成功获批,如上海财经大学的财经人才创业教育创新实验区、大连理工大学的立体化创业教育人才培养模式创新实验区、广西大学的中国—东盟自由贸易区复合型创业人才培养模式改革实验基地等。

(六) 搭建创新创业教育课程体系的模式

一些高校初步建立了创业教育课程体系,开设了围绕创业理念、实务、实践三个方面的课程。如中南大学开设有创业教育指导课、创业实训指导课;大连理工大学将创新创业教育分为创业精神、创业知识、创业实践三个模块。

(七) 融入人才培养方案的模式

目前,创新创业教育的重要性已引起了很多高校的重视,部分高校将其融入人才培养方案,贯穿大学教育全过程。例如,江南大学把创新创业教育贯穿在专业教育、素质教育与就业教育过程中,形成了一套完整的人才培养体系,构建了包括"经济管理基础""自然科学基础""人文社科基础""思想政治理论""语言类基础""计算机基础"以及素质教育公共课程在内的创新创业公共基础课程体系平台,进一步规范全校通识教育课程的系统内容。做到相同学科群的不同专业学生在1~2年级主要课程之间打通,从而有效拓宽了学生的专业基础。尤其是加强了实习环节的建设,增加短学期用于实践教学,专设学分用于独立设置的实践教学活动,加强学生实践能力培养。

四、我校"四位一体"的创新创业教育体系

(一) 探索创新创业教育"课程+"体系

我校将创新创业教育课程融入卓越人才培养当中,建设"课程+"创业卓越

课程体系,依托"立诚"卓越创新实验班,运用校内外优秀师资资源,开设领导力与沟通技巧、创新创造力两大一级模块,7门课程,20余个二级模块,共计5个学分的卓越创新课程,努力实现基础课程经典化、专业课程特色化、通识课程精品化、实践实训项目化的"课程+"体系。

(二)建设创新创业教育"训练+"体系

我校依托国家级和上海市级大学生创新创业训练计划、上海市高校创业指导站建设、全国"互联网+"创新创业大赛赛事辅导训练、建设创新创业教育"训练+"体系等项目,对学生的创新、创意、创业项目给予全过程的培育、指导和训练。目前,学校培育训练项目达280项,参与学生达1 800余人,约占学校总人数的9%。

(三)打造创新创业教育"导师+"体系

在专职创新创业教育团队的基础上,我校重视校内兼职创新创业骨干教育导师团队、国家级和上海市级创新创业训练计划导师团队、重大赛事导师团队、校外研究专家及行业精英导师团队四个导师团队的共同建设。学校受聘专兼职导师共52人,另有100余名校内外专家及行业精英作为导师参与指导上海立信会计金融学院的创新创业项目及活动。

(四)构建创新创业教育"孵化+"体系

我校依托浦东、松江校区大学生创业园、浦东校区众创空间,进行学生创新创业项目孵化,为学生从创意雏形到成为创新作品或创业项目的全过程提供支持。目前,学校完成了创新创业孵化器的政策制度保障、导师指导保障、场地硬件保障、贷款基金支持等一系列的"孵化+"支撑体系的框架构建及初步建设。

五、我校大学生创新创业实践特色做法

在创新创业实践活动中,效果较为显著的主要有:科研训练(在导师帮助下进行科研训练)、学科竞赛(学校或者教育部门组织的与学科相关的比赛竞赛)、素质拓展(参加读书会、文艺体育活动,参加辩论队或演讲比赛,培养一个人文的兴趣爱好等)、实习培养(参加校外兼职活动,锻炼职业技能;参与产业基地或者公司实习)等。学生通过合理安排校内学习和课余钻研及实践的时间,在项目中学习,在学习中进步。

(一)组建创新创业学生团队

在目前的实际情况下,以共同的兴趣为基础,建立一支有同样目标的创新创业团队,对于在校学生而言是一个非常好的选择。团队组建的方式可以有以

下三种：

（1）兴趣组合式。每小组的成员对同一个课题有共同的兴趣和热情，这样保证了团队成员的积极性，以及工作效率。成员可以在班级中寻找，也可以在校内相关社团展开，或者是在网上寻找。

（2）零件拼凑式。这需要组团人对整个课题有初步的规划，按照初期的计划表根据需求找到相关优势的人才。成员在创新创业实践的前期要找好自己在团队内的角色。如团队的队长需要具备责任心、耐心，还要有可以作为全队榜样的干劲和斗志，副队长需要协调好组员之间的关系，普通组员各司其职，负责撰写报告的组员要紧跟项目进展等。

（3）导师推荐制。如果课题由具有经验的导师指导，可以请他充当组团人来组织整个团队，并负责相关人员的具体分工，因为他有相关项目经验，知道什么样的团队能成功。

（二）参加学校"立诚"卓越创新实验班

为培养学生的创新精神和领导力，学校建立"荣誉学院"、相关二级学院协同管理运行机制。"荣誉学院"负责本方案的组织与实施，包括课程模块的设计、校内外优质教学资源的协调与整合，兼职导师团队的选聘与管理，教学质量监控，学生选拔、学生考核，相关教学档案的管理。组建"立诚"实验班优秀兼职导师团队，导师具体指导"立诚"实验班学生创新实践活动。

1. 报名与选拔

凡学有余力且有创新兴趣的大二在籍学生，均可报名参加"立诚"实验班的学习。

每年 6 月上旬，学生可向所在二级学院提出申请，由学院汇总上报"荣誉学院"。

"荣誉学院"结合学生前两年的学习等情况，组织专家根据学生兴趣倾向、社会适应能力、心理素质等方面面试选拔，并公布结果。"立诚"实验班每年选拔 80 人左右（两校区各 40 人左右）。

2. 课程设置

"立诚"实验班的学生，原专业和教学计划保持不变，在原有教学计划的基础上，叠加两个模块，分别是创新教育和领导力培养。模块采用团队教学法，由我校优秀教师和慧科集团行业著名专家组成。创新教育模块包括："敏捷创新与精益创业"（1学分），"创新思维开发与落地"（0.5学分），"创客思维与认知实践"（1分）；领导力培养模块包括："领导力与沟通技巧"（0.5学分），"影响力、问题分析与解决"（1学分），"管理思维训练"（0.5学分），"领导力实践课程"（0.5

学分)。

3. 学籍管理

原则上,"立诚"实验班课程可以与本专业的部分选修课或跨专业选修课互认学分;"立诚"实验班创新实践学分可与本专业的创新实践互认学分。进入"立诚"实验班学习的学生,仍由所在二级学院管理,毕业资格仍由原学院负责审核,"荣誉学院"负责提供相关材料。进入"立诚"实验班学习的学生,学习结束,达到课程学习要求者,颁发"上海立信会计金融学院顶点课程荣誉证书"。若学生中途要求退出"立诚"实验班,则由学生本人提出申请,"荣誉学院"批准。在"立诚"实验班所修课程按规定互认学分,其余本专业未修课程和其他环节需按原学院要求完成。

(三) 充分运用学校的导师制度

导师的主要职责是对学生进行"导向"和"导学",以"导学"为基本职责。"导向"是指导师应对学生在思想、心理、生活等方面的问题给予力所能及的指导。"导学"是指导师应该加强与班级辅导员的联系,对学生进行学业、专业、职业指导。导师的主要职责包括以下几点:

(1) 思想引领。导师要始终坚持立德树人的要求,以社会主义核心价值观为指导,加强学生人生观、世界观和价值观教育,关心学生思想进步,解答学生在思想方面的问题与疑惑,使学生在学习科学文化知识的过程中,自觉加强思想道德修养,提升道德品质和思想境界。

(2) 学业指导。导师的基本职责是对学生进行学业指导。导师需指导学生熟悉学分制条件下主修和辅修专业的人才培养方案、专业基本情况,准确把握学科专业发展动态和社会需求,根据学生的学习能力、兴趣、爱好,指导学生制订制定个性化的修读计划,并对学生选课、学习进程安排、发展方向选择、学习方法等进行指导,引导学生明确学习目的,端正学习态度,确立正确的成才目标,培养学生自主获取知识的能力和良好的学习习惯,及时了解学生的学习情况,帮助学生解决学习中遇到的困难和问题。对受到学业提醒或警示的学生给予重点指导,帮助学生制定课程学习计划并督促其严格执行。具有专业背景胜任学生论文选题指导要求的导师原则上担任学生的毕业论文指导教师。

(3) 学术引导。导师引导学生积极开展读书活动、课外科创活动、社会实践活动和各类学科竞赛,有意识地培养和提升学生的人文素养、文献和信息检索能力、社会实践能力和科研创新能力。学校提倡导师积极吸纳学生参与自己的科研,带领学生开展科技创新大赛,参与科研课题及科研项目的研发工作。

(4) 职业指导。导师要结合自身的成长经历和本学科专业发展的最新形势,利用自身优势,结合学生兴趣和潜力,因势利导,科学合理地做好学生的职业生涯规划工作,在学生就业方向选择和考研目标定位上给予的指导和帮助,满足学生个性化发展的需求,指导学生树立正确的择业观,并积极向用人单位推荐毕业生。

(四) 参与创新创业竞赛活动

1. "挑战杯"竞赛

自1989年首届竞赛举办以来,"挑战杯"竞赛始终坚持"崇尚科学、追求真知、勤奋学习、锐意创新、迎接挑战"的宗旨,在促进青年创新人才成长、深化高校素质教育、推动经济社会发展等方面发挥了积极作用,在广大高校乃至社会上产生了广泛而良好的影响,被誉为当代大学生科技创新的"奥林匹克"盛会。"挑战杯"竞赛已经成为:

(1) 吸引广大高校学生共同参与的科技盛会。从最初的19所高校发起,发展到1 000多所高校参与;从300多人的小擂台发展到200多万大学生的竞技场,"挑战杯"竞赛在广大青年学生中的影响力和号召力显著增强。

(2) 促进优秀青年人才脱颖而出的创新摇篮。"挑战杯"竞赛获奖者中已经产生了两位长江学者,6位国家重点实验室负责人,20多位教授和博士生导师,70%的学生获奖后继续攻读更高层次的学历,近30%的学生出国深造。他们中的代表人物有:第二届"挑战杯"竞赛获奖者、国家科技进步一等奖获得者、中国十大杰出青年、北京中星微电子有限公司董事长邓中翰,第五届"挑战杯"竞赛获奖者、"中国杰出青年科技创新奖"获得者、安徽中科大讯飞信息科技有限公司总裁刘庆峰,第八届、第九届"挑战杯"竞赛获奖者、"中国青年五四奖章"标兵、南京航空航天大学2007级博士研究生胡铃心等。

(3) 引导高校学生推动现代化建设的重要渠道。成果展示、技术转让、科技创业,让"挑战杯"竞赛从象牙塔走向社会,推动了高校科技成果向现实生产力的转化,为经济社会发展做出了积极贡献。

(4) 深化高校素质教育的实践课堂。"挑战杯"竞赛已经形成了国家、省、高校三级赛制,广大高校以"挑战杯"竞赛为龙头,不断丰富活动内容,拓展工作载体,把创新教育纳入教育规划,使"挑战杯"竞赛成为大学生参与科技创新活动的重要平台。

(5) 展示全体中华学子创新风采的亮丽舞台。我国香港、澳门、台湾地区众多高校积极参与"挑战杯"竞赛,派出代表团参加观摩和展示。"挑战杯"竞赛成为两岸四地青年学子展示创新风采的舞台,增进彼此了解、加深相互感情的重要途径。

2. "创青春"全国大学生创业大赛

"创青春"全国大学生创业大赛是由共青团中央、教育部、人力资源和社会保障部、中国科协、全国学联和地方省级人民政府主办,工业和信息化部、国务院国有资产监督管理委员会、中华全国工商业联合会支持的一项具有导向性、示范性和群众性的创业竞赛活动,每两年举办一届。

该大赛的宗旨是培养创新意识、启迪创意思维、提升创造能力、造就创业人才。该大赛的目的是为深入学习贯彻习近平新时代中国特色社会主义思想和中共十九大精神,引导和激励高校学生弘扬时代精神,把握时代脉搏,将所学知识与经济社会发展紧密结合,培养和提高创新、创意、创造、创业的意识和能力,促进高校学生就业创业教育、创业实践活动的蓬勃开展,发现和培养一批具有创新思维和创业潜力的优秀人才,帮助更多高校学生通过创业创新的实际行动,推动大众创业、万众创新,为决胜全面建成小康社会、建成社会主义现代化强国、实现中华民族伟大复兴的中国梦贡献青春力量。该大赛的内容包括大学生创业计划竞赛(即"挑战杯"中国大学生创业计划竞赛)、创业实践挑战赛、公益创业赛等3项主体赛事。该大赛的基本方式:大学生创业计划竞赛面向高等学校在校学生,以商业计划书评审、现场答辩等作为参赛项目的主要评价内容;创业实践挑战赛面向高等学校在校学生或毕业未满3年的高校毕业生,且应已投入实际创业3个月以上,以盈利状况、发展前景等作为参赛项目的主要评价内容;公益创业赛面向高等学校在校学生,以创办非盈利性质社会组织的计划和实践等作为参赛项目的主要评价内容。该大赛全国组织委员会聘请专家评定出具备一定操作性、应用性以及良好市场潜力、社会价值和发展前景的优秀项目,给予奖励并组织参赛项目和成果的交流、展览、转让活动。

该大赛参赛项目的申报条件:①大学生创业计划竞赛。参加竞赛项目分为已创业与未创业两类;分为农林、畜牧、食品及相关产业,生物医药,化工技术和环境科学,信息技术和电子商务,材料,机械能源,文化创意和服务咨询等7个组别。实行分类、分组申报。拥有或授权拥有产品或服务,并已在工商、民政等政府部门注册登记为企业、个体工商户、民办非企业单位等组织形式,且法人代表或经营者为符合第十七条规定的在校学生、运营时间在3个月以上(以预赛网络报备时间为截止日期)的项目,可申报已创业类。拥有或授权拥有产品或服务,具有核心团队,具备实施创业的基本条件,但尚未在工商、民政等政府部门注册登记或注册登记时间在3个月以下的项目,可申报未创业类。②创业实践挑战赛。拥有或授权拥有产品或服务,并已在工商、民政等政府部门注册登记为企业、个体工商户、民办非企业单位等组织形式,且法人代表或经营者符合

第十七条规定、运营时间在 3 个月以上(以预赛网络报备时间为截止日期)的项目,可申报该赛事。申报不区分具体类别、组别。③公益创业赛。拥有较强的公益特征(有效解决社会问题,项目收益主要用于进一步扩大项目的范围、规模或水平)、创业特征(通过商业运作的方式,运用前期的少量资源撬动外界更广大的资源来解决社会问题,并形成可自身维持的商业模式)、实践特征(团队须实践其公益创业计划,形成可衡量的项目成果,部分或完全实现其计划的目标成果)的项目,且参赛学生符合第十七条规定,可申报该赛事。申报不区分具体类别、组别。

3. "知行杯"上海市大学生社会实践大赛

"知行杯"上海市大学生社会实践大赛是由上海市教育委员会、共青团上海市委员会等多部门联合主办的一项具有导向性、示范性、群众性的大学生社会实践竞赛活动。该大赛设特等奖、一等奖、二等奖和三等奖。该大赛鼓励大学生将关注的目光投向社会、投向城市、投向国家,在更广阔的现实领域中展露所学、实践作为。该大赛主要设志愿服务、社会调研、专项行动三个部分:

(1) 志愿服务。根据团中央开展全国大中专学生志愿者暑期文化科技卫生"三下乡"社会实践活动的统一部署和要求,各高校广泛动员和组织学生实践团队,在前期基层需求调研的基础上,开展各类志愿服务实践活动:理论普及宣讲团、国情社情观察团、科技支农帮扶团、教育关爱服务团、文化艺术服务团、爱心医疗服务团、美丽中国实践团。

(2) 社会调研。按照"十三五"规划提出的"创新、协调、绿色、开放、共享"的发展理念,从科技创新、城市运行、生态环保、经济发展、民生服务、文化建设等六个方面入手,围绕上海城市建设和经济社会发展的热点问题,深入开展社会调研实践活动:创新创业、城市运行、生态环保、经济发展、民生服务、文化建设。

(3) 专项行动。根据上海市大学生社会实践专项行动的部署,由各高校团委牵头设立专项,各院系自主组建团队,开展革命传统教育、社会实践观察、历史文化寻访等实践活动。

【案例 9-2】

上海灿福科技总经理陈凯炜

陈凯炜系我校 2009 届金融学专业本科毕业生,曾任我校学生会副主席。毕业后赴英国留学。

2010年留学归国的陈凯炜便开始了一次又一次的创业,尤其在第二次创业中,从2011年—2014年,他带领团队,在衢州创建的一家小额贷款公司,年周转规模6亿元,年利润1500万元,年创税400多万元,位列衢州柯城区纳税10强。现在的灿福科技便是他最新的创业结晶。作为一家金融人工智能公司,灿福科技专注于运用互联网级别的机器学习和大数据分析能力,提供精准的金融风险评估和用户金融画像,在金融场景上实现更高效可靠的金融风控与营销决策,是处在"互联网+"风口上的新兴科技金融公司。

他表示在科技金融领域,数据分析与建模方面的人才十分重要与紧缺,希望学校在进行人才培养时应更加重视对于统计学、财务管理、计算机语言、法律等专业课程的设置,以便为社会输出更加实用的人才。当谈及早年校学生会副主席的那段经历时,陈凯炜表示当时学生会工作让他在沟通能力、情绪管理等方面得到锻炼,这样的能力对于处理人际关系、协调利益、管理人事等方面具有重要作用。

当创业时间迈入第7个年头,回首过往,陈凯炜总是感慨万千。结合自身创业经历,他建议毕业生不要急于创业,而是应专注于掌握专业技能、了解职场规则、提升情绪智力;不要过于理想化,而是应专注于培养务实的方式方法、持之以恒的奉献精神、善于反思的思维方式;不要过于看重利益,而是应专注于培养工作的积极性、专心致志的工作态度、正心正本的价值观。

本章思考

1. 通过本章学习,你是否基本掌握了开展创业工作,在准备阶段、实施阶段以及完善阶段必须具备的能力要素、物质要素及环境要素?对照这些要素,你还缺少什么?

2. 创新人才具备什么样的核心素养?哪些是你还不具备的?你知道应当如何获取和提升这些素养吗?

附录 1
防诈骗告知书

鉴于近年来社会上的各类骗局层出不穷,学校保卫处将常见诈骗类型和防范注意事项汇总如下,希望引起全校学生的重视,杜绝类似案件的发生,切实保护自身和家庭财产安全。

一、校园诈骗常见案例

(1) 设立假冒银行网站、骗取账号、密码、盗领财务。

(2) 以办理出国手续、介绍工作、推荐保研及购买优惠物品等为由,收取介绍费、手续费、好处费等,加以行骗。

(3) 冒充航空公司称"航班取消/改签",通常提供的姓名、航班等信息都是正确的,并要求事主转账支付"手续费"。

(4) 冒充熟人打电话,并让事主猜测他是谁。通常骗子会假冒事主的朋友或单位领导。取得信任后,骗子称"急需用钱",让事主汇钱到其指定的账号。

(5) 事先摸准学生及家庭有关情况,以学生在校发生事故、生病住院等为由,骗取学生家长信任,让学生家长往指定的账号存入现金,达到骗钱目的。

(6) 以"中奖率高""一夜暴富"等为由,教唆参与网络赌球赌博,并加以行骗。

(7) 以涉及贩毒、洗黑钱等犯罪活动相威胁,当事人要想证明清白,得将资金转入所谓的"安全账户"。

二、在校大学生如何防范诈骗

骗子们的把戏虽然变化百出,但"万变不离其宗"。各地警方根据诈骗案件的规律,总结出"8个凡是",只要涉及其中一点,就很有可能是诈骗。

(1) 凡是自称公检法要求汇款的。

（2）凡是叫你汇款到"安全账户"的。
（3）凡是通知中奖、领奖要你先交钱的。
（4）凡是通知"家属"出事要先汇款的。
（5）凡是在电话中索要个人和银行卡信息及短信验证码的。
（6）凡是让你开通网上银行接受检查的。
（7）凡是自称领导要求汇款的。
（8）凡是陌生网站（链接）要登记银行卡信息的。

遇到上述情况，大学生要做到"不轻信、不透露、不转账"，在与不熟悉或身份不明的人员接触时，谨慎言行，提高警惕；要做到不贪图便宜，不谋取私利；在提倡助人为乐、奉献爱心的同时，要增强辨别力，不轻信花言巧语、不透露个人信息；发现可疑人员要及时报告，上当受骗后要及时报案。

附录 2
其他法律法规

《学生伤害事故处理办法》第一章 第六条 学生应当遵守学校的规章制度和纪律;在不同的受教育阶段,应当根据自身的年龄、认知能力和法律行为能力,避免和消除相应的危险。

《中华人民共和国刑法》第二百六十六条 诈骗公私财物,数额较大的,处三年以下有期徒刑、拘役或者管制,并处或者单处罚金;数额巨大或者有其他严重情节的,处三年以上十年以下有期徒刑,并处罚金;数额特别巨大或者有其他特别严重情节的,处十年以上有期徒刑或者无期徒刑,并处罚金或者没收财产。本法另有规定的,依照规定。

《中华人民共和国消费者权益保护法》第二章 消费者的权利

第七条 消费者在购买、使用商品和接受服务时享有人身、财产安全不受损害的权利。消费者有权要求经营者提供的商品和服务,符合保障人身、财产安全的要求。

第八条 消费者享有知悉其购买、使用的商品或者接受的服务的真实情况的权利。消费者有权根据商品或者服务的不同情况,要求经营者提供商品的价格、产地、生产者、用途、性能、规格、等级、主要成分、生产日期、有效期限、检验合格证明、使用方法说明书、售后服务,或者服务的内容、规格、费用等有关情况。

第九条 消费者享有自主选择商品或者服务的权利。消费者有权自主选择提供商品或者服务的经营者,自主选择商品品种或者服务方式,自主决定购买或者不购买任何一种商品、接受或者不接受任何一项服务。消费者在自主选择商品或者服务时,有权进行比较、鉴别和挑选。

第十条 消费者享有公平交易的权利。消费者在购买商品或者接受服务时,有权获得质量保障、价格合理、计量正确等公平交易条件,有权拒绝经营者的强制交易行为。

第十一条 消费者因购买、使用商品或者接受服务受到人身、财产损害的,享有依法获得赔偿的权利。

第十二条 消费者享有依法成立维护自身合法权益的社会组织的权利。

第十三条 消费者享有获得有关消费和消费者权益保护方面的知识的权利。

消费者应当努力掌握所需商品或者服务的知识和使用技能,正确使用商品,提高自我保护意识。

第十四条 消费者在购买、使用商品和接受服务时,享有人格尊严、民族风俗习惯得到尊重的权利,享有个人信息依法得到保护的权利。

第十五条 消费者享有对商品和服务以及保护消费者权益工作进行监督的权利。消费者有权检举、控告侵害消费者权益的行为和国家机关及其工作人员在保护消费者权益工作中的违法失职行为,有权对保护消费者权益工作提出批评、建议。

参 考 文 献

[1] 张晋衡.大学论[M].北京:中国档案出版社,2010.

[2] 杨东平.大学之道[M].上海:文汇出版社,2003.

[3] 杨东平.大学精神[M].上海:文汇出版社,2003.

[4] 叶醒狮,田中良.新生入学教育[M].西安:电子科技大学出版社,2015.

[5] 冯刚.大学,梦起飞的地方[M].北京:清华大学出版社,2005.

[6] 夏江敏.大学新生入学教育教程[M].武汉:武汉理工大学出版社,2016.

[7] 东方治.大学生入党培训教材[M].北京:国家行政学院出版社,2017.

[8] 林伟.政治社会化与大学生理想信念教育[M].杭州:浙江大学出版社,2014.

[9] 黄雅洁,张伟.90后成人依恋风格与主观幸福感的关系[J].赤峰学院学报(自然版),2017,33(19):92-93.

[10] 王磊,赵娜,韩仁生.大学生成人依恋、安全感和人际信任关系研究[J].煤炭高等教育,2011,29(4):79-81.

[11] 彭贤,马恩.大学生职业生涯规划活动教程[M].北京:北京交通大学出版社,2011.

[12] 姜明伦,等.大学生职业生涯规划行为选择及影响因素分析——基于宁波市6所高校的调查分析[J].高教探索,2015(2):110-116.

[13] 文武,舒卫华,刘登邦.大学生职业生涯规划与发展[M].武汉:华中科技大学出版社,2017.

[14] 大学生志愿者活动在社区精神文明建设中的作用[J].学校党建与思想教育,2002.

[15] 阎德才,崔万立.大学生入校指南[M].郑州:大象出版社,2010.

[16] 徐国锋,潘俊波.大学新生入学教育教程[M].北京:清华大学出版社,2013.

[17] 叶醒狮,田中良.新生入学教育[M].西安:西安电子科技大学出版社,2013.

[18] 王华勤.梦想启航——大学生入学教育读本[M].厦门:厦门大学出版社,2013.

[19] 张敏.大学新生[M].北京:中国水利水电出版社,2014.

[20] 本书编写组.携手青春——大学生入学教育[M].北京:中国科学技术大

学出版社,2012.

[21] 共青团中央教育部全国学联关于印发《学联学生会组织改革方案》的通知,中青联发〔2017〕4号.

[22] 共青团上海市委员会编.团务通[M].上海:上海交通大学出版社,2018.[10].

[23] 《中宣部 中央文明办 教育部 共青团中央关于进一步加强和改进大学生社会实践的意见》,中青联发〔2005〕3号.

[24] 钟瑞栋.大学生法治通识教育课程体系的建设与实践[J].长江丛刊,2017,(17).

[25] 余小英.如何加强大学生法治观念[EL/OL].人民论坛网,2017-11-21[2019-04-23].http://www.rmlt.com.cn/2017/1121/503671.shtml.

[26] 王伟军,等.浅谈大学生维权意识的培养[J].中国科技博览,2009(33).

[27] 王紫艳,周鑫.大学生维权的困境与出路[J].学理论,2014(03).

[28] 李克强.李克强对首届中国"互联网+"大学生创新创业大赛作出重要批示[EB/OL]中国政府网.2015-10-20[2019-04-23].www.gov.cn.

[29] 雷朝滋.关于推进高校大学生创新创业工作的思考[J].中国高等教育,2017(Z2):59-62.

[30] 鲍桂莲,冯爱秋,肖章柯.对国内高校创新创业教育状况的分析与思考[J].中国电力教育,2011(35):22-23.

[31] 钟江顺.我国高校创新创业教育现状及其创新模式论析[J].继续教育研究,2016(8):7-9.

[32] 高文兵.众创背景下的中国高校创新创业教育[J].中国高教研究,2016(1):49-50.

[33] 吴翼泽.新常态下高校创业教育的现状、不足与对策[J].思想教育研究,2016(2):100-103.

[34] 陈希.将创新创业教育贯穿于高校人才培养全过程[J].中国高等教育,2010(12):4-6.

[35] 刘卫平.创新思维[M].杭州:浙江人民出版社,1999.

[36] 吴晓义等.创新思维[M].北京:清华大学出版社,2018.

[37] [美]托马斯L.萨蒂.创造性思维:改变思维做决策[M].北京:机械工业出版社,2017.

[38] [英]约翰·阿代尔.创造性思维艺术[M].北京:中国人民大学出版社,2009.